Kurt Kotrschal

Warum Hunde uns zu besseren Menschen machen

Brandstätter

Kurt Kotrschal

WARUM HUNDE UNS ZU BESSEREN MENSCHEN MACHEN

Brandstätter

INHALT

„Bessere Menschen“ durch Hunde? – Na ja ... aber bewirken Hunde nicht genau das, wenn sie uns sozial vernetzen und gegen vielerlei Unbill puffern?

„BLOSS“ EIN HUND?

Immer schon lebten Menschen mit Hund – für lange Zeit vor allem die Reichen und Mächtigen.

Zwar begreift mein Verstand, wie wichtig Hunde für viele Leute sind, dennoch lässt mich die Tiefe, Radikalität und Wirksamkeit dieser Beziehung immer wieder staunen. Sozusagen live erlebten wir über die letzten fünfunddreißig Jahre als Vorstandsmitglieder des ECA, des Österreichischen Vereins für Eurasier, mehrmals Folgendes: Frau meint, man bräuchte einen Hund. Er: Nur über meine Leiche! Drei Monate später kommt der Welpe ins Haus, zwei Tage später ist es „sein" Hund. Eroberung im Sturm – erstaunlich, wie schnell aus Skepsis eine lebenslange Leidenschaft werden kann!

„Ich mag diese Viecher nicht – alles okay mit mir?", fragte Tim Wirth in seinem berührend-vielschichtigen Text im Magazin des Schweizer Tagesanzeigers[1]. Er ringt mit seiner Abneigung, fühlt sich als unempathischer, ja unsympathischer Außenseiter getreu der Aussage des US-Schauspielers Bill Murray: „Ich misstraue Menschen, die Hunde nicht mögen. Aber ich traue jedem Hund, wenn er einen Menschen nicht mag." Wirth hasst Hunde nicht, er mag sie bloß nicht. Fast staunend erkennt er, dass er sich mit dieser – wie er meint – kontroversesten aller seiner Meinungen als bedauernswerter Teil einer krassen Minderheit outet. Er mag zwar Hunde nicht, diesen Zustand aber auch nicht. Daher bleibt er dran. In einer Reihe von Episoden schildert er seine Annäherungsversuche an diverse Hunde und ihre Halter oder Halterinnen[2]. Offen bleibt, ob er damit seine Abneigung gegen Hunde überwinden kann. Vielleicht würde ihm ein Welpe helfen. Dass sich Tim Wirth als Außenseiter sieht, weil er Hunde nicht mag, ist gar nicht so abwegig. Der deutsche Psychologe Reinhold Bergler fand sogar eine Art „Minderwertigkeitskomplex" bei hundelosen Menschen Hundehaltern und -halterinnen gegenüber – was aber auch in Ablehnung umschlagen kann.[3]

Am 24. April 2024 erschien in der österreichischen Tageszeitung „Der Standard" mein Interview, übertitelt: „Ein Mensch ohne Hund ist nicht ganz vollständig."[4] Die Postings gingen durch die Decke. Am

Morgen des 26. April waren es bereits fast 1.300, meist recht emotionale Wortmeldungen pro und kontra. Hunde sind offenbar auch modernen, urbanen Menschen ganz und gar nicht egal. Das Thema regt ähnlich an und auf wie die wieder in ihre früheren Lebensräume vordringende Wildform Wolf. Bereits in der sehr fernen Altsteinzeit vor 40.000 Jahren fanden Wolf und Mensch Gefallen aneinander.[5] Man blieb zusammen und aus Wolf wurde Hund – oder besser: eine schier unglaubliche Fülle unterschiedlichster Hunde. Mensch und Hund gemeinsam machten sich seitdem Mutter Erde derart gründlich untertan, dass es ihre Biosphäre kaum mehr erträgt. Fragte doch unlängst ein befreundeter Planet die Erde, wie es ihr gehe. Ach, meinte diese seufzend, sie „habe Mensch". Das, meinte darauf der andere, gehe vorbei.

Mag sein – aber die Erde hat nicht nur Mensch, sie hat auch Hund. Als Gespann sind die beiden unschlagbar. Gemeinsam geht man seit Urzeiten auf die Jagd, hütet Vieh, zieht in den Krieg, sucht nebst Trüffel alles, was erschnüffelbar ist, einschließlich Kokain und Borkenkäfer; Hunde retten Menschen, sind geschätzte Assistenten für Menschen mit besonderen Bedürfnissen und so weiter und so fort. Die allermeisten Hunde aber sind schlicht die „besten Freunde" ihrer Leute, unschlagbare emotionale Unterstützer. Sie erden zu Zeiten, da die Medien vor Hiobsbotschaften überquellen. Ein Leben in guter Beziehung mit Hund hält in Balance, macht uns zu sozial verbundeneren und damit vielleicht sogar zu besseren Menschen; und ein Hundepartner fördert Wohlbefinden und Gesundheit, einschließlich der Widerstandskraft gegenüber mentalen Problemen. Echt jetzt? Was wie Wunschdenken klingt, ist heute auch wissenschaftlich belegbar. Hunde machen uns nicht „bloß" zu besseren, sondern auch zu gesünderen Menschen.

Der Stellenwert von Hunden wird offenbar immer noch unterschätzt, ebenso, wie tief sie im Unbewussten verankert sind. So wird Leuten in Begleitung netter Hunde ganz spontan – quasi aus dem Bauch heraus – mehr Vertrauen entgegengebracht als solchen ohne.[6] Und nicht selten tauchen in Werbespots für die verschiedensten Produkte Hunde auf. Sie erhöhen die Aufmerksamkeit, verbreiten Wohlbefinden und stehen für ein harmonisches Familienleben.[7] Wenn Hunde in der Werbung den Absatz von Produkten steigern, dann haben sie den Nachweis ihrer Wirksamkeit erbracht und die Werbung hat wohl recht mit ihrem hundebezogenen Menschenbild.

Bemerkenswert ist auch, wie viele hundeähnliche Roboter es gibt – nicht nur als sympathisches Spielzeug, wie etwa den netten, von Sony entwickelten „Aibo" und zahlreiche seiner von diversen Spielzeugfirmen produzierten, mehr oder weniger preisgünstigen „Welpen". Hundeähnliche Einsatz- und Kampfroboter werden von Polizei und Militär getestet, wie etwa „Spot" von Boston Dynamics.[8] Ist dies allein der geländegängigen Vierfüßermechanik und ihrer universellen Einsetzbarkeit geschuldet? Oder will man mit der Hundeähnlichkeit auch die Akzeptanz dieser Maschinen steigern? Spielt man gar martialisch auf die lange Tradition der Hunde als Partner im Krieg an? Jedenfalls gibt man ihnen Namen wie echten Hunden.

Tatsächlich sind Hunde eine höchst persönliche Angelegenheit. Für die meisten Halterinnen und Halter ist der eigene Vierbeiner schöner, klüger und wichtiger als alle anderen. Klingt stark nach enger Beziehung, nach Bindung. Die Hunde im Freundeskreis zu mögen, stärkt die Freundschaft, sie zu kritisieren, beendet diese ziemlich zuverlässig. Tatsächlich kann die „Nebensache Hund" zwischenmenschliche Beziehungen dominieren. Wie man hört, ziehen viele Frauen den Hund einem Mann vor,[9] ein Großteil der Halterinnen und Halter kuschelt lieber mit Hund als mit Partnerin oder Partner,[10] und 75 Prozent würden sich für den Hund entscheiden, wäre er ein Trennungsgrund.[11] Was läuft da schief um den Hund – läuft überhaupt etwas schief?

Von Hundemenschen hört man, dass Hunde unsere Sprache verstehen und auf unsere Stimmungen empathisch reagieren – oder auch sauer, wenn sie sich ungerecht behandelt fühlen; dass sie Regeln verletzen, sobald sie sich unbeobachtet wähnen, ihnen unsinnig scheinende Anweisungen nicht befolgen und uns manchmal austricksen. Klingt nach ziemlicher Überschätzung der Hunde, nach vermenschlichendem Überhöhen. Die Aufgabe der Wissenschaft ist es, solche Volksweisheiten zu überprüfen und genau das hat Erstaunliches zutage gefördert: Im Wesentlichen treffen diese Einschätzungen zu. Mehr noch: Die Leute unterschätzen eher die Klugheit ihrer Hunde. Vielleicht auch, um gegenüber Nicht-Hundehaltern und -Halterinnen nicht als völlig durchgeknallt zu erscheinen.

René Descartes und manche andere Philosophen der Aufklärung sahen Tiere als Reiz-Reaktions-Maschinen, ohne Bewusstsein und Schmerzempfinden. Einige Hundert Jahre später erklärten der Österreicher Konrad Lorenz und der Niederländer Nikolaas Tinbergen die Basis des Verhaltens von Tieren und Menschen im Rahmen ihrer „Instinkttheorie“ als nicht bewusste, angeborene innere Impulse, wofür sie 1973 den Nobelpreis erhielten.[12] Mentale Prozesse als Erklärung für Verhalten sahen die beiden immer noch kritisch. Erst gegen Ende des 20. Jahrhundert begann man auch im Rahmen der Biologie, Intelligenz, Fühlen und Denken von Tieren zu untersuchen. Hunde wurden zu wichtigen Partnern in der Forschung,[13] was viel zum neuen Verständnis der Mensch-Hund-Beziehung beitrug, und den staunenden Forschenden zeigte, dass man einander auch psychisch viel ähnlicher ist, als das die „alten weißen, männlichen Wissenschaftler“ der vergangenen Jahrhunderte in ihren schlimmsten Albträumen für möglich hielten.

Hunde als Gefährten der Mächtigen, Reichen und Schönen

Die Bedeutung der Hunde zeigt sich auch in ihrer zeitlosen Wertschätzung durch die Reichen, Schönen und Mächtigen. Seit dem Sesshaftwerden vor etwa 10.000 Jahren sind Hunde den Häuptlingen, Fürsten, Königen und sogar Göttinnen wehrhafte und prestigeträchtige Gefährten. Im 5.000 Jahre alten mesopotamischen Gilgamesch-Epos reiste die Göttin Ishtar mit sieben Jagdhunden, die Halsband und Leine trugen.[14] Seit jeher sind Hunde und die meist männlichen Herrscher Waffenbrüder beim Jagen und im Krieg, beim Töten, Erobern und Unterdrücken. So schrieb der griechische Söldner, Philosoph und Hundezüchter Xenophon in seinem „Cynegeticus“[15], dem ersten Jagd- und Hundebuch der Geschichte, vor 2.400 Jahren: „Ein Hund muss seinen Leuten gegenüber süß und zugetan sein, aber zurückweisend und grausam zu Fremden.“ Er dachte dabei wohl an die großen, molosserartigen Kriegshunde, derer sich nicht erst die alten Griechen bedienten. Die Kriegspartnerschaft währt bis heute, wie die US-Kriegerfriedhöfe für Hunde und die War Dog Memorials belegen[16], oder auch der Einsatz vieler Tausender Hunde durch die Armeen der USA oder Deutschlands im Afghanistankrieg.[17] In Xenophons Buch findet sich auch der bemerkenswerte Satz: „Die reinste Form der Liebe existiert zwischen einer Hündin und ihrem Herrn.“ Wie wahr! Dem kann ich als erfahrener Hundehalter nur beipflichten.

Bereits vor mehr als 10.000 Jahren wurden angesehene Mitglieder eurasischer Jäger- und-Sammlerclans mit ihren Hunden begraben[18]. Familien im alten Griechenland und Rom ließen sich gern auf gemeißelten Reliefs mit ihren Hunden darstellen.[19] Und immer schon hob respektable Hundebegleitung das Ansehen der Herrschenden – oder unterstrich ihr menschliches Antlitz. So zeigten sich die in Öl auf Leinwand festgehaltenen mittelalterlichen und neuzeitlichen Fürsten und deren Familien sehr oft mit Hunden – Jagdhunde begleiten die Herren

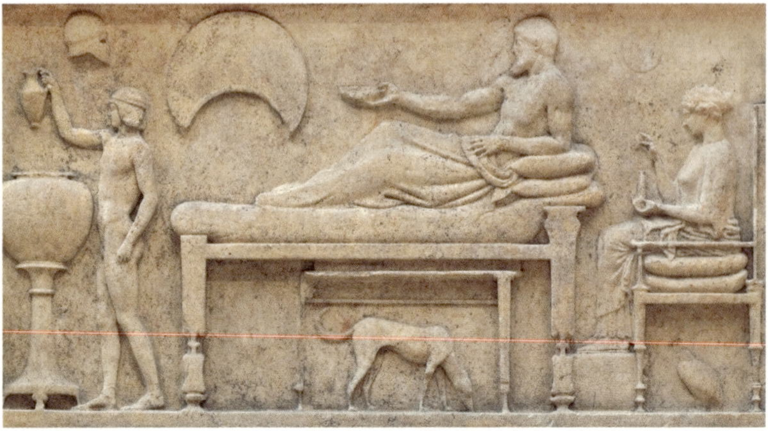

Oben: Lange schon sind Hunde nicht weit, wenn Menschen es sich gut gehen lassen – bei diesem „Symposion", dem Gastmahl und Trinkgelage der griechischen Antike, dargestellt auf einem Flachrelief auf einer altgriechischen Grabstele auf Thasos, wartet ein jagdhundartiger Vierbeiner, dass etwas für ihn abfällt.

Unten: Bei den mittelalterlichen Hetzjagden des Adels waren Hunde unentbehrlich. So auch in dem Gemälde von Lucas Cranach des Älteren, *Hirschjagd des Kurfürsten Friedrich des Weisen* (1529).

der Schöpfung, Frauen und Kinder schmücken sich mit süßen Schoßhündchen. Damit zeigte man auch jene entspannte Lebensart, die sich nicht jeder leisten konnte – und wohl auch nicht sollte. Schließlich übernahm das aufstrebende Bürgertum den aristokratischen Lebensstil, zu dem natürlich auch die Hunde gehörten, als Attribute eines gepflegten Lebensstandards und zur positiven Selbstdarstellung. Hunde sind in der Kunst fast allgegenwärtig und in den Zeitungen nach Menschen die am zweithäufigsten abgebildeten Tiere.[20]

Immer schon sah man die Menschen und ihre Hunde als Einheit, schätzte die Zweibeiner nach ihren Hunden ein. Vor beinahe 2.000 Jahren schrieb der große römische Kaiser Marc Aurel: „Wer sah jemals einen munteren Hund in einer verdrießlichen Hand oder einen traurigen in einer glücklichen? Mürrische Leute haben mürrische Hunde, gefährliche Leute haben gefährliche.“ 2.000 Jahre später bestätigen unsere Forschungsergebnisse diese kaiserliche Hypothese,[21] mehr davon später im Buch. Jedenfalls bot Winston Churchill als englischer Premierminister nicht nur Adolf Hitler erfolgreich die Stirn, er lebte unter anderem mit Pudel, Bulldogge und Mops. Seine Frau Clementine nannte letzteren zärtlich „Mr. Pug“, für Winston war er, seiner miauenden Laute wegen, „Mrs. Pussycat“. Und alle möglichen Promis haben alle möglichen – fast wäre ich geneigt zu schreiben unmöglichen – Hunde.[22]

Natürlich bleibt die Beziehung zwischen Mensch und Hund asymmetrisch. So warf Winston Churchill seinen Pudel aus dem Kriegskabinett[23] – eine ironische Handlung zwar, aber nicht ohne Symbolik. Hunde können sich ihre Menschen in der Regel nicht aussuchen. Dass Adolf Hitler seine Deutschen Schäferhunde liebte, kann man letzteren weder anlasten noch wird dies den Ruf dieses größten Unheilbringers der Neuzeit entlasten. Betont die Hundebeziehung Churchills dessen menschliche Seite, so dienten Hitlers Schäferhunde eher nicht der ironischen Selbstdarstellung, sie standen wohl für den martialischen

Führerkult. Was nicht bedeutet, dass er seine Hunde nicht auch „ganz normal" geliebt hat. Über sie konnte man mit dem „Führer" offenbar sogar auf menschlicher Ebene kommunizieren. Ein Jungmädel zu Besuch soll gemeint haben: „Ui, Herr Hitler, Sie dressieren Hunde aber fein!"[24] Was unter anderem zeigt, dass man über den Hund auch Ranghöheren unverfänglich Komplimente machen kann. Getreu dem „Fabel-Prinzip": Tiergeschichten und Tiere vermitteln, überwinden Distanz, ermöglichen, Lob und Tadel anbringen und annehmen zu können, ohne dass dies als Distanzverletzung wahrgenommen wird.

Als enge Beziehungstiere wurden die ehemaligen Wölfe zu einem der evolutionär erfolgreichsten Wirbeltiere überhaupt, indem sie seit 40.000 Jahren den Vektor Mensch nutzen[25]. Heute schätzt man, dass etwa eine Milliarde Hunde auf allen Kontinenten mit Ausnahme der Antarktis leben, Tendenz steigend. Die meisten davon allerdings nicht in enger Beziehung zu Partnermenschen, sondern in lockeren Rudelverbänden in und um die Städte der Welt – und sie ernähren sich, wie die Krähen, Ratten oder Straßenkatzen auch, von Abfall. In diesem Buch geht es vor allem um die positiven Rollen der Hunde als wertvolle Gefährten. Hunde sind aber auch dort weltweit Gesundheitspolizei, wo es viele Menschen gibt und es an der Abfallentsorgung hapert. Freilich nicht kostenlos; sie gefährden und kosten als Überträger von Krankheiten Menschenleben. Das Prinzip „kein Nutzen ohne Kosten" gilt eben auch für Hunde. „There is no free lunch", wie realistische US-Amerikaner und -Amerikanerinnen ihr Dasein zu kommentieren pflegen.

Kurt Kotrschal mit zwei Hunden des Wolfsforschungszentrums. Der Blickkontakt zeigt die Essenz der Mensch-Hund-Beziehung: wechselseitige Aufmerksamkeit und Ins-Einvernehmen-Setzen als Grundlage für das gemeinsame Tun.

MENSCHEN WOLLEN MIT ANDEREN TIEREN LEBEN – VOR ALLEM MIT HUNDEN

Es liegt in der Natur des Menschen, in individuellen Beziehungen auch mit anderen Tieren leben zu wollen. Weltweit sind Hunde beste Freunde, aber nicht überall werden sie gleich geschätzt. In den modernen westlichen Gesellschaften sind sie vor allem wichtige emotionale Unterstützer. Bei Mensch und Hund geht es heute vor allem um die Beziehung.

Seltsam eigentlich – warum sind sich Menschen nicht selbst genug? Auch in den materialistischen westlichen Konsumgesellschaften geht es ohne andere Tiere offenbar nicht. So leben in 47 Prozent aller deutschen Haushalte Heimtiere, bei den Haushalten mit Kindern sind es sogar 69 Prozent. In 15 Millionen deutschen Haushalten gibt es 16,7 Millionen Katzen, 10,3 Millionen Hunde sowie 4,6 Millionen Kleintiere wie Kaninchen, Meerschweinchen und Hamster. Für Österreich gelten etwa 10 Prozent dieser Werte.[26] Geht man von im Schnitt zwei Menschen pro Hund aus, dann lebt etwa ein Viertel der Deutschen und Österreicher mit Hund; in anderen Staaten der westlichen Welt sind es eher noch mehr. Die Liebe zum Heimtier ist „typisch menschlich".[27] Die Tiere mit Fell und Federn sind vorwiegend soziale Kumpane,[28] die in den Terrarien und Aquarien gehaltenen Insekten, Fische, Amphibien und Reptilien dagegen eher Natur im Wohnzimmer. Die Heimtierhaltung bewegt in Deutschland pro Jahr mindestens zehn Milliarden Euro, macht also 0,5 Prozent des Bruttoinlandsprodukts aus, wodurch 250.000 Menschen einen Arbeitsplatz haben. Das erspart dem Gesundheitssystem allein durch die positiven Effekte von Hundehaltung mindestens eine Milliarde Euro pro Jahr. Nie waren Kumpantiere bloße roboterartige Dienstleister, etwa beim Jagen, Kriegführen oder Mäusefangen. Immer schon waren sie vielen Menschen auch Freunde und soziale Bezugspersonen[29] – der Wolf in Form des Hundes bereits seit fast 40.000 Jahren; Katze, Pferd etc. kamen erst nach der „neolithischen Revolution" dazu, also nach dem Sesshaftwerden vor etwa 10.000 Jahren.

Evolutionsbiologisch gesehen ist *Homo sapiens* DER Spezialist für komplexes Sozialleben und geistige Spitzenleistung im Tierreich[30]. Man sollte meinen, dass solch kluge und soziale Wesen andere Tiere und Natur nicht mehr zu ihrem Wohlbefinden benötigen. Weit gefehlt! Um ihre evolutionär angelegten Potenziale für ein gutes, glücklich-zufriedenes Leben auszuschöpfen, reichen Menschen essen, schlafen und ein wenig Sex nicht aus; dazu braucht es das individuell passende, soziale, geistige, spirituelle und kulturelle Umfeld – in allen menschlichen Kulturen auch Tiere und Natur.[31] In ihrem „Handbuch der historischen Tierstudien“[32] schreiben etwa Mieke Roscher und ihre Co-Autoren: „Menschen interessieren sich für Tiere, weil diese eine zentrale Rolle in den menschlichen Kulturen einnehmen. Es gibt keine Geschichte ohne andere Tiere und Tiere sind einflussreiche Gestalter von Geschichte.“ Dem ist zwar zuzustimmen, diese kulturlastige Erklärung lässt einen aber dennoch ratlos zurück. Anders ausgedrückt bedeutet das ja: Weil Tiere in allen menschlichen Kulturen wichtig sind, interessieren sich Menschen für Tiere und weil sie das tun, sind Tiere in allen menschlichen Kulturen wichtig. Ein typischer Zirkelschluss. Tatsächlich greifen rein kulturelle Erklärungsversuche zu kurz, um zu verstehen, warum so vielen Menschen ein Tier namens Hund ein derart enger Kumpan und Sozialpartner ist – und das bereits seit so langer Zeit. Geschuldet ist dies der menschlichen Natur[33]; die menschliche Psyche benötigt für ein gutes Leben Natur und Tiere[34] – in recht individueller Weise zwar, aber ganz ohne geht es kaum. Hunde spielen dabei eine herausragende Rolle. Dazu Konrad Lorenz, der große österreichische Nobelpreisträger und Begründer der Verhaltensbiologie:„Es gibt Tiere, Menschen und Hunde.“[35] Damit ist eigentlich alles gesagt – aber noch immer nichts erklärt. Das zu versuchen, habe ich mir mit diesem Buch vorgenommen.

Der Fokus liegt dabei auf den Hunden. Denn im Gegensatz zu Pferden können sie immer dabei sein, im Gasthaus, im Wohnzimmer oder sogar im Bett. Aber dass Hunde „handlich“ sind, ist natürlich nicht die ganze Geschichte. Vielmehr passen Menschen mit keinem anderen Tier sozial besser zusammen. Zudem ist dies die mit Abstand am längsten andauernde, kontinuierliche Partnerschaft mit einem anderen Tier. Dieses Buch soll auf Basis des aktuellen Wissens den bemerkenswerten Beziehungen zu Hunden nachspüren, um dieses Wunder zumindest ein wenig fassbar zu machen.

Eine höchst individuelle Partnerschaft

Immer mehr Menschen scheinen zu spüren, dass ein Leben mit Hund gut für sie ist; jedenfalls steigt die Zahl der weltweit gehaltenen Hunde,[36] obwohl – oder gerade, weil – mehr als die Hälfte der Menschheit bereits in Städten lebt – Tendenz ebenfalls steigend. Mehr Menschen in Städten bedeutet auch mehr Hunde, aber warum halten Städter entgegen dem verbreiteten Vorurteil, „Hunde gehören nicht in die Stadt", überhaupt Hunde? Gemeint sind hier nicht jene geschätzten 70 bis 80 Prozent der rund eine Milliarde Hunde auf der Welt, die eher menschenfern in und um die Städte von Abfall leben. Vielmehr geht es um jene Minderheit der Hunde, welche mehr oder weniger eng mit ihren Menschen zusammenleben. Die große Mehrheit dieser Minderheit wiederum sind keine Arbeitspartner bei der Jagd, beim Hüten von Vieh, beim Retten von Menschen etc. Die meisten Hunde sind schlicht Sozialpartner und wichtige emotionale, soziale Unterstützer ihrer Partnermenschen, zu Zeiten, da man ob der Kriege, der ökologischen und anderer Krisen allzu leicht pessimistisch verstimmt in die Zukunft schaut. Sie leisten Großes als Coaches eines menschengerechten Lebensstils und fördern damit Wohlbefinden und Gesundheit. Allein aufgrund der komplexen Gemengelage an politischen und ökologischen Krisen wird diese Bedeutung der Hunde als emotionale, soziale Unterstützer in den kommenden Jahren und Jahrzehnten eher noch steigen.

Die Beziehungskisten zu Hunden sind ähnlich komplex unterschiedlich wie die zwischen Menschen auch – und nicht alles ist eitel Wonne. Persönlichkeit, soziales Wesen und Beziehungsstile der Menschen schlagen sich in der vielfältigen Bedeutung nieder, die Hunde für sie haben; überwiegend sind sie beste Freunde, Arbeitspartner, beglückende Lifestyle-Assistenten, fungieren aber auch als geduldige Exerzierfelder von Kontrollfreaks oder gar als Blitzableiter sozialer Gewalt. Meinte doch einst ein Völkerkundler, der an Pygmäen forschte, er möchte niemals Frau oder Hund eines der stolzen Regenwald-Jägers sein (in dieser Reihenfolge). Man könnte es dem Sozialgefährten Hund als Schwäche auslegen, dass er sogar übergriffiges Verhalten und Gewalt vonseiten seiner Menschen schluckt, ohne seinerseits die Partnerschaft zu kündigen – erschütternd beschrieben etwa durch Marie von Ebner-Eschenbach in ihrer Novelle Krambambuli.[37]

Menschen sind im Umgang mit Hunden authentischer als mit anderen Menschen, zeigen so, „wie sie wirklich sind" – klar-geradlinig, butterweich oder auch aggressiv herumkommandierende Ekel. Und umgekehrt bildet das mehr oder weniger entspannte Verhalten der Hunde nach außen die Beziehungsqualität mit ihren Menschenpartnern und -partnerinnen und deren Führungsstile ab[38]. Kein Wunder also, dass Menschen sogar ohne dieses Wissen, sozusagen „instinktiv", von anderen aufgrund der sie begleitenden Hunde und ihres Umgangs mit ihnen eingeschätzt werden. Während ein netter, positiv besetzter und gesellschaftlich akzeptierter Hund Sympathie und Vertrauen steigert, muss das – obwohl ebenfalls nett – auf eher umstrittene Rassen nicht zutreffen; Personen, die ihren Hund schlecht behandeln, machen sich damit in den Augen ihrer Mitmenschen profund unsympathisch.

Natürlich darf man stolz auf den eigenen Hund sein und das auch zeigen – ein toller Begleiter fördert Selbstbewusstsein und erleichtert Kontakte mit anderen Menschen. Wie generell im Leben kommt es dabei auf das rechte Maß an. Wer kennt sie nicht, jene (meist) Männer, deren respekt- bzw. angsteinflößender Hund ihr Macho-Ego unterstreichen und ihr Umfeld beeindrucken soll. Im Extremfall wird der Hund sogar als Waffe geführt – unreflektiert oder ganz bewusst. Die reichhaltige Mustersammlung der möglichen Mensch-Hunde-Beziehungen enthält sogar die freiwillige Unterordnung der Halter. Es soll Leute geben, die ihr Leben durch die von ihnen auf den Hund projizierten Bedürfnisse vollständig bestimmen lassen; Freunde und

Freundinnen werden nicht mehr besucht und immer mehr Orte und Situationen gemieden, „weil der Hund das nicht mag". Der Hund als Ursache für Selbstisolation bedeutet die Verkehrung seines sozialen Potenzials ins Gegenteil, kommt aber vor. Im Wesentlichen reflektiert damit der Hund die Ängste seiner Halter und Halterinnen: Führungsschwäche und Flucht in die Unterordnung unter den Hund? Obwohl man es vielleicht gar nicht so genau wissen will: Auch in solchen Fällen zeigen sich die Leute authentisch in der Beziehung zum Hund.

Dass Hunde gewöhnlich konsequenter darin sind, ihre Menschen zu konditionieren bzw. zu erziehen als umgekehrt, mag zu solchen Phänomenen beitragen. Hunde sind schließlich frei von den typisch menschlichen Skrupeln in der Partnerschaft, von ideologischen Vorstellungen und kulturellen Projektionen. Wenn also der mental auf Kooperation und Akzeptanz von Führung getrimmte Hund (Kapitel 4) auf menschliches „gut gemeint" trifft, kann sich die Partnerschaft für beide Seiten suboptimal entwickeln. Auch Beziehungen zu Hunden können pathologische Züge annehmen. Natürlich soll jeder in der Hundebeziehung nach seiner Façon glücklich werden. Aber Hunde sind dies eher nicht, wenn sie gezwungen werden, die Halterinnen und Halter in ihr Hundeleben einzugliedern, anstatt sich – gut und sicher geführt – als Teil ihrer Menschenfamilie entspannen zu können. Und was soll man davon halten, wenn manche Leute Hunderassen bevorzugen, bei denen die Qualzuchtmerkmale derart dominieren, dass mit dem Welpen gleich auch ein lebenslanges Abo in der Vet-Klinik fällig wird? Ist es Ahnungslosigkeit, Masochismus oder fehlgeleiteter Pflegetrieb?

Nicht wenigen Menschen sind ihre Hunde Kinderersatz oder sogar Kind, wie viele ganz offen zugeben. Muss man darüber entsetzt oder empört sein? Konrad Lorenz hatte zwar noch eine klare Vorstellung von sozialen Hierarchien – auch Hunden gegenüber[39] –, war sich diesbezüglich aber auch nicht so sicher. Er schrieb in seiner fragmentarischen, bislang nicht publizierten Autobiographie[40]: „Ich bin Zoologe, d. h. mein Forschungsinteresse gilt den Tieren und ihrem Leben. Wann ich damit angefangen habe, vermag ich nicht zu sagen. Tiere haben mich immer mehr interessiert als Menschen, und Menschen gewissermaßen nur in ihrer Eigenschaft als irgendwie besondere Tiere." Der Nobelpreisträger lebte ständig mit mehreren Hunden; ich denke, dass ihm das heute generell akzeptierte Eltern-Kind-Modell der Beziehung zu Hunden (siehe unten) gefallen hätte.

Jedenfalls sieht man es mittlerweile generell entspannt, dass den meisten Menschen ihre Hunde wichtige Familienmitglieder sind. Papst Franziskus meinte dazu zwar sinngemäß, „die jungen Leute sollten lieber Kinder bekommen, statt derart mit ihren Haustieren rumzumachen"[41]. Klar – man kann alles übertreiben, aber was sind die Kriterien für „übertrieben" bzw. „normal"? Jedenfalls kenne ich keine Daten, die zeigen, wie viele junge Leute tatsächlich keinen eigenen Nachwuchs wollen, weil ihnen der Hund hinreichend Kindersatz wäre. Die zunehmende Reproduktionsverweigerung in dieser krisengeschüttelten Zeit hat wohl andere Gründe; die Hunde füllen da eher Leerstellen aus, als sie zu verursachen. Es ist das gute Recht von Leuten, Hunde als „ihre Kinder" zu sehen, wenn dies bei guter Beziehungsqualität Mensch und Hund zufrieden macht. Schließlich gehen Verständnis und Einfühlungsvermögen mit Tieren meist mit Empathie gegenüber Menschen einher[42]. Natürlich gibt es auch jene misanthropen, menschenskeptischen Personen die Hunde über Menschen stellen. Konrad Lorenz bezeichnete dies pointiert als „soziale Perversion". Als winzige Minderheit sind solche Leute für den hundefreundlichen Mainstream untypisch. Letztlich muss aber auch diese Einstellung erlaubt sein, solang Hunde und Mitmenschen nicht darunter leiden.

Es spricht für die enorme soziale Bedeutung von Hunden in modernen Gesellschaften, dass sie den meisten Hundefans Familienmitglieder auf Augenhöhe oder sogar „Kind" sind. Folgerichtig investiert man auch materiell erheblich in Hunde, in Form von Markenartikeln bei Futter und Ausstattung, indem man sich ein größeres Auto leistet, eine geeignete Wohnung sucht und die Urlaubs- und Hotelplanung selbstverständlich und teils aufwendig auf den Hund abstimmt. Hundehaltung wurde zum florierenden Wirtschaftszweig, der jährlich Milliarden bewegt und entsprechend viele Menschen in Beschäftigung hält[43]. Vor allem aber wirkt sich Hundehaltung positiv auf die mentale und körperliche Gesundheit aus und erspart so dem Gesundheitssystem viel Geld. In Summe überwiegen die positiven sozialen und ökonomischen Auswirkungen der Hundehaltung bei Weitem die natürlich ebenfalls anfallenden gesellschaftlichen Kosten, wie etwa Bisse oder andere Unfälle mit Hunden

Und geht ein Hundeleben zu Ende – für die trauernden Hinterbliebenen immer viel zu früh –, wird der Gefährte mittels ähnlicher Rituale verabschiedet, wie sie auch für verstorbene Mitmenschen üblich sind. Hunde werden heute nach ihrem Tod meist kremiert und begraben, aber kaum mehr im Plastiksack der Tierkörperverwertung übergeben, wie das früher üblich war. Würde man ja für ein verstorbenes menschliches Familienmitglied auch nicht in Erwägung ziehen. Aus überfluteten oder von Erdbeben zerstörten Häusern werden Hunde genauso gerettet wie die Menschen, die sich oft weigern, sich ohne ihr Kumpantier evakuieren zu lassen. Und wie der Krieg in der Ukraine zeigt, sind sie Partner in Schützengräben – nicht als „Kampfhunde“, sondern als Gefährten, welche die Soldaten und Soldatinnen ihr gefährliches Dasein leichter ertragen lassen.

Beste Freunde aller Menschen?

In unseren modernen Gesellschaften sehen viele Menschen ihre Hunde als Sozial- und Lebenspartner, als Persönlichkeit, keinesfalls bloß als „Sache“ oder „Gegenstand“. Das war wohl immer so, es schlägt sich aber erst seit nicht allzu langer Zeit auch im Recht nieder. So lautet etwa der erste Paragraph des österreichischen Tierschutzgesetzes: „Ziel ... ist der Schutz des Lebens und des Wohlbefindens der Tiere aus der besonderen Verantwortung des Menschen für das Tier als Mitgeschöpf." Dennoch bleibt das Verhältnis zum Beziehungstier Hund ambivalent. Hunde werden einerseits überhöht, überschätzt und geliebt, andererseits aber auch unterschätzt, verachtet und sogar gehasst – ebenso wie ihre Stammform Wolf[44]. Das Spektrum der Wertigkeiten reicht vom „Straßenköter" über den wertvollen Mitarbeiter bis zum Familienmitglied und „Kind". In den westlichen, industrialisierten Gesellschaften sind Hunde funktionell überwiegend Sozialpartner und emotionale Unterstützer. Daher überrascht es nicht, dass ihnen Denkfähigkeit, ein komplexes Gefühlsleben und Persönlichkeit zugebilligt werden[45] – nicht zu Unrecht, wie in diesem Buch noch gezeigt werden wird. Kumpanhunde werden mehr als Teil des eigenen Ich empfunden als vielleicht sogar die eigenen Kinder, die man ja in der Regel in Richtung Selbstständigkeit führen will. Was bei Hunden nicht der Fall ist, die ja lebenslang in Abhängigkeit gehalten werden und so mehr als schon längst flügge Kinder sozusagen ausgelagerter Teil der eigenen Person bleiben.

Tatsächlich zeigen die Konflikte um Tiere – auch um das Leben mit Hund – recht deutlich gesellschaftliche Verfasstheiten und Bruchlinien. Dies formulierte meisterhaft Milan Kundera in seinem klassischen Roman „Die unerträgliche Leichtigkeit des Seins".[46] Er bemerkte, dass jene Russen-Kollaborateure, die 1968 nach der gewaltsamen Niederschlagung des Prager Frühlings bald wieder das Sagen hatten, gleich mal Kampagnen gegen Tauben und Straßenhunde in Prag anordneten. Was die Frage provoziert, ob es einer Minderheit der Hundegegner tatsächlich um die Sache, also um eine hundefreie Gesellschaft geht? Schlägt man den Hund, um den Menschen zu treffen? Das wäre jedenfalls wert, genauer untersucht zu werden.

Weil die Welt ebenso ungerecht ist wie die Berichterstattung durch Medien (nur schlechte Nachrichten sind bekanntlich gute Nachrichten), schaffen es schwere Verletzungen oder Tod durch Hunde immer in die Schlagzeilen, ihr erhebliches positives Potenzial dagegen kaum. Wenn, dann finden sich die netten Hunde allenfalls auf den Unterhaltungs- bzw. Lifestyleseiten. Dennoch überwiegt erstaunlicherweise das positive Hundebild bei Weitem, selbst bei Menschen, die nicht mit Hund leben.[47] Sie werden überwiegend als kluge und starke Persönlichkeiten mit komplexem Gefühlsleben gesehen, als „soziales Du", wie es bereits der große Psychologe der Uni Wien, Karl Bühler, in den 1930er-Jahren formulierte[48], oder einfach als „beste Freunde". Aber wie weltweit repräsentativ ist diese Einstellung zu Hunden in unseren „westlichen, gebildeten, industrialisierten, reichen und demokratischen Gesellschaften"[49] – trifft sie auch auf andere Kulturen zu? Positive Hinweise darauf ergaben Interviews in verschiedenen Communitys des ländlichen Mexiko[50]. Ganz ähnlich wie typisch westlich-urbane Gesellschaften sahen die Bauern und Bäuerinnen verschiedener Ethnien auf Yukatan Hunde als komplexe Persönlichkeiten.[51]

Konkrete kulturvergleichende Ergebnisse zur Bedeutung von Hunden lieferte eine Gruppe von Forscherinnen und Forschern aus Leipzig, Jena und Toronto.[52] Sie extrahierten die Einstellungen zu Hunden in 124 voneinander unabhängigen, über die Welt verstreuten Kulturen aus einer Harvard-Datenbank. Positive Beziehungen, viel Fürsorge für die Hunde und wenig schlechte Behandlung gab es vor allem in Kulturen, in denen sie vielseitig eingesetzt werden, sowohl beim Jagen als auch für das Bewachen und Hüten von Vieh. Besonders gut geht es Hunden in Hirtengesellschaften, während Jagdhunde zwar nicht unbedingt besonders gut behandelt, aber besonders stark als Persönlichkeiten gesehen werden. Hunde sind also nicht überall auf der Welt gleichermaßen und undifferenziert einfach „beste Freunde" oder gar „Kindersatz". Art und Vielfalt der

Mensch-Hund-Beziehung unterliegen vielmehr ähnlichen funktionellen Regeln, die auch für zwischenmenschliche Sozialbeziehungen gelten.

Was aber die Autoren und Autorinnen dieser Studie seltsamerweise, bzw. als typisch materialistisch orientierte Wissenschafts-Community, vergessen: Die heute wichtigste Funktion der Hunde ist die als Sozialpartner und mentale Unterstützer ihrer Menschen. Obwohl Gesellschaften in Asien in Nord-, Mittel- und Südamerika, Afrika, Australien und Europa auf sehr unterschiedlichen kulturellen Wurzeln wachsen, konvergieren sie heute kulturell aufgrund einer globalisierten Wirtschaft und der digitalen Revolution. Im Windschatten dieser zunehmenden sozio-kulturellen Angleichung setzt sich folgerichtig der Hund als Sozialpartner weltweit durch. Darüber hinaus gilt es für Hunde in allen Kulturen, dass sie neben ihren praktischen Funktionen immer schon – mehr oder weniger – Sozialpartner waren. Wie das Beispiel der australischen Aborigines zeigt,[53] brachte sie deren offensichtliche Nutzlosigkeit und die Schäden, die sie verursachten, nicht davon ab, ihre Vierbeiner zu lieben und zu schätzen. Daher ist es kritisch zu sehen, dass die offenbar universelle Funktion von Hunden als Sozialpartner und „mentale Coaches“ in einer solchen kulturvergleichenden Studie unberücksichtigt blieb.

„Mein Hund ist als Hund eine Katastrophe, aber als Mensch unersetzlich!“

So charakterisierte der ehemalige deutsche Bundespräsident Johannes Rau seine typisch menschliche Beziehung zum Familienhund. Mensch sein heißt Beziehungspflege mit der Umwelt, mit der belebten wie mit der unbelebten. Menschen können aber Beziehungen nur auf „typisch menschliche Art“ führen, zwar in enorm vielfältiger, aber nicht beliebiger Weise – schließlich entstand auch menschliches Sozialverhalten in der Evolution[54] –, egal ob mit ihresgleichen oder mit Hunden. Und weil das menschliche Gehirn samt seinen Fühl- und Denkweisen von der sozialen Evolution geprägt wurde, benutzen Menschen diese sozialen Werkzeuge auch, um sich mit der Welt in *Beziehung* zu setzen. Unsere Jäger- und-Sammler-Vorfahren schafften das ziemlich mühelos mit ihrem Glauben an die Beseeltheit von nahezu allem und jedem. Die Menschen in der westlichen Welt haben es nicht mehr so mit der Beseeltheit, einschließlich ihrer selbst, setzen sich aber mit ihrer Umwelt wie eh und je durch Vermenschlichen in Beziehung[55]. Das geht als Mensch gar nicht anders. Manche geben ihren Autos Namen und die meisten von uns ärgern sich manchmal über ihren Computer wie über ein widerspenstiges Lebewesen – dabei ist er nur eine Maschine. Dass diese nun per ChatGPT zu uns spricht, erleichtert den rationalen Zugang nicht gerade.

Ganz besonders stark vermenschlichen wir Lebendiges, und zwar umso stärker, je näher die stammesgeschichtliche Verwandtschaft, oder je enger wir mit ihnen zusammenleben.[56] Menschen gestehen daher Affen oder Hunden mehr Denkfähigkeit und komplexere Gefühle zu als etwa Reptilien, Vögeln oder gar Insekten. Und wenn es üblich ist, mit zahmen Papageien zu leben – bei uns zunehmend auch mit ein paar Hühnern –, dann verschiebt sich die Wahrnehmung dieser Vögel in Richtung menschenähnlich. Tiere zu „vermenschlichen", gilt bei jenen als schlecht, die als Menschen mit den anderen Tieren nichts gemein haben wollen und „Tier" immer noch als Schimpfwort auffassen; vor allem aber bei jenen, denen Tiere ein großes Anliegen sind, weswegen sie ihnen nicht zumuten wollen, einfach die menschliche Sichtweise übergestülpt zu bekommen. Das gilt ganz besonders für die Hunde.

Diesen Tierschutzbewegten kann man entgegenhalten, dass aufgrund der ganz ähnlichen sozialen Mechanismen und Bedürfnisse der Hunde und Menschen (Kapitel 4) die Annahme nicht ganz verkehrt ist, dass Hunde ganz ähnlich wie wir fühlen und denken, dass es daher nicht völlligfalsch sein kann, sich in Hunde in typisch menschlicher Art einzufühlen und einzudenken[57]. Nach meinem Geschmack wird vermenschlichen dann unangemessen, wenn Hunde nur noch als Projektionsflächen für menschliche Bedürfnisse und Eitelkeiten dienen, indem sie etwa als Accessoires ihrer Halterinnen und Halter Haute Couture tragen müssen oder als Waffe deren Ego aufmöbeln; oder wenn sie nur noch im Stroller spazierengefahren, überfüttert oder anderweitig gezwungen werden, jene zivilisatorischen Fehlentwicklungen mitzumachen, die auch Menschen krank machen. Hunde zu „vermenschlichen" verliert viel von seinem schlechten Geruch, wenn man weiß, dass mit ihnen „ganz normale", wenn auch auf das Wesentliche beschränkte soziale Beziehungen möglich sind. Denn Menschen teilen mit Hunden die wesentlichen mentalen Grundeinstellungen, nämlich Fähigkeit und Bedürfnis, sich zu binden, gern zusammenzuarbeiten, füreinander einzustehen (Kapitel 3, 4). So seltsam es klingen mag: Diese Passung mit menschlichem Sozialverhalten verdanken die Hunde ihrem Wolfserbe. Aber selbst ohne sich dessen bewusst zu sein, reagieren immer noch Mitmenschen verunsichert auf das Leben in zwischenartlichen Beziehungen. Das mag weniger kulturell als individuell bedingt sein. Mit Tieren wie Hunden will und kann man – oder eben nicht. Andererseits mag eine solche Skepsis gegen zwischenartliche soziale Beziehungen auch den Entwicklungen der abendländischen Philosophien und Religionen geschuldet sein.

Das Naturwesen Mensch mutierte seit der klassischen Antike, seit Platon und Aristoteles zum Geisteswesen.[58] Dies vertiefte auch den Graben zwischen Menschen und anderen Tieren. Wie falsch das war, wusste unter anderem bereits der eine Generation vor Descartes lebende und schreibende Michel de Montaigne[59]. Wahrscheinlich wirken die Reste der heute seltsam anmutenden Überzeugung eines extremen Unterschieds zwischen „Mensch" und „Tier" immer noch in einer gewissen Skepsis jenen Menschen gegenüber nach, die in offensichtlichen sozialen Beziehungen zu Tieren leben. Wie meinte doch ein ehemaliger Landesjägermeister in Österreich: „Ich jage mit meinem Hund, ich streichle ihn nicht." Welch tragisches Missverständnis!

Vertraute Hunde empfinden wir als „Du“. Auch aufgrund des heutigen Wissens über Hunde fühlt es sich „richtiger“ an, einen Hund denn eine Eidechse, eine Wespe oder eine Tarantel zu vermenschlichen, also das Gefühl oder sogar die Gewissheit darüber zu entwickeln, was das Gegenüber denkt und fühlt. Auch Insekten und Spinnen leben in ihrer eigenen „Welt“,[60] die aus den Meldungen ihrer Sinnesorgane an ihre Ganglien entsteht. Unwahrscheinlich ist aber, dass diese Gliedertiere einen Blick für uns entwickeln, der über das Interesse der Stechmücke an unserem Blut und dem Ausweichen der nach ihnen schlagenden Hand hinausgeht. Soweit heute bekannt, haben Insekten kein soziales Interesse an uns, wollen weder mit uns kooperieren noch sich in unsere Hierarchien einfügen. Im Gegensatz zu Hunden haben sie keinen Schimmer von unserer sozialen Natur. Daher fehlt ihnen wahrscheinlich auch die Basis, uns zu „vergliedertierlichen“, also uns auf Basis der Erfahrung mit ihrer eigenen Umwelt uns in diese einzugliedern.

Im Gegensatz dazu „verhundlichen“ uns die Hunde wahrscheinlich in einer ganz ähnlichen Weise, wie wir sie vermenschlichen. Zumindest verhundlichen sie jene Teile unseres Wesens, die sie aufgrund ihrer eigenen Psyche und Erfahrung verstehen. Wobei aufgrund der sozialen Nähe von Hunden zu Menschen die Menschenbilder der Hunde wahrscheinlich simpler, aber im Prinzip auch nicht völlig anders ausfallen werden als die Hundebilder der Menschen. Erich Zimen[61] vermutete eine Art Bewusstsein einer doppelten Identität bei den Hunden, was vielleicht etwas zu weit geht. Wie ihr Verhalten mit Artgenossen nahelegt, wissen sie einerseits zwar, dass sie Hunde sind und keine Menschen; andererseits orientieren sie sich stark und erfolgreich an Menschen (Kapitel 4), was ohne konkrete Vorstellungen über uns nicht möglich wäre. Vielleicht ähnelt die Vorstellung der Hunde von uns den menschlichen Vorstellungen von Göttern und Halbgöttern, die ja ebenfalls vermenschlichende Projektionen darstellen – vielleicht aber auch nicht. Da es hier um die Partnerschaft zwischen Menschen und Hunden geht, sollte man sie natürlich nicht bloß aus menschlicher Sicht schildern. Aber wie wird man den Hunden gerecht, ohne sie gleichzeitig trotz aller Ähnlichkeiten über Gebühr zu vermenschlichen?

Wie man sich die Mensch-Hund-Beziehung vorstellt

Wie soll man es als Mensch anstellen, sich in Hunde hineinzuversetzen? Das ist selbst bei Mitmenschen nicht einfach. Sicherlich hilft es, die emotionalen Befindlichkeiten von Hunden aufgrund ihrer Mimik und Körperhaltung lesen zu lernen. Aber alle geballte Naturwissenschaft erlaubt es heute und in fernster Zukunft nicht, sicher zu wissen, was eine andere Person[62] empfindet. Mit anderen Menschen kann man sprechen, sie fragen, wie es in ihnen ausschaut. Ob sie dies auch preisgeben können und wollen, ist wieder eine andere Frage. Hunde verstehen zwar viele der an sie gerichteten Wörter, der berühmte Border Collie „Chaser" sogar bis zu 1.000.[63] Im menschlichen Sinn sprechen können sie aber noch nicht und es besteht auch wenig Grund zur Annahme, dass sich daran bald etwas ändern wird.

Die wissenschaftliche Einsicht, dass die Beziehung zwischen Menschen und ihren Hunden den Sozialbeziehungen zwischen Menschen nahekommt (Kapitel 4), bedeutet nicht, sie „verstanden" zu haben. Nicht wenige Menschen wehren sich auch gegen allzu viel Einsicht in das „Wunder" der Beziehung. Dem gegenüber steht die Erfahrung, dass mit zunehmendem Wissen über die Zusammenhänge das Staunen immer größer wird. Und Wissen ist ja auch der Königsweg, um die Falle der eigenen Vorurteile zu vermeiden. Die Beziehungen zwischen Menschen gestalten sich derart komplex und vielfältig, dass selbst die darauf spezialisierten Psychologen und Psychologinnen sowie Soziobiologen und -biologinnen sie vermutlich nie vollständig

Border Collie Chaser wurde weltberühmt, da er vom US-amerikanischen Psychologen John W. Pilley darauf trainiert wurde, mehr als 1000 Gegenstände per Namen zu kennen.

„verstehen“ werden. Aber natürlich weiß man heute schon recht gut über die Grundzüge der Strukturen, Mechanismen und Funktionen von Beziehungen Bescheid. Zur Mensch-Hund-Beziehung gibt es zumindest eine Reihe von Modellvorstellungen, die einander eher ergänzen als widersprechen.

Eine bevorzugte Sicht materialistisch-technokratischer Gesellschaften ist das *pragmatisch-nutzerorientierte Beziehungsmodell*: Hunde werden als wichtige Assistenten der Menschen geschätzt, beim Jagen, im Krieg und bei der Exekutive, beim Hüten von Vieh, beim Retten von Verunfallten, beim Erschnüffeln von Substanzen, für Menschen mit besonderen Bedürfnissen, etc. Auf die wesentlichen, wenn auch bislang wenig ernst genommene und unterschätzte soziale Funktion von Hunden vor allem in modernen Gesellschaften sollte man aber nicht vergessen: Hunde als emotionale Unterstützer ihrer Menschen, als Tutoren für einen gesunden Lebensstil und als Assistenten auch in der professionellen Pädagogik, Psychologie und Medizin. In materialistischen Gesellschaften werden das Zähl- und Messbare geschätzt, die „hard facts“ und die „hard skills“. Das ist nicht falsch, sondern die Basis einer Gesellschaft und Politik, die nach den Prinzipien der Aufklärung funktioniert und damit am besten menschliche Grundbedürfnisse erfüllt.[64] Das grundlegende Missverständnis damit besteht allerdings in der Unterscheidung zwischen den „hard facts“ und den „soft facts“, zumal heute soziale Faktoren ebenso mess- und zählbar sind wie die physikalisch-technischen. Letztlich handelt es sich dabei um eine permanent schwelende Auseinandersetzung um Macht und Menschenbild. Die „soft skills und soft facts“ haben es auch schwer, weil sie trotz ihrer Bedeutung für das individuelle Wohlergehen und das gesellschaftliche Funktionieren eher als „Privatsache“ gesehen werden. Aber soziale Modelle erklären nicht nur Menschen selbst, sondern auch die Mensch-Hund-Beziehung plausibler und umfassender als die klassische Nutzbeziehung allein.

Weitgehend im Mainstream der Forschung zur Mensch-Tier-Beziehung liegt das *Eltern-Kind-Modell.*[65] Tatsächlich sehen viele Menschen ihre Hunde ziemlich kindähnlich. Hunde sind von ihren Menschen fast völlig abhängig, was Nahrung, Unterkunft, Art und Ausmaß der gemeinsamen Aktivitäten betrifft. Hunde könnten allerdings auch recht selbstständig (über)leben: Sie führten über die Jahrtausende meist ein unabhängigeres Leben als heute, da in vielen westlichen Ländern im Rahmen kultureller Gepflogenheiten Hunde stark kontrolliert in Abhängigkeit gehalten werden – weil man die enge Beziehung zum Hund schätzt und weil man aus Gründen der Sicherheit für Hund und Umwelt diesen nicht einfach streunen lässt. Letzteres wird heute gesellschaftlich nicht mehr akzeptiert und ist aufgrund der Haftung für etwaige Folgen nicht ratsam. Natürlich kann man es mit der Kontrolle über Hunde aber auch übertreiben.

Zu meiner Jugendzeit war es zumindest im ländlichen Österreich noch üblich, dass Hunden zugestanden wurde, Dorf und Umgebung selbstständig bzw. in Begleitung anderer Hunde zu erkunden. Wildernde Hunde wurden allenfalls von den Jägern verschont, wenn es sich um den Vierbeiner des Nachbarn oder des Jagdkollegen handelte. Rüden durften läufige Hündinnen belagern und die wurden häufig ungeplant trächtig. Diese Art der „freien Hundehaltung“ findet man teils immer noch im Mittelmeerraum, in Europas Osten und im Globalen Süden. Hunde auf Haus und Garten zu beschränken und mit ihnen regelmäßig Gassi zu gehen, ist ein relativ neues, städtisches Konzept, das sich mittlerweile aber auch am Land durchgesetzt hat. Man mag diesen Verlust an „Freiheit“ bedauern. Aber wie relevant ist dies für Hunde? Ein enges Zusammenleben sorgt ja auch für eine gute Partnerschaft. Wechselseitiges Vertrauen und Wille und Fähigkeit, zusammenzuarbeiten, entstehen beim Wolfsabkömmling Hund und auch beim Partner Mensch durch gemeinsame Unternehmungen. Zumal der wichtigste Faktor für ein entspanntes Hundeleben im klaren, entspannten Führungsstil seiner Halterinnen und Halter liegt. Mit Hunden, die eher parallel zu ihren Menschen als Zwinger- oder Gartentiere oder gar als Freigänger leben, entsteht weniger Beziehung als mit solchen, die täglich mit ihren Menschen unterwegs sind. Und wahrscheinlich ruhen sich selbst überlassene Hunde weniger zufrieden in sich als jene, die sich auf ihre Bezugspersonen verlassen können.

Eine solche „verantwortliche Heimtierhaltung" beinhaltet vor allem auf dem nordamerikanischen Kontinent auch eine meist frühe Kastration. Was zu Zeiten streunender Hunde durchaus sinnvoll war – und im Fall von freigehenden Katzen immer noch ist –, um unerwünschte Vermehrung zu unterbinden, wurde im Zeitalter der lückenlosen Kontrolle über Hunde zur tierschädigenden Gewohnheit. Dem positiven Mythos um die Kastration ist kaum beizukommen, soll sie doch den Menschen das Zusammenleben mit ihren Hunden erleichtern, indem sie die Hunde „von der Last ihrer Sexualität" befreit – und zudem beschäftigt es Tierärzte und Tierärztinnen. Zum gelegentlich geäußerten Verdacht, dass Hunderüden kastriert werden, um das Kontrollbedürfnis von Halterinnen zu bedienen, gibt es keine Untersuchungen. Sehr wohl aber die Erfahrung, dass dies männliche Halter eher nicht wollen – warum wohl? Obwohl das prophylaktische Kastrieren aus Nordamerika auch immer stärker nach Europa überschwappt, beginnt sich hier die Einstellung dazu aus guten Gründen zu ändern. Zu Zeiten, da Kastrieren zur Kontrolle von Reproduktion nicht mehr erforderlich ist, überwiegen die Nachteile.

Früh kastrierte Hunde reifen charakterlich nicht aus und verlieren ihre Welpen-Eigenschaften lebenslang nicht ganz; mag man das noch putzig finden, so bedenke man, dass damit eine Reihe unerwünschter Nebenwirkungen auftreten kann, wie verstärktes Fellwachstum, starke Futterorientierung und Fettleibigkeit, frühe Inkontinenz und erhöhte Anfälligkeit gegen bestimmte Krankheiten[66]. Zudem ist Kastration nach österreichischem Tierschutzgesetz nur aus guten medizinischen Gründen erlaubt, wie etwa im Fall einer Erkrankung der Geschlechtsorgane oder von hormonabhängigem Krebs. Die Bequemlichkeit der Halterinnen und Halter zählt nicht dazu. Heute gehört zu einer verantwortlichen Hundehaltung, den Partner nicht per Skalpell an die eigenen Bedürfnisse anzupassen. In manchen Ländern Mitteleuropas wird ja auch nicht mehr kupiert, zumindest bei uns bleiben Ohren und Schwänze an den Hunden. Und mit deren Sexualität kommt man durchaus zurecht, etwa indem man den Rüden von läufigen Hündinnen fernhält – und umgekehrt.

Unabhängig davon, wie stark Hunde unter Kontrolle gehalten werden, existiert immer die Asymmetrie in der wechselseitigen Abhängigkeit. Um gut zu (über)leben und sich gegebenenfalls zu vermehren, brauchten Hunde immer stärker die Menschen als umgekehrt. Das spricht für die robuste Gültigkeit des Eltern-Kind-Modells. Aber während man Kinder generell in Richtung Selbstständigkeit führen will, gilt das für Hunde nicht. Darin liegt auch ein gewisses Potenzial, dass sich Hundehalterinnen und -halter zu wahren „Helikoptereltern“ entwickeln. So bietet sich als *drittes Beziehungsmodell die totale Vermenschlichung* an. Die totale Vermenschlichung durch „Helikopterhundeeltern“ muss man nicht mögen, schließlich ist sie so ziemlich das Gegenteil eines sicheren, hundegerechten Führungsstils und einer tiergerechten Haltung.

Man findet diese Art vordergründig empathischer[67] Beziehungen oft genug, um sie als gültiges Beziehungsmodell[68] anerkennen zu müssen. Es liegt in der Natur des Menschen, zu übertreiben – auch und gerade in sozialen Beziehungen und im Vermenschlichen von Hunden. Wie man mit Kindern und Hunden umgeht, sendet ja auch immer Signale an Dritte, welch tolles Elternteil man doch ist. Überfürsorge ist auch ein Symptom für Kontrollbedürfnis und Selbstdarstellung. Gerade Sozialbeziehungen kann man im Wettbewerb mit anderen und im Wettlauf nach Sozialprestige trefflich verkitschen und so das Kind oder den Hund zum Opfer machen. Die Asymmetrie der Beziehung trägt dazu bei, dass sich Hunde auch gegen die offensichtlichste Übergriffigkeit in der Betreuung durch ihre Menschen nicht wehren wollen oder können, während nicht jeder menschliche Nachwuchs dies widerspruchslos hinnehmen würde. Egal, wie überzogen die menschlichen Pflege- und Kontrollbestrebungen auch sein mögen – mit den Hunden kann man es ja machen.

Totale Vermenschlichung würde bedeuten, dass man Hunde als vierbeinige Menschen sieht und ihnen unsere kulturellen Normen überstülpt. Genau das tun nicht wenige Hundehalterinnen und -halter, indem sie als Teil der Zuwendung oder als Ersatz dafür auf Markenartikel setzen, mit ihren Hunden pausenlos sprechen, ein Gedeck am Tisch für sie auflegen, aber die artentsprechende Ano-Genitalkontrolle – also dass ein Hund am Hinterteil eines anderen schnüffelt – gar nicht gern sehen. Bei Annäherung eines Artgenossen wird der Vierbeiner flugs auf den Arm genommen – und sofort mit Leckerlis überflutet, sobald Gefahr und Aufregung vorbei sind. Und sollte der Hund jemals knurren, bricht eine Welt zusammen, denn der Hund hat lieb zu sein und aggressives Verhalten ist bekanntlich böse[69]. Ich übertreibe natürlich ein wenig, aber solche Vermenschlichungen sind ja auch tierschutzrelevant. Grenzüberschreitungen in Beziehung und Fürsorge sind objektivierbar, aber nicht alles steht im Tierschutzgesetz. Oft genug zeigen Hunde durch für sie und ihre Menschen problematisches Verhalten selbst, dass „was nicht stimmt". Angesichts der schier unendlich vielfältigen Beziehungsmuster wäre es gefährlich, darüber zu diskutieren, was in einer Beziehung – auch mit einem Hund – „normal" sein darf. Niemand will eine Beziehungspolizei. Aber man kann durchaus die sozial ins Pathologische abdriftenden Ränder der Verteilung erkennen – wo Beziehung übergriffig oder allzu kontrollierend wird, wodurch einer oder beide Partner leiden bzw. keine Möglichkeit mehr haben, ihre Grundbedürfnisse zu leben. Etwa, indem Leute ihre Hunde völlig den eigenen Bedürfnissen unterwerfen – oder umgekehrt.

Einen umfassenden Rahmen um die zuvor diskutierten Beziehungsmodelle bildet das *vierte Modell einer wechselseitigen Sozialpartnerschaft, also Mensch-Hund als „ganz normale" Sozialpartner.* Dafür sprechen vor allem die herkunfts- und funktionsähnlichen sozialen Gehirne und Physiologien, sowie das zwischen Menschen und Hunden so verblüffend ähnliche „soziale Mindset" (Kapitel 4). Ein gewisses Suchtpotenzial dieser Beziehung ergibt sich einerseits aus der sozialen Bedürftigkeit sowohl der Menschen als auch der Hunde, gepaart mit der Neigung der Hunde, ihre Zuwendung ganz flexibel individuell anpassen zu können – und keine Umstände um jene kulturellen Bereiche zu machen, die zwischenmenschliche Beziehungen zwar interessant, aber auch kompliziert machen. Mensch und Hund entwickeln in ihren Beziehungen so etwas wie „Urvertrauen", an welchem Zeitgeist und hektische Umwelt branden und zerschellen. Daraus ergibt sich das Potenzial dieser Beziehungen, Wohlbefinden und sogar geistige und körperliche Gesundheit zu fördern.

MIT HUND LEBEN TUT GUT UND IST GESUND

Hunde machen uns zu besseren Menschen, weil sie vernetzen, die körperliche wie mentale Gesundheit fördern und das menschliche Grundbedürfnis nach Nähe befriedigen. Damit unterstützen sie die gute Entwicklung von Kindern ebenso wie das selbstständige Leben alter Leute.

Nicht wenige Halterinnen und Halter berichten, dass ihre Hunde sie zum Lachen bringen und trübe Gedanken vertreiben. Das ist nicht wenig, denn schlechte Laune macht auf Dauer krank. Hunde sind ihren Menschen Alltagspädagogen und -psychologen, ihre Wirkungen gehen aber weit über den Wohlfühleffekt hinaus. So die Beziehung stimmt, wirken Hunde bei Menschen aller Lebensabschnitte als „Vertrauenspersonen“, emotionale Unterstützer und Bewegungscoaches. Damit leisten Hunde ihren wichtigen Beitrag dazu, dass ihre Menschen physisch und psychisch gesund bleiben. Der australische Gesundheitsökonom Bruce Headey von der Uni Melbourne untersuchte, ob es Auswirkungen der Hundehaltung auf die Gesundheit der Bevölkerung und auf die Kosten für die Gesundheitssysteme gäbe[70]. Er fand an respektablen Stichproben von Hundehaltern und -halterinnen in Australien, Deutschland und China, die er jeweils mit sozio-ökonomisch gut abgeglichenen Nicht-Hundehalterinnen und -haltern verglich, dass die Menschen mit Hund tatsächlich gesünder waren und je nach Land um 12 bis 18 Prozent weniger den Arzt aufsuchten. Hundehaltung erspart also nicht bloß den jeweiligen Gesundheitsbudgets Milliarden, sondern hilft den Menschen tatsächlich, länger gesund zu leben.

Kinder, denen zugemutet wird, ohne direkten Kontakt mit Tieren und Natur aufzuwachsen, sondern vor allem in Kontakt mit den Segnungen der Spielzeugindustrie, entwickeln eine vom US-amerikanischen Publizisten Richard Louv sogenannte „Naturdefizit-Störung“[71]. Damit ist eine heute weitverbreitete Naturentfremdung mit fatalen Folgen gemeint; Kinder wissen nicht mehr, wo die Lebensmittel herkommen, fürchten sich im Wald, vor Klimaerwärmung und Artensterben, verlieren aber den Bezug zu ökologischen Zusammenhängen. Zudem entwickeln solchermaßen aufwachsende Kinder suboptimale „exekutive Funktionen“. Damit bezeichnet man ein Bündel an Eigenschaften einer Person, die vom Stirnhirn verwaltet werden und für eine gute Beziehungsfähigkeit sowie für

Für das gute Heranwachsen von Kindern zu sozial kompetenten und verantwortungsbewussten Erwachsenen sind Hunde unschlagbare Partner.

Erfolg in Schule, Beruf und Gesellschaft maßgeblich sind: sich beherrschen und zuhören können, neugierig, flexibel anpassungsfähig und selbstsicher in die Welt gehen, offen für neue Beziehungen sein und gut Nähe und Distanz zu anderen regulieren können, verlässlich sein, strategisch denken können, und was man sich vorgenommen hat, auch umzusetzen etc.[72] Eine dänische Studie zeigte anhand von Daten von mehr als einer Million Menschen, dass ein Aufwachsen in einer „grünen Umgebung" die Erwachsenen viel widerstandsfähiger machte gegen eine Fülle von mentalen Problemen[73]. Hunde sind in diesem groben Raster einer „grünen Umgebung" wohl mitgemeint.

Tatsächlich beschäftigen sich die erschöpft von der Schule nach Hause kommenden Kinder in der Regel zuerst mit Hund oder Katze, bevor sie mit den Eltern über das Erlebte sprechen (wenn überhaupt). Ein Aufwachsen im Kontakt mit Tieren, vor allem mit Hunden, die ja als echte Sozialpartner auch mehr zurückgeben als andere mögliche Kumpantiere, fördert die Entwicklung von Kindern viel mehr, als das die Teletubbies oder andere digitale Bildungsprogramme für Kleinkinder könnten. Ihre Intelligenz fördert man besser, indem man sie tröstet und umarmt, wenn sie es benötigen (Kapitel 4). Im Zusammenleben mit Hund entwickeln sich Kinder zu verantwortungsbewussteren, wacheren und sozial kompetenteren Erwachsenen,[74] die besser mit den Herausforderungen des Lebens zurechtkommen und weniger anfällig sind für die heute so häufigen psychischen Probleme, was sich auch in den Krankschreibungen zeigt.[75] Nicht zuletzt kann ein Hund für Kinder, die durch ihre Eltern vernachlässigt oder sogar missbraucht werden, rettender Anker sein. In einem solchen Umfeld beschützt ein Hund – und muss nicht selten auch vom Kind beschützt werden, da Gewalt gegen Menschen meist auch mit Gewalt gegen Tiere einhergeht. Daher vernetzen sich gelegentlich in „One Health"-Ansätzen Human- und Veterinärmedizinerinnen und -mediziner;[76] aber weltweit ist dies immer noch die Ausnahme und nicht die Regel.

Hunde bringen Freude ins Leben von Kindern, lassen sie freundliches Verhalten auch gegenüber anderen Kindern entwickeln und fördern die wichtigen exekutiven Funktionen, von denen ich bereits gesprochen habe. Nicht unterschätzen sollte man auch die Steigerung der Bewegungsfreude von Kindern durch ihre Hundekumpane. Adele Diamond von der US-Uni British Columbia gilt als eine der einflussreichsten Neuro-Psychologinnen unserer Zeit. Sie beschäftigte sich vor allem mit jenen Umständen, die Kindern erlauben, die ihren Anlagen entsprechenden, optimalen exekutiven Funktionen zu entwickeln[77]. Sie fand, dass nichts ohne körperliche Bewegung geht, vorzugsweise in einem sozialen Zusammenhang. Egal, wie geistig fördernd das kindliche Umfeld ist – sie müssen sich genügend bewegen, um sich geistig, emotional und sozial gut zu entwickeln. Dafür sind Hunde unschlagbare Gefährten.

Hunde halten uns gesund, weil sie für einen sozialen, regelmäßigen, menschengerechten Lebensstil sorgen. Ein Leben mit ihnen geht mit einem reichhaltigeren Mikrobiom einher, weil Hunde für ein Mindestmaß an Bewegung sorgen. Und sie erhöhen als wirksame soziale bzw. emotionale Unterstützer die Resilienz gegenüber psychischen und psychosomatischen Problemen. James Coan, Psychologe der Uni Virginia, identifizierte ein Leben in Beziehung und balancierter Emotionalität als Hauptfaktor, der Menschen gesund alt werden lässt.[78] Dabei assistieren Hunde in vielfältiger Weise. Im Herbst des Lebens schützt ein Hund vor Altersdepression und ermöglicht lange Selbstständigkeit. Hunde helfen uns also dabei, sozusagen geerdet auf Spur zu bleiben. Sie können das, weil sie – wie ihre Menschenpartner und -partnerinnen auch – nicht einfach nach Schema F funktionieren, sondern sich höchst flexibel auf die unterschiedlichsten Situationen einstellen können.

Hunde halten uns auch im Alter vernetzt,
in Bewegung und lange selbstständig.

Erweckungserlebnisse: Hunde machen freundliche Menschen

Wie es sich für einen Wissenschaftler ziemt, war ich reichlich skeptisch, als man uns Anfang der 2000er-Jahre einlud, ein Projekt in einer Wiener Grundschule wissenschaftlich zu begleiten. Eine Lehrerin wollte ihre beiden als Rettungshunde ausgebildeten Vierbeiner nicht ständig allein zu Hause lassen, sondern sie auch aus pädagogischen Gründen abwechselnd an den Vormittagen in ihre Klasse mitnehmen.[79] Zwar wusste man damals schon einiges über die positiven Auswirkungen des Aufwachsens mit Hund auf die Entwicklung von Kindern, kaum aber über die Anwesenheit eines „Präsenzhundes“ auf das so wichtige soziale Klima in einer Schulklasse. Als typischer skeptischer Naturwissenschaftler hielt ich es damals mit der „Nullhypothese“: Was soll der anwesende Hund schon bringen, außer die Kinder vom Unterricht abzulenken? Von der Diplomstudentin Brita Ortbauer wurden Szenen im Unterricht auf Video festgehalten und das Verhalten der Kinder bei An- und Abwesenheit des Hundes kodiert und verglichen. Tatsächlich zeigte der Hund Wirkung: Die Kinder gingen lieber in die Schule, Fehlzeiten sanken, sie verhielten sich friedlicher und aufmerksamer und agierten mehr als Gruppe, das Unterrichten wurde insgesamt angenehmer und einfacher. Und das nicht bloß in den ersten Wochen mit Hund, sondern über das gesamte Frühjahrshalbjahr. Zudem maßen Psychologie-Kolleginnen der Uni Wien bei den Kindern in der Klasse mit Hund, nicht aber in einer Parallelklasse ohne, deutliche Entwicklungen in Richtung Empathie mit Tieren und selbstständiger Verantwortung.[80]

Dieses erstaunliche „Erweckungsergebnis“ motivierte zu einer intensiveren Beschäftigung mit der Beziehung zwischen Menschen und ihren Kumpantieren Hund und Katze durch eine engagierte Arbeitsgruppe an der Uni Wien. Dies wurzelte auch in unserer Forschung zu den sozialen und geistigen Mechanismen bei

Graugänsen, Kolkraben und Waldrappen an der Konrad-Lorenz-Forschungsstelle im oberösterreichischen Grünau seit 1990.[81] Wir fanden große Ähnlichkeiten zu den Säugetieren, etwa im Sinn von Helga Fischer, die in den 1960er-Jahren den über einen Partnerwechsel bei Graugänsen offenbar wenig amüsierten Konrad Lorenz mit der Bemerkung getröstet haben soll, „aber Konrad, Gänse sind auch nur Menschen".[82] Erstaunlich jedenfalls, gingen doch Vögel und Säugetiere seit mehr als 220 Millionen Jahren, also über die halbe Stammesgeschichte der Wirbeltiere, getrennte Wege. Heute fügt sich verhaltens- und neurobiologisches Wissen zur Einsicht der schier unglaublichen zwischenartlichen Ähnlichkeit der sozialen Mechanismen.

Weil die Kumpanbeziehungen zwischen Menschen und „anderen Tieren" auf solch gemeinsamen, stammesgeschichtlich entstandenen Mechanismen beruhen, betrachteten wir sie von Beginn unserer Forschungsarbeit an Mensch-Tier-Beziehungen zum Ende des letzten Jahrtausends im Rahmen einer kleinen Arbeitsgruppe an der Uni Wien als „ganz normale" Sozialbeziehungen – wie zwischen Menschen auch. Der aktuelle Erkenntnisstand zeigt, dass wir damit richtiglagen. Natürlich läuft zwischenmenschliches Zusammenleben komplexer ab als mit anderen Tieren. Allzu viel kultureller Überbau kann Beziehungen aber auch belasten. Hunde binden sich unabhängig von politischen Ansichten an die Schlampigen, sie lieben schlechte Kopfrechner genauso wie die materiell und geistig Armen, die Mühseligen und Beladenen – für sie ist selbst Aschenputtel attraktiv. Daher leben Menschen mit ihren Hunden das sozial Wesentliche, erfüllen ihre grundlegenden soziale Bedürfnisse. Dies bedeutet aber nicht, dass diese unsere uralte Beziehungskiste mit den Hunden bloß auf Emotionen gebaut wäre; sie lässt vielmehr genügend Raum für die Klugheit der Hunde und die ihrer Menschen (Kapitel 4), auch weil sie viel Gemeinsames und wenig Trennendes enthält.

Hunde als Pädagogen

Erweckungserlebnisse wie jenes mit den Schulhunden lassen staunen und verändern Einstellungen und Weltsichten. Dazu taugt auch ein weiteres Ergebnis aus unserer Werkstätte: Mitte der 1990er-Jahre wurden wir eingeladen, die mögliche Wirkung eines Hundes auf das Zusammenleben zwischen sozial und in ihrem Verhalten belasteten Kindern und Jugendlichen zu untersuchen. Ort des Geschehens waren Wohngemeinschaften, in denen Sozialpädagoginnen bis zu zwölf Mädchen und Knaben von fünf bis siebzehn Jahren betreuten, die aus schwerwiegenden Gründen nicht bei ihren Familien aufwachsen konnten. Diese Kinder zeigten eine ganze Palette von Problemen, einschließlich sozialer, emotionalee und Lernstörungen. Das gemeinsame Leben in der Wohngemeinschaft sollte sie auf ihr späteres selbstständiges und möglichst unauffälliges Leben in der Gesellschaft vorbereiten. Einige der betreuenden Sozialpädagoginnen bemerkten, dass es unter den Kindern ruhiger und angenehmer zuging, wenn sie ihren Hund dabeihatten.

Die aufgeschlossene Organisation wurde hellhörig und beauftragte uns, diesen Eindruck zu überprüfen.[83] Also besuchte ein Team aus zwei Studentinnen und einem Hund unter der Leitung der Masterstudentin Katrin Martens zehn dieser Wohngemeinschaften je viermal innerhalb von etwa zwei Monaten. Verglichen wurde schließlich das auf Video festgehaltene Verhalten von 50 Kindern während des Abendessens zweimal mit und zweimal ohne Hund. Es galt die Regel, den anwesenden Hund weder zu füttern noch zu berühren – aus Hygienegründen, wie wir vorgaben.[84] Obwohl wir positive Effekte erwarteten, erstaunte uns abermals deren Deutlichkeit: Die bloße Anwesenheit des Hundes bewirkte eine wesentlich ruhigere Atmosphäre. Es gab mehr Augenkontakt und weniger Anspannung oder aggressives Verhalten. Die Kinder sprachen vertrauensvoller miteinander und mit der Pädagogin.[85] Wirken Hunde also Wunder? Eher nicht. Solche Wirkungen anwesender Tiere auf Psyche und Sozialverhalten von Menschen fallen unter den sogenannten „Biophilie-Effekt“.[86] Tatsächlich erhöht Hundeassistenz in den untersuchten Fällen die pädagogische Wirksamkeit. Oder andersrum: Wenn irgend möglich, sollte heute eine professionelle (Sonder-)Pädagogik Tiere bzw. Hunde als Assistenten einschließen.

Tatsächlich begleiten immer mehr als Schulhund zertifizierte Vierbeiner ihre Partnermenschen in die Schule. Übereinstimmend bestätigen diese Pädagogen und Pädagoginnen die Ergebnisse unserer Studie: Der anwesende Hund sorgt immer für ein besseres soziales Klima in der Klasse und erleichtert insgesamt das Unterrichten. Und das nicht bloß anfangs, wenn für die Kinder der Hund noch neu ist, sondern nachhaltig. Natürlich wird auf die Bedürfnisse der Hunde Rücksicht genommen, etwa in Form von Rückzugsorten. Und man sollte nicht unterschätzen, wie gut die wechselseitige soziale Kontrolle unter Kindern funktioniert, wenn es um das Einhalten von Regeln geht – besonders wenn ein Hund im Spiel ist. Allerdings werden Hunde von den Lehrkräften nicht immer respektvoll als Partner behandelt, was die Hunde stresst und falsche Signale an die Kinder aussendet[87]. Diese einhellig positive, von Daten untermauerte Erfahrung bewog das österreichische Ministerium für Bildung, im Rahmen der „Initiative Hunde in der Schule“ den Einsatz von Hunden in der Schule positiv zu unterstützen.[88] Dabei ist zwischen „Präsenzhunden“ und „Besuchshunden“ zu unterscheiden; erstere sind über Teile der Unterrichtszeit anwesend, wirken als Kontaktpersonen und soziale Vorbilder für die Schüler und werden allenfalls in pädagogische Aktivitäten mit einbezogen.[89] Besuchshunde dagegen kommen mit ihren Personen für eine bis wenige Stunden in die Schulklassen, etwa zur Unfallprävention, um Kindern den richtigen Umgang mit Hunden beizubringen oder auch für pädagogische Programme. Präsenzhunde können durch ihre längere Anwesenheit Klassenklima und die Entwicklung der Kinder verbessern, während Besuchshunde eher helfen, bestimmte pädagogische Ziele zu erreichen. Einen praktischen Leitfaden dazu verfasste die deutsche Psychologin Andrea Beetz.[90]

In Anwesenheit eines Hundes lesen und rechnen Schülerinnen und Schüler lieber und besser als ohne.[91] Offenbar verbessert der Hund die Motivation zu lesen und beruhigt, weil sich die Kinder durch den Hund nicht beurteilt fühlen. Besonders wirksam scheinen solche Lesestunden mit Hund, wenn das zum privaten Weiterlesen anregt, etwa in den Ferien[92]. Hundeassistenz kann also helfen, pädagogische Ziele zu erreichen, wirkt aber natürlich keine Wunder. Bei den meisten Kindern wird ein Hund die Motivation verbessern, die grundlegenden Probleme aber nicht beheben. Über die Verbesserung des sozialen Klimas in einer Schulklasse sollte sich ein anwesender Hund sozusagen automatisch auch auf die Lernleistungen auswirken. „Harte" Daten dazu sind aber immer noch Mangelware.[93]

Über wahre Wunderwirkungen von Hunden in psychologischen Settings wurde bereits früher berichtet. So etwa sollte der US-Kinderpsychologe Boris Levinson in den 1960er-Jahren einen Knaben therapieren, der beide Eltern durch eine Überdosis verloren hatte. Levinson kam nicht an den Knaben heran. Der zeigte zunächst keinerlei Emotionen und sprach nicht, bis sich eines Tages das Mischlingshündchen des Psychologen zufällig in der Praxis aufhielt. Der Hund leckte dem Knaben über die Wange, das Eis war gebrochen. Boris Levinson war derart beeindruckt, dass er gemeinsam mit Gerald Mallon einen bis heute gültigen Klassiker zur „tiergestützten Kinder-Psychotherapie" schrieb.[94] Seitdem berichteten Therapeutinnen und Therapeuten immer wieder nahezu wortgleich über ähnliche Schlüsselerlebnisse.[95] Aber bereits Levinson stand auf den Schultern von Giganten. So nahmen sowohl Sigmund Freud als auch später sein Schüler C. G. Jung wie zufällig ihre Chow-Hündinnen mit in die Praxis,[96] wenn sie „schwierige" Patientinnen erwarteten, denen es schwerfiel, sich in der Gesprächstherapie zu öffnen[97].

Sigmund Freud (1856–1939) mit seiner gut genährten Chow-Chow-Hündin Jofi (Hebräisch „die Schöne“, 1928–1937) um 1936, in seinem Arbeitszimmer in der Berggasse in Wien. Sie leistete ihm persönlichen Beistand und war auch wichtige Assistentin in seinen Therapiesitzungen.

Hunde als Alltagspsychologen

Diese Gründer der modernen Psychologie setzten Hunde offenbar gezielt ein, um das Vertrauen ihrer Klientinnen zu gewinnen. Sie konnten natürlich noch nicht ahnen, dass man das mehr als 100 Jahre später unter „Biophilie-Effekte" zusammenfassen würde.[98] Ähnliche Erfahrungen mache ich jedes Mal, wenn ich mit unserer Hündin – im Moment die Eurasierin Lilly – in Wien unterwegs bin. Ich werde nicht selten angesprochen, meist von Frauen, mit einem Kompliment zur schönen, braven Hündin, oder so ähnlich. Smalltalk eben, manchmal weitergeführt über das Wetter, Hunde allgemein, über die mehr oder weniger positiven Maßnahmen der Stadtregierung etc. Wenn ich ohne Hund unterwegs bin, geschieht das so gut wie nie; vielleicht auch, weil ich dann zielstrebig den Park durcheile. Mit Hund schlendert man eher. Und weil Lilly – meist verbotenerweise ohne Leine unterwegs – sich den anderen Hunden, wenn überhaupt, nur zurückhaltend und langsamhundehöflich nähert. Immer wieder fragen Kinder, ob sie diesen flauschigen Hund streicheln dürfen. Das freut mich besonders, denn ich habe es hierzulande schon lang nicht mehr erlebt, dass der Hund einfach mit Streicheln und Wuscheln überfallen wird – im Gegensatz etwa zu Italien. Kulturbedingte soziale Distanz kann sich auch positiv auswirken, aufgeklärte Kinder ebenfalls. Ich antworte dann gewöhnlich, dass Lilly selbst entscheidet, ob sie gestreichelt werden will, gepaart mit der Bitte, den Hund nicht einfach von oben zu wuscheln, sondern sich von unten Hals und Kopf zu nähern. Was manche Kinder dann doch abschreckt, weil sie so der Schnauze recht nahekommen. Ein wenig Respekt vor fremden Hunden ist ja durchaus angebracht.

Besonders beeindruckte mich, als ich mit der etwa zwanzig Wochen alten Eurasierin Bolita – der mit fünfzehn Jahren verstorbenen Vorgängerin von Lilly – vor knapp zwanzig Jahren in Wien unterwegs war. Da

Das Team aus Lehrerin und Hund sorgt für ein gutes Klassenklima und für mehr Freude der Kinder an Schule und Lernen.

wurde ich natürlich ständig angesprochen, vor allem von Kindern und Frauen jeden Alters. In einem Schanigarten am Donaukanal wurde ich von entzückten jungen Damen sogar an deren Tisch gebeten. Ich weiß schon – dabei ging es nicht um mich. Es sei aber die Schlussfolgerung erlaubt, dass ein Hundewelpe beziehungstechnisch zwischenmenschlich offenbar besser wirkt als Porsche, Rolex oder andere der üblichen Prestigeobjekte (womit mir aber die Erfahrung fehlt). Ein Hund senkt klar die Kontaktschwelle. Smalltalk ohne Hund beginnt man allenfalls mit Engländern oder Engländerinnen an einem griechischen Strand. Und schon gar nicht berühren Fremde einander. Das mag in Brasilien anders sein, wo man, kulturell bedingt, eine geringere Individualdistanz pflegt und sein Gegenüber in einem Gespräch schon mal an Arm oder Schulter berührt. So soll auf einer Party in Rio ein US-amerikanischer Wissenschaftskollege vor seinem brasilianischen Gesprächspartner so lang zurückgewichen sein, bis er vom Balkon stürzte. Und wenn's nicht stimmt, ist es zumindest schön erfunden.

Hunde setzen in der Regel als Vermittler zwischen Menschen deren Individualdistanz herab und sorgen für einen von Sympathie und Vertrauen beherrschten Erstkontakt. Daher gelten in der Mensch-Tier-Fachliteratur Hunde als „soziale Schmiermittel"[99], weil sie generell Kontakte erleichtern und für ein gutes soziales Gesprächsklima sorgen. Das gilt auch für Familien, meist mit Kindern,[100] die beschließen, sich einen Hund zuzulegen – um zu erleben, dass es ein Irrtum war, zu glauben, dass man den Welpen einfach in die Familie eingliedert, und alles würde weiterlaufen wie bisher. Weit gefehlt! Alles dreht sich plötzlich um das neue Familienmitglied, Zeitbudgets und Gewohnheiten der Familie verändern sich – meist zum Positiven, indem der Hund entschleunigt und einen regelmäßigen, sozialen, kommunikativeren Lebensstil fördert.

Freilich können Hunde bestehende Spannungen und Bruchlinien in Familien auch verstärken. So begab es sich, dass eine Familie mit mehreren halbwüchsigen Kindern ein Einfamilienhaus bewohnte, samt einem Eurasier-Rüden, der sich vor allem auf den Mann bezog. Irgendwann kam ein zweiter Rüde ins Haus – für die Frau, sozusagen. Obwohl gewöhnlich zwei Rüden im selben Haushalt keine Probleme bereiten, ging das in diesem Fall schief. Bald fielen die beiden Hunde übereinander her, wo sie nur konnten. Anstatt einen der Hunde abzugeben, wurde eine Demarkationslinie durch das Haus gezogen. Die Frau mit dem einen Rüden und ein paar Kindern bewohnte einen Teil des Hauses, im anderen residierte der Mann mit dem anderen Hund und den restlichen Kindern. Der Kontakt wurde auf ein Minimum reduziert. Schließlich kam es zur Scheidung. Dafür waren die Hunde der letzte Auslöser, sie spiegelten ja bloß bereits vorhandene Bruchlinien in dieser Familie. Hunde sind also nicht einfach Wunderwuzzis, die soziale Beziehungen automatisch immer verbessern, sondern eher Katalysatoren, die sich in die sozialen Netze der Menschen einfügen und positiv, aber auch negativ verstärken können. Wobei das Bild des Hundes als sozialer Katalysator nicht ganz zutrifft, weil dieser bekanntlich an den von ihm ermöglichten chemischen Reaktionen selbst nicht teilnimmt. Hunde nehmen definitiv teil.

Hunde helfen alten Menschen und Kindern

Alten Leuten sind Hunde genauso wichtig wie alle anderen. Aufgrund ihrer Fähigkeit zur sozialen Rücksichtnahme passen Hunde sich an alte Menschen an, sogar in ihrer Geschwindigkeit beim Spaziergang. Mit zunehmendem Alter entsteht sehr oft ein Gefühl des „Übrigbleibens“. Verwandte, Freundinnen und Freunde werden weniger, dazu kommt ein altersbedingter sozialer Rückzug, nicht selten Flucht in den Alkohol, vielleicht eine beginnende Vergesslichkeit – die Abwärtsspirale dreht sich immer schneller in Richtung Altersdepression und Verlust der Selbstständigkeit. Mit dem sozialen Netzwerk kommt auch der Sinn des Lebens abhanden. Für wen noch leben, warum überhaupt aufstehen? Es hilft ein Leben mit Hund.[101] Dadurch bleibt weniger Zeit zum Grübeln, man muss aufstehen, sich

Ein Hund bringt Freude ins Leben – ganz unabhängig vom Alter.

um den Hund kümmern, gibt und bekommt Zuwendung; mit dem Hund kann man sprechen, er antwortet auf seine Weise. Man muss hinaus, bleibt körperlich und geistig in Bewegung und trifft andere Leute, beginnt Smalltalk, woraus sich manchmal auch ein ernsthaftes Gespräch, eine freundschaftliche Beziehung ergibt. Während es früher die Höflichkeit gebot, mit Fremden im Zugabteil ein wenig zu plaudern, gilt das heute eher als Belästigung. Ein solch zeitgeistiges Vereinsamungsgebot gilt für Hunde nicht. Das Gefühl der Einsamkeit hält sich in Grenzen, über den Hund bleiben ältere Menschen länger selbstständig als ohne. Im Gegensatz zum Besuch im Pensionistenklub, der ein paar Stunden am Nachmittag füllt, ist ein Hund ein 24/7-Programm.

Freilich – es ist wahrscheinlich keine gute Idee, alten Leuten, die bislang nichts mit Hunden am Hut hatten, einen solchen zu verordnen. Und gerade im Alter hält man sich oft zurück, einen Welpen oder einen erwachsenen Hund zu nehmen, weil man der Herausforderung nicht mehr gewachsen sein könnte (und ein wenig aus Altersmüdigkeit) – oder aus Verantwortung über die Zukunft des Gefährten, sollte mit einem selbst „was sein". Dem kann vorgebeugt werden, indem man dafür sorgt, dass der Hund von Anfang an daran gewöhnt ist, immer wieder ein paar Tage bei bekannten Personen, Verwandten, Freunden und Freundinnen zu verbringen. Die kümmern sich dann, wenn man selbst nicht mehr kann, und der Hund strandet nicht im Asyl. Zudem: Viele Hundefans können aus beruflichen oder anderen Gründen keinen eigenen Hund halten. Ein „Teilzeithund" kann auch für sie eine gute Lösung sein. Für Hunde, die von Anfang an ein Leben in zwei Haushalten gewöhnt sind, ist dies kein Problem.

Besonders wichtige Gefährten sind Hunde für Kinder, für deren naturnahes Aufwachsen und eine optimale geistige, emotionale und soziale Entwicklung.[102] Das kann kein Besuch im Streichelzoo ersetzen, denn mit dem vierbeinigen Familienmitglied entsteht meist eine starke individuelle Bindung (Kapitel 4). Eltern und Geschwister müssen nicht eifersüchtig werden, der Hund ersetzt sie nicht, sondern ergänzt. Und wenn es mit den menschlichen Bezugspersonen nicht so gut läuft, dann sind Hunde wirkmächtige Puffer, die Kinder in ihrer Entwicklung auf Spur halten[103].

Tiere bekommen von Kindern gewöhnlich mehr Rücksichtnahme als die menschlichen Altersgenossen und -genossinnen oder gar die Erwachsenen. So berichten tiergestützt arbeitende Pädagoginnen übereinstimmend, dass man mittels Tier (meistens Hund) das sogenannte „prosoziale Verhalten" von Kindern besser und nachhaltiger trainieren kann als ohne.[104] Zu anderen nett zu sein und sie zu unterstützen, ist von Natur aus bei Kindern eher schwach ausgeprägt; je jünger, desto schwächer. Während Mobbing, also das Piesacken von „Prügelknaben", nicht nur Kindern, sondern auch anderen sozialen Tieren, wie etwa Kolkraben, sozusagen im Blut liegt, setzt – wenn überhaupt – erst spät in der Entwicklung die Fähigkeit und Bereitschaft ein, Schwächeren gegen den Gruppendruck beizuspringen. Daher ist es ein Gebot der sozialen Entwicklung in Richtung autonomes Individuum, solches frühzeitig zu trainieren, wie auch sich der eigenen Gefühle bewusst zu werden.[105]

Besonders nötig scheinen das die Knaben zu haben, die in einer Reihe von Studien sozial bedürftiger erscheinen als Mädchen. Damit hängt wahrscheinlich zusammen, dass tiergestützte Pädagogik bei Knaben unter Umständen besser messbare Effekte zeitigt als bei Mädchen[106]. Anzunehmen, dass auch junge Leute, vor allem Männer, im Zusammenleben mit Hund an sozialer Kompetenz gewinnen können – im Idealfall lernen, auf das Gegenüber zu achten und Rücksicht zu nehmen, also lernen, sich und andere zu spüren, Kontrollzwänge abzubauen, Vertrauen und Selbstvertrauen zu gewinnen. Das ergibt zumindest der Eindruck mit jungen Männern, die sich entschließen, mit Hund zu leben. Daten dazu sind aber wiederum

Mangelware. Wir fanden zwar geschlechterabhängige Unterschiede in den Beziehungsgefügen zwischen Menschen und Hunden,[107] aber ob etwa ein Leben mit Hund Männer stärker sozialisiert als Frauen, bliebe zu untersuchen. Und man kann zwar darüber spekulieren, warum mehr junge Frauen als junge Männer mit Hunden leben bzw. lieber mit Hund als mit Mann oder gar Baby,[108] aber auch dazu gibt es keine verlässlichen Daten.

Ansehen gewinnen durch Hunde – und in ihren Augen

In Begleitung vierbeiniger Gefährten steigt auch das Ansehen im Freundeskreis und die positive Beurteilung durch Fremde – wenn der Hund als freundlich-zurückhaltend wahrgenommen wird und nicht als Bedrohung oder Belästigung. So waren in Versuchen auf der Straße in den USA und in Frankreich Passanten zu Leuten mit Hunden hilfsbereiter und gaben ihnen eher ihre Telefonnummer.[109] Und Therapeutinnen oder Therapeuten in Hundebegleitung wurde mehr Vertrauen entgegengebracht.[110] Tatsächlich beurteilen Menschen einander ständig. Fremde, die auf der Straße unsere Aufmerksamkeit bekommen, aktivieren unbewusst die evolutionär entstandene Beurteilungsmaschinerie im Gehirn:[111] In Sekundenbruchteilen schätzen wir das Gegenüber anhand von Kleidung, Frisur, Hautfarbe, Geschlecht etc. ein. Das Bewusstsein bekommt von dieser stark instinktiven Maschinerie prompt einen Vorschlag, wie nah oder fern diese Person der eigenen Gruppe, Sozialisierung, Weltanschauung einzuschätzen ist. In der Altsteinzeit mag diese „Vorurteilsautomatik“ adaptiv gewesen sein, in der Zeit des weltweiten Dorfes muss man dem wohl Bildung und Aufklärung entgegensetzen.

In dieser schnellen Erstabschätzung erweist sich Tierbegleitung als sehr wirkmächtig. Sogar Punks mit Hund werden als sympathischer wahrgenommen, wie auch Bettlerinnen und Bettler mit Hund mehr

Mitleid bekommen und erfolgreicher sind als ohne. Aber Hund ist dabei nicht Hund. So etwa begegnen Menschen hellen Hunden generell mit mehr Vertrauen und weniger Angst als schwarzen. Die evolutionsbiologische Begründung wäre, dass schwarze Fellfärbung, die offenbar vor fast 40.000 Jahren durch die Punktmutation eines Gens des Serotoninstoffwechsels entstand – und zwar im Hund[112] – auch das Verhalten eine Spur in Richtung einer erhöhten Entschlossenheit verschiebt.[113] Weswegen man sich vor schwarzen Vierbeinern mehr hüten möge als vor blonden. Aber zugegeben: Das ist ein wenig weit hergeholt. Wahrscheinlicher scheint mir eine tiefenpsychologische Erklärung, wonach Schwarz weniger positiv besetzt ist als Weiß oder Blond. In klassischen Hollywoodfilmen sind die Schwarzhaarigen selten die Guten. Wahrscheinlich wie so vieles Teil unseres evolutionär entstandenen, typisch menschlichen Mindsets ist, ebenso wahrscheinlich aber auch stark kulturell geprägt. Menschen sind eben Kulturwesen von Natur aus.

Wesentlichen Einfluss auf die Beurteilung durch Dritte hat auch der Hundetyp. Ich möchte hier nicht ins übliche Kampfhundegerede einstimmen. Unbestreitbar ist aber, dass ein Golden Retriever oder ein Pudel als Begleiter anders gelesen wird als etwa ein Staffordshire Terrier oder ein Rottweiler. Solche Hunde sind ja auch Teil einer den Haltern und Halterinnen meist wohl wenig bewussten, wehrhaften Selbstdarstellung. Die positiven Effekte auf Vertrauen mögen mit diesen Hunden in den eigenen Kreisen zu gewinnen sein, gesellschaftlich haben sie eher ein zweifelhaftes Image. Nicht ganz zu Unrecht. Denn während kaum ein Zusammenhang herzustellen ist zwischen Hunderasse und Beißvorfällen, werden die seltenen schweren Verletzungen und seltenen Todesfälle, die es in die Medien schaffen, allzu oft von solchen Rassen verursacht.

Dass aber nicht jeder Hund, der sich profund danebenbenimmt, Spiegelbild seines verantwortungslosen Menschen sein muss, haben wir selbst leidvoll mit einem ganz besonderen schwarzen Rüden namens

Basko erlebt. Er war von Anfang an ein ziemlicher Macho, dem ich immer wieder durch Übungen in Sachen Zusammenarbeit nahelegen musste, wer der Herr im Haus ist. Möglicherweise war ich damals als noch junger Mann ja auch selbst eher der Macho-Typ und Basko hat gespiegelt ... Jedenfalls war Basko recht kinderfreundlich und ruhig-deeskalierend anderen Hunderüden gegenüber, aber er hegte eine lebenslange Abneigung gegen bestimmte Männer. Und er war ein zwar absolut verlässlicher, wenn auch reichlich überschießender Verteidiger von Haus, Garten und Auto. Ergebnis waren trotz aller Bemühungen unsererseits eine ganze Reihe von geschnappten Personen und eine Vorstrafe für meine Frau. Basko war kein Angst-, sondern ein Lustbeißer und schlug nach längerer friedlicher Phase immer ansatzlos und ohne Vorankündigung zu. Die schwierige Situation entspannte sich, als dem fünfjährigen Rüden eine junge Hündin zugesellt wurde und er aus medizinischen Gründen kastriert werden musste. Aber verlässlicher Wächter blieb er bis an sein Lebensende – Herzinfarkt mit dreizehn. Typisch Basko – immer im Dienst.

Aber zurück zur Wirkung der Begleitung durch Hunde in der zwischenmenschlichen Beurteilung: Sie scheint selten bewusst zu sein. Was auch zur Folge hat, dass Menschen im Umgang mit ihren Hunden in der Regel authentischer agieren als mit anderen Menschen. Man weiß Bescheid über sozial angemessenes bzw. erwünschtes Verhalten und bemüht sich daher meist entsprechend mit anderen Menschen. Das muss Hunden gegenüber nicht der Fall sein. Da zeigt man sich entweder authentisch als nette Person oder aber als sozial unaufmerksam oder gar inkompetent, was die angemessene Reaktion auf das Verhalten des Hundes betrifft, als herrischer Kommandant etc. Menschen werden in ihrem aktuellen Verhalten stark von anwesenden anderen Menschen beeinflusst, was man in Fachkreisen den „Audience-Effekt"[114] nennt. Anwesenden Hunden gegenüber reißt man sich offenbar weniger zusammen, beurteilt aber andere Menschen auch danach, wie sie mit ihren Hunden umgehen.

Das ist umgekehrt mindestens ebenso stark der Fall: Hunde beurteilen Menschen offenbar ständig danach, wie nett, kooperativ und klar sie mit ihnen umgehen. Tatsächlich bevorzugen Hunde Menschen, die sich in ihrer direkten Erfahrung als nett erweisen[115]. Jedenfalls gewinnt man bei Hunden (und den menschlichen Beobachtern und Beobachterinnen) sicherlich nicht an Ansehen, indem man sie barsch rumkommandiert. Damit aber nicht genug: Hunde beobachten ihre menschliche Umgebung ständig und registrieren, wie nett und unterstützend – oder eben nicht – man miteinander umgeht. So etwa sahen Hunde in einem Experiment zu, wie sich ihnen unbekannte Menschen miteinander verhielten; anschließend bevorzugten sie jene Personen, die Bettlern gaben und bei denen sich diese „experimentellen Bettler" freundlich bedankten[116]. Solche Ergebnisse zeigen recht klar, dass Hunde uns beobachten und ihre eigenen Schlüsse aus unserem Verhalten anderen Menschen gegenüber ziehen. Man sollte also ganz besonders in Hundebegleitung nett und zuvorkommend anderen Menschen gegenüber sein, will man nicht an Ansehen bei den Vierbeinern verlieren. So bedingungslos zugewandt, wie viele Leute glauben, sind Hunde also doch nicht.

Das menschentypische Naheverhältnis zu anderen Tieren sowie vielfältige Erfahrungen mit den positiven Wirkungen tiergestützter Aktivitäten und Therapien nährten im letzten halben Jahrhundert breite Graswurzelbewegungen, vor allem in den USA, zunehmend auch in Europa: Immer mehr Fachpersonal in Sozialarbeit, Pädagogik, Psychologie und Medizin entdeckten für sich die tiergestützte Arbeit in einer großen Vielfalt von Varianten. Seit Sigmund Freund und C. G. Jung hat sich viel getan. Hunde waren, sind und bleiben dabei die wichtigsten Tierkumpane und Assistenten. Immer noch bereitet es der Wissenschaft Mühe, mit diesen Entwicklungen aus der Praxis Schritt zu halten– was konkrete Probleme verursachen kann, etwa weil finanzierende Körperschaften zu Recht klare Daten zur Wirksamkeit der Programme sehen wollen. Die verbreitete Praxis schlägt sich in immer mehr Handbüchern zu den Grundlagen und der fast unüberblickbaren Vielfalt in der Praxis tiergestützter Aktivitäten und Therapien nieder.[117]

Hunde als Assistenten der Profis

Der wichtigste Unterschied zum Privathund als Assistent und Tutor für einen gesunden Lebensstil im Alltag liegt darin, dass in der Regel ausgebildete Profis mit Hundeassistenz arbeiten und dass diese Hunde vor ihren Einsätzen bestimmte Ausbildungen bzw. Zertifizierungen durchlaufen. Empathie, ergänzt durch Wissen und Professionalität, sozusagen. Zertifiziert sind meist auch die Teams engagierter Laien mit ihren Hunden, die Kindergärten, Schulen, Altenheime etc. besuchen – entweder um Kinder den richtigen Umgang mit Hunden zu lehren und so Unfälle zu vermeiden oder um ihren Klienten und Klientinnen gesundheitsfördernd Freude, Beruhigung und Trost zu bringen. Der deutsche Psychotherapeut Rainer Wohlfahrt und Bettina Mutschler, Hundeerzieherin für tiergestützte Aktivitäten, listen in ihrem Handbuch zur Praxis der hundegestützten Therapie[118] die Wirkfaktoren des Hundeeinsatzes nach gegenwärtigem Ermessen vollständig auf: Hunde sind wirksame Angst- und Spannungsminderer, sie fungieren als Bindungsfiguren, sind „soziale Medien" und gute Motivatoren, es liegt in ihrer Natur, „klientenzentriert" zu arbeiten, Hunde fördern die (entspannte) Kommunikation, dienen als Projektionsflächen menschlicher Befindlichkeiten und fördern das Erleben von Selbstwirksamkeit.

Aus dieser Aufzählung erklären sich eindrucksvoll Attraktivität und Wirksamkeit der hundegestützten Arbeit: Das Potenzial der Hunde als natürliche Seelendoktoren fügt sich wie ein Schlüssel ins Schloss der menschlichen Natur[119] und deckt weite Felder der Psyche ab, wobei besonders Bindung und Bindungsfähigkeit eine große Rolle spielen[120] – die der Menschen, aber auch die der Hunde. Das große Spektrum an professionellen tiergestützten Aktivitäten macht eine vollständige Aufzählung nahezu unmöglich. Aber die Gesetz-, Arbeits- und Geldgeber und -geberinnen benötigen nun mal Struktur und harte Fakten, um tiergestützte Ansätze zum Wohl der Klientinnen und Klienten in ihren sozialen und Therapiesystemen zu integrieren und zu finanzieren. So unterscheidet die American Veterinary Medical Association (AVMA)[121] zwischen tiergestützter Therapie (Animal-assisted therapy; AAT), tiergestützter Pädagogik (Animal-assisted education; AAE), tiergestützten Aktivitäten (Animal-assisted activities; AAA) und in Institutionen lebenden Tieren (AAI Resident animals; RA).

Nebenbei bemerkt, liegt die Tragik unserer Gesundheitssysteme darin, dass der Verweis auf die zukünftigen Einsparungen durch aktuelle gesundheitsfördernde Maßnahmen für jene wenig relevant ist, welche diese Kosten tragen sollen. Auch deswegen schlägt die Reparaturmedizin mit ihren vielen teuren, wirtschaftlich und politisch wichtigen Institutionen den die Gesundheit erhaltenden Faktor Hund um Längen. Auch ein Grund, warum der Sozialpartner Hund eine sehr private Angelegenheit bleiben wird – was ja auch wiederum so schlecht nicht ist.

Die Hundeassistenten spielen in Pädagogik und Medizin nicht einfach passive Rollen, sie sind vielmehr aktive Partner. Aus ethischen Gründen und um ihr volles Potenzial nutzen zu können, ist es selbstverständlich, dass die Hunde im Einsatz nicht ausgebeutet werden – etwa, dass aus falsch verstandener Effizienz mehr tägliche Besuche etc. geleistet werden müssen, als ein Hund gern und freiwillig mitmacht. Im Assistenzeinsatz erhöhen sich messbar die Stresshormone[122], was aber kein Anzeichen für negativen Stress sein muss, sondern gewöhnlich mit dem positiven Engagement der Hunde, ihrem „Brennen“ für den Einsatz einhergeht. Es gilt der Grundsatz des Weltverbandes der Praktiker, der „International Association of Human-Animal Interaction Organizations“ (IAHAIO), festgehalten in ihrem Weißbuch, dass der Einsatz auch dem Tier etwas bringen muss, in der Regel Freude und Abwechslung im Alltag.[123]

Dass sich ein Leben mit Hund sowie hundegestützte Aktivitäten vielfach positiv auf Sozialverhalten, Wohlbefinden sowie körperliche und mentaler Gesundheit auswirken, trug unsere Arbeitsgruppe bereits vor mehr als einem Jahrzehnt in Form einer Übersichtsarbeit zusammen[124]. Diese Zusammenfassung wissenschaftlicher Evidenz ist zwar immer noch gültig, der Wermutstropfen liegt aber in der oft nur mäßigen Qualität der verfügbaren Originalarbeiten. Dennoch kann man vertreten, dass Tiere, insbesondere Hunde, soziale Aufmerksamkeit und freundliches Verhalten fördern sowie für positive Stimmung sorgen können; sie dämpfen die Stresshormone Kortisol und Adrenalin wie auch Angstzustände und senken Herzschlagrate und Blutdruck; generell unterstützen sie die mentale und physische Gesundheit, vor allem auch im Zusammenhang mit den epidemisch gewordenen Herz-Kreislauf-Erkrankungen. Es fanden sich Hinweise zu positiven Wirkungen auf das Immunsystem und auf das Schmerzmanagement[125], zu einer erhöhten Vertrauenswürdigkeit und Bereitschaft zu vertrauen, zu einer dämpfenden Wirkung auf aggressives Verhalten, gesteigerter Empathie und Verbesserungen beim Lernen. Eine zentrale Rolle bei all diesen Effekten scheint die Stimulierung des Hormons Oxytocin, das wichtig für das Bindungs- und Beruhigungssystem ist, zu sein.[126]

Bezüglich Wohlbefinden und Gesundheit sitzen Menschen und andere Tiere in einem Boot. Ganz besonders mit Hunden. Menschen und Hunde benötigen ähnliche Umweltbedingungen für ein gutes Leben und im Krankheitsfall ähnliche medizinische Interventionen. Diese nicht gerade neue Erkenntnis steht im Zentrum des „One Health“-Konzepts: Weltumspannende Gesundheitsorganisationen, wie beispielsweise die WHO, fördern diesen integrativen Ansatz,[127] der darauf abzielt, die Gesundheit von Menschen, Tieren und Ökosystemen nachhaltig ins Gleichgewicht zu bringen und zu optimieren.

„One Health" kann man einfach und konkret auf den Boden bringen: Menschengerechte Lebensräume sind auch hundegerecht; was Menschen krank macht, beeinträchtigt ebenso Hunde – und umgekehrt. Das rechtfertigt die Forderung nach Formen von Städteplanung und Wohnungsbau, die einem Leben mit Hund gerecht werden. Solche Städte sind von Freiräumen, Grünflächen und Wasseradern durchzogen, womit sie gleichzeitig auch kindgerechte Städte sind. In anderen Worten: Menschengerecht und lebenswert sind Umgebungen dann, wenn sie Kindern und Hunden gerecht werden.

„One Health" verwirklicht sich beinahe von selbst auch im Bereich der High-Tech-Spitzenmedizin. Der Großteil der Behandlungsmöglichkeiten für Menschen steht auch für Hunde zur Verfügung. Früher wurden sie etwa aufgrund starker Hüftprobleme eingeschläfert, heute bekommen sie ein neues Hüftgelenk. Das kostet viel Geld, aber welch verantwortungsvoller Mensch würde seinem Hund eine solche Behandlung vorenthalten, wenn sie eine erhebliche Verlängerung eines lebenswerten Daseins bedeutet? Die Möglichkeit und Notwendigkeit teurer Behandlungen erhöhen auch den Druck, Krankenversicherungen für den Hund abzuschließen. Über all den Aufwand für Hunde mag man angesichts des vielen menschlichen Elends auf der Welt die Nase rümpfen. Aber erstens hat das wenig miteinander zu tun, zweitens sind Hunde heute vollwertige Sozialpartner mit vielen positiven Wirkungen auf ihre Menschen und drittens ist es ethisch und auch rechtlich problematisch, Hunde und andere Tiere ohne „vernünftigen Grund"[128] zu töten – also medizinische Hilfe nicht in Anspruch zu nehmen, wenn sie zur Verfügung steht.

Die Eurasierin Bolita mit ihrer Tochter am Leopoldsberg mit Ausblick auf Wien – in fokussierter Aufmerksamkeit.

Wissen oder Erfahrung?

Aber zurück zu den wissenschaftlichen Belegen dafür, dass uns Hunde guttun. Nach den letzten Seiten könnte man ja beinahe auf die Idee kommen, die Probleme der Welt wären gelöst, würden nur alle Menschen mit Hunden zusammenleben. Na ja – erstens soll man nicht übertreiben und zweitens sind die in den wissenschaftlichen Untersuchungen festgestellten Effektgrößen der Wirkungen von Hunden (oder eines Lebens mit Kumpantieren) auf einzelne Gesundheitsparameter eher gering – was sich aber dennoch zu erheblichen Gesamteffekten summieren kann. So etwa kommunizieren die in der Einleitung erwähnten Kinder in Wohngemeinschaften mehr, wenn ein Hund anwesend ist, sie sind ruhiger, lächeln mehr und halten mehr Augenkontakt – alles eher kleine Effekte, aber in Summe verbessert der anwesende Hund die soziale Situation ganz erheblich.

Und drittens muss man zugeben, dass nicht alle wissenschaftlichen Studien im Bereich Mensch-Tier/Hund durch ihre Qualität begeistern. So plante Jana Meixner von der Donau-Uni Krems, selbst Medizinerin und Masterstudentin in unserer Mensch-Tier-Forschungsgruppe an der Uni Wien, eine formale Meta-Studie[129] zur Wirksamkeit der hundegestützten Sonderpädagogik.[130] Nach systematischer Literatursuche fand sie 822 einschlägige Publikationen zu diesem Thema. Berücksichtigt konnten aber schließlich bloß 18 (zwei Prozent!) der Arbeiten werden, die den üblichen Standards wissenschaftlichen Arbeitens einigermaßen genügten. Diese wenigen fokussierten aber auf derart unterschiedliche Parameter, dass anstelle einer formalen Meta-Analyse nur ein qualitativer Überblick möglich war. Es zeigte sich, dass Hunde „wirken", aber nicht ganz im erwarteten Ausmaß. Eine solch bescheidene wissenschaftliche Qualität von Untersuchungen zur Mensch-Tier-Beziehung erklärt sich im Wesentlichen daraus, dass es meist recht schwierig ist, in der Arbeit mit privaten Halterinnen oder Haltern oder auch sozialen Institutionen jene Bedingungen herzustellen, die für ein sauberes wissenschaftliches Design erforderlich wären. Es bleibt daher der Eindruck von jeder Menge positiver Erfahrungen zu den Effekten und Wirkungen von Hunden, aber bezüglich der „harten" wissenschaftlichen Ergebnisse gibt es noch erheblich Luft nach oben.

WARUM DIE BEZIEHUNG MIT HUND FUNKTIONIERT

Erstaunlich, wie gut Menschen und Hunde zusammenpassen. Mit anderen Tieren leben zu wollen, liegt in der menschlichen Natur, die Hunde wurden zu perfekten Partnern. Wir teilen ein fast identisches soziales Gehirn, fühlen und denken ganz ähnlich. Hunde polten das soziale und kooperative Wesen der Wolfsahnen von den Artgenossen auf Menschen um. Sie wurden zu Partnern, die gut geführt werden wollen.

Wollen wir es eigentlich wissen?

„Geb' Gott, dass er nicht recht hat, und wenn er recht hat, dann geb' Gott, dass es niemand erfährt", soll eine Dame im viktorianischen England geseufzt haben, als sie von Charles Darwins Erkenntnis der Abstammung der Menschen von affenartigen Vorfahren hörte.

Natürlich muss man nicht alles wissen, akademisieren und verwissenschaftlichen. Gerade das Geheimnis macht vielfach den Reiz beglückender Beziehungen aus – auch zu Hunden. Einerseits. Andererseits meinte unter anderem Konrad Lorenz sinngemäß, dass ihn mit zunehmendem Wissen die Wunder der Natur immer stärker faszinieren. Geschmackssache also, ob man solches Wissenwollen eher als Segen oder Fluch betrachtet, aber generell steigen mit zunehmendem Wissen Interesse und Engagement. Zudem bleibt Wissen die unverzichtbare Basis für ein Zusammenleben in jenen liberalen, aufgeklärten Demokratien, die allein menschlichen Bedürfnissen genügen und große Probleme lösen können.[131] Und es ist auch für den Naturschutz unverzichtbar, für den ja ebenfalls das Prinzip gilt: Menschen schützen, was sie kennen und schätzen. Jedenfalls gehört es zur Natur des Geisteswesens Mensch, sich die Welt erklären zu wollen – oder sogar zu müssen. Daher mögen es viele Hundefans reizvoll finden, mehr über ihre Partnerschaft mit ihren Vierbeinern zu erfahren.

Umgekehrt gilt dies wohl kaum für unsere Hundepartner – denen ich einfach mal unterstelle, dass sie mehr oder weniger zufrieden in ihren konkreten Beziehungen leben. Und weil sie offensichtlich wenig darüber nachdenken, schon gar nicht grübeln, aber stark an ihre Menschen gebunden sind, laufen sie auch dann nicht davon, wenn es ihnen in dieser Beziehung objektiv schlecht geht. Solchermaßen auf Gedeih und Verderb binden sich die meisten Menschen eher nicht. Daher können ungünstige Lebensumstände, oder ein Hund, der ihren Vorstellungen nicht entspricht, diesen schon mal ins Tierheim oder gar ins Jenseits befördern. Manchmal beneide ich meine Hündin, wenn sie – offenbar verschont von trüben Gedanken – irgendwo im Haus schläft, während ich schreibe. Sie grübelt nicht über vergangene Fehler und macht keine komplexen Zukunftspläne, deren Scheitern sie unglücklich machen könnte. Zumindest weiß ich nichts davon. Lilly lebt viel stärker im Moment als ich armer *Homo sapiens*, der sich ständig in Zeit und Gesellschaft verorten muss. Sie freut sich sichtlich über Spaziergänge, oder wenn einer ihrer Menschen zurückkehrt. Und ihre Menschen freuen sich, wenn sie sich freut. Sehr freuen würde sie sich übrigens auch über eine zünftige Hasenjagd. Aber da sie weiß, dass ich das nicht schätze, lässt sie es lieber sein – zumindest, wenn ich dabei bin. Was bedeutet, dass Hunde doch nicht derart extrem im Moment leben, dass sie nicht fähig wären, soziale Regeln einzuhalten. Auch für Hunde gilt die Regel, dass sie Beziehungen auch per Wissen und nicht bloß per Gefühl leben. Aber sie grübeln wahrscheinlich nicht über Wert oder Unwert von Wissen.

Jedenfalls würde es mich nicht überraschen, wenn sich so mancher, der schon lang mit Hund lebt, wundern würde, warum man aus einer selbstverständlichen, meist beglückenden Beziehung Wissenschaft machen muss. Wozu erforschen, was man eh weiß, was einem der „Hausverstand" ohnehin nahelegt? Ist nicht die eigene Erfahrung formalem Wissen überlegen? Na ja – wie so oft geht es auch hier nicht um eine Alternative zwischen Erfahrung oder Wissen. Die realistische Orientierung in der Welt braucht immer beides. So ist der Hausverstand nur dann „gesund" und vertrauenswürdig, wenn er sich regelmäßig mit Wissen austauscht und er nicht Vorurteilen oder dem Aberglauben in die Falle geht. Solch informierten, skeptischen und anpassungsfähigen Hausverstand braucht es auch, um Wissenschaft auf Spur zu halten und um eine kluge Zusammenschau der relevanten Informationen über diese Welt leisten zu können. Hausverstand ist dann brauchbar, wenn er ständig am Laufenden gehalten wird.

WSC

Menschen, die mit Hunden leben – und sicher auch erfahrene Hunde –, wissen meist blind über ihre Gefährten Bescheid; oder glauben das zumindest. Aus persönlicher Sicht erklären sie sich deren Wesen und Verhalten. Das ist schon in Ordnung, wenn auch nicht immer optimal. Typisch menschlich, dass für die meisten Leute der eigene Hund der Klügste und natürlich auch der Schönste ist, damit zeigen sie ja auch ihre soziale Identifikation und Bindung. Aber wäre es nicht auch reizvoll, durch mehr Wissen ein tieferes Verständnis für den Gefährten zu entwickeln? Vielleicht durch die Einsicht, dass ein Hund wesentlich komplexer tickt, als man ihm bislang zugestand. Dass er eben nicht bedingungslos zugewandt ist. Dass er ein soziales Gedächtnis hat wie der sprichwörtliche Elefant? Daraus kann unter anderem mehr Respekt und Rücksichtnahme im Umgang entstehen – und das hat einer Beziehung noch nie geschadet.

Kann man wissen, wie ein Hund die Welt sieht?

Man erfährt einiges über die Weltsicht der Hunde, indem man ihnen Aufgaben stellt und dann Schlüsse daraus zieht, wie sie an die Lösung dieser Aufgaben herangehen, wie entspannt oder erregt sie dabei sind und welche Rolle „ihre" Menschen dabei spielen. Und im Vergleich zwischen ähnlich aufgezogenen und gehaltenen Wölfen und Hunden kann man viel über den Ursprung ihrer Weltsicht lernen – etwa am Wolfsforschungszentrum im österreichischen Ernstbrunn.[132] So wissen wir heute, dass sich Hunde gar nicht so stark von Wölfen unterscheiden, wie selbst manche Fachkollegen lang meinten.[133] Im Kern vererbten die Wölfe den Hunden ihre starke Bereitschaft, zusammenzuarbeiten. Während Wölfe innerhalb ihrer Rudel beim Jagen, Nachwuchsaufziehen und dem Verteidigen ihrer Territorien perfekt abgestimmt kooperieren, tun Hunde das lieber und besser mit uns Menschen.

Viele Experimente in Zusammenarbeit mit unseren Wolfs- und Hundepartnern in Ernstbrunn zeigen, dass Hunde zwar weniger hartnäckig ihre Ziele verfolgen, sich aber besser auf menschliche Anweisungen konzentrieren können. Im Gegensatz zu Wölfen liegt es Hunden sozusagen „im Blut“, mit uns leben und zusammenarbeiten zu wollen – und auch unsere Autorität zu achten. Während Hunde im Allgemeinen gern Anweisungen ihrer Menschen befolgen, neigen Wölfe eher dazu, diese erst mal zu hinterfragen und dann in Ruhe selbst zu entscheiden. Tatsächlich ist Hunden die Unterstützung durch Lob und Anfeuern viel wichtiger als den sozialisierten Wölfen. Hunde entspannen sich mit Menschen sogar besser als unter ihresgleichen.

Hunden geht es gut, wenn sie in guter Beziehung zu Menschen leben und so optimal ihr auf Partnerschaft orientiertes Wesen entwickeln können. Sie blieben aber hinreichend flexibel und Wolfsnatur, dass – sozusagen zur Not – auch Artgenossen als „Ersatzmenschen“ fungieren können. Dies trifft auf die Mehrheit der einen Milliarde Hunde auf der Welt zu, die nicht in enger Beziehung zu bestimmten Menschen leben. Aber auch bei ihnen zeigt die Domestikation Wirkung: Im Gegensatz zu Wölfen entwickeln freilebende Hunde relativ locker aneinander gebundene Rudel mit wenig Zusammenarbeit um den Nahrungserwerb oder das Aufziehen von Nachwuchs. Manche dieser Straßenhunde, egal ob in Indien, Italien oder Marokko[134], entwickeln vorteilhafte Beziehungen zu Menschen, wenn sie die Gelegenheit dazu haben. Das sollte man auch bedenken, wenn man denkt, der eigene Hund bräuchte einen Gefährten. Ein weiterer Artgenosse im Haushalt kann das Leben eines Hundes bereichern, am wichtigsten bleibt aber der Partnermensch. Aus den Wölfen wurden also Hunde vor allem durch die Verschiebung des sozialen Interesses und der Bereitschaft, zusammenzuarbeiten – von den Artgenossen hin zu den Menschen. Diese Einsicht ist wichtig, will man die wechselseitige Beziehungsfähigkeit der Hunde und Menschen verstehen. Wir teilen also nicht „bloß“ die sozialen Werkzeuge von Nervensystem und Physiologie mit Hunden. Wir haben vielmehr auch gemeinsam, dass wir zusammenleben *wollen*, Mensch mit Hund und umgekehrt.

Das Wunder der zwischenartlichen Beziehungsfähigkeit: Die menschliche Seite

„Wunder" entziehen sich der rationalen Erklärung, sonst wären es ja keine.[135] Versuchen wir es also mit einer Zusammenschau unterschiedlicher Ergebnisse aus der Forschung. Wodurch freilich aus dem „Wunder" der Partnerschaft zwischen Mensch und Hund eine „ganz normale" Sozialbeziehung wird. Aber gerade das macht es noch spannender, weil eine solche zwischenartliche Beziehungsfähigkeit auch tief in die Evolution blicken lässt. Den Nährboden für soziale Beziehungen – auch zwischen Hund und Mensch – bilden arttypische und individuelle soziale Bedürfnisse. Man fand einander in der Altsteinzeit und man blieb zusammen, weil Hunde ganz selbstverständlich die menschlichen Grundbedürfnisse bedienen: Für ein gutes Leben braucht es Netzwerke, die Sicherheit, soziale Unterstützung, Wirksamkeit und wechselseitige Zuwendung bedeuten. Bedeutend ist auch die sogenannte „agency", also das Erleben von Lebendigsein und von lebendigen Beziehungen. Im Gegensatz zu anderen Tieren benötigen Menschen zudem die Erklärung der eigenen Existenz und ihre Verortung in der Welt.[136] Darum sind sie auch spirituelle Wesen, die Sicherheit darin finden, an etwas zu glauben. Zudem stiftet kaum etwas stärkere soziale Identität als gemeinsame Glaubensinhalte und Weltsichten. Menschen charakterisiert aber auch ihr Forschergeist, der immer wieder Althergebrachtes und Glaubensinhalte infrage stellt, was Gesellschaften weiterbringt, aber zu Spannungen innerhalb der sozialen Netzwerke führen kann. Diese kreativ zu integrieren, charakterisiert die Lösungskompetenz und das Entwicklungspotenzial liberaler Demokratien,[137] während autoritäre Systeme immer die Interessen der Mächtigen bedienen. Auch das Zusammenleben mit Hunden entkommt diesem Spannungsfeld nicht.

Tatsächlich sind Menschen am treffendsten durch „Beziehung" zu charakterisieren. Ins Bild fügt sich eine Eigenart der Psyche, die wir

Eine kanadische Grauwölfin des Wolfsforschungszentrums beim Drücken eines Buzzers, wie er in zahlreichen Versuchen verwendet wird. Damit kann Wolf oder Hund eine klare Entscheidung kundtun – wofür es in Folge meist eine Belohnung gibt.

Oben: Einer der Tests auf Funktionalität von Mensch-Hund-Paaren an der Uni Wien. Obwohl hier der Hund von der mit Maschendraht bespannten Brücke nicht begeistert ist, bewältigt er sie problemlos in Vertrauen auf die Führungsqualität seiner Partnerin.

Unten: Der Hund trifft seine Entscheidung, indem er eines von zwei Symbolen auf dem Bildschirm mit seiner Nase berührt. War seine Entscheidung den Regeln des jeweiligen Tests entsprechend richtig, dann gibt der Apparat ein Leckerli ab. War die Entscheidung falsch, wird dagegen der Bildschirm für wenige Sekunden dunkel.

in dieser Form nicht mit anderen Tieren teilen: Menschen sind „biophil“, haben also ein starkes Interesse an Natur und Tieren. Darauf wiesen der deutsch-US-amerikanische Psychologe Erich Fromm und der US-amerikanische Biologe Edward Wilson hin.[138] Daher kommen alle Babys dieser Welt mit einem starken Interesse für Tiere zur Welt.[139] Während des Heranwachsens entwickelt sich diese mentale Anlage individuell. Auch erwachsene Menschen leben gern naturnah am Meer oder in den Bergen bzw. verbringen dort zumindest ihre Ferien. Diese Biophilie fördert auch jene kulturellen Potenziale, welche die dauerhafte Besiedlung nahezu aller Lebensräume der Welt ermöglichten. Diese menschliche Kulturfähigkeit ist die Grundlage für eine vielfältige ökologische Einnischung. So etwa erlaubte die Entwicklung der Schlittenhund-Technologie die dauerhafte Besiedlung der Arktis.

Im Rahmen ihrer biophilen Neigung leben Menschen sozusagen „immer schon“ mit anderen Tieren zusammen,[140] „weil es Freude macht“, wobei die spirituellen und sozialen Grundlagen für diese Freude an Tieren meist nicht bewusst werden – und schließlich auch ihres Nutzens wegen. So etwa sind die heute gehaltenen Hunde in ihrer Mehrzahl „nutzlos“ – außer uns emotionale Unterstützer zu sein, was gerade zu Zeiten der multiplen Krisen einen erheblichen Nutzen darstellt. Diese menschliche Biophilie ebnete den Weg für die altsteinzeitliche Partnerschaft mit den Wölfen. Aber auch dafür, dass heute viele Menschen ihre Hunde hemmungslos vermenschlichen bzw. sie als Spiegel und Teil ihrer selbst sehen. Was ja nicht ganz falsch sein muss. Mit der Biophilie verfügen Menschen über eine Schnittstelle zwischen ihren sozialen Bedürfnissen und der Natur. Daran docken Hunde perfekt und ganz selbstverständlich an.

Schon früh in der Stammesgeschichte entstanden die grundlegenden Systeme zur Steuerung von sozialem Verhalten, welche wir heute immer noch eins zu eins mit anderen Wirbeltieren teilen, daher auch mit den Hunden. Jene Teile des Gehirns, die Menschen zu rationalen, reflektierenden und verantwortungsfähigen Wesen machen, entwickelten sich dagegen erst recht spät. Daher – und weil wir mit ihnen die aktive Sprachfähigkeit nur in Ansätzen teilen – streiten wir mit unseren Hunden nicht über kulturelle Themen, unterliegen nicht jenem Katalog von Normen, die ein Zusammenleben mit anderen Menschen komplizieren und konfliktträchtig machen können. Gruppen- und Stammeszugehörigkeit, wie etwa zu einem Fanklub eines Fußballvereins, zu einer politischen Partei, einer Kirche oder zum Alumni-Klub einer Universität, ist bei Menschen mit komplexen Codes und der Harmonisierung von Meinungen und Einstellungen verbunden. Mit Hunden dagegen lebt man in „essenzialisierten" Beziehungen. In der wechselseitigen Befriedigung grundlegender sozialer Bedürfnisse müssen wir uns nicht über Gott und die Welt ins Einverständnis setzen; in eingespielten Mensch-Hund-Beziehungen versteht man nahezu blind die Befindlichkeiten des Partners der anderen Art.

Die Biophilie reiht sich in jene Fülle „menschlicher Universalien"[141] ein, aufgrund derer den etwa acht Milliarden Menschen auf dieser Welt viel mehr gemein ist, als uns kulturell je zu trennen vermag. Andererseits entstehen während der Individualentwicklung Persönlichkeiten regelhaft im Zusammenwirken von Genen, im Epigenom von sozialem und gesellschaftlichem Umfeld.[142] Daher entwickeln die daraus resultierenden acht Milliarden unverwechselbaren Menschen recht unterschiedliche Einstellungen zu Tieren, also auch zu Hunden. Ähnliches gilt für die Hunde, die sich in ihrer großen sozialen Flexibilität an die Eigenarten ihrer Halterinnen und Halter anpassen, aber natürlich bleibt die Mensch-Hund-Beziehung asymmetrisch – weil die Partnermenschen in jeder Beziehung stärker das Lebensumfeld der Hunde bestimmen als umgekehrt.

Kinder und Hunde verstehen einander zwar gut, aber je jünger die Kinder, desto mehr Aufmerksamkeit durch Erwachsene braucht es. Während manche Hunde sie als Konkurrenten um die Zuwendung der Partnermenschen sehen, überfordern Kleinkinder sie oft durch schnelle Bewegungen.

Das Wunder der zwischenartlichen Beziehungsfähigkeit: Die gemeinsame soziale Werkzeugkiste von Hund und Mensch

Wenn die menschliche Biophilie als starker Antrieb für ein Leben mit Hund gelten kann, welchen Raum nimmt die „Kanophilie" ein – also die Liebe speziell zu Hunden? Und umgekehrt: Sind Hunde „homophil", also sozusagen von Natur aus menschenfreundlich? Und zwar mehr als andere domestizierte Tiere, die ja alle an ein Leben mit Menschen angepasst sind? Um solche Nebel zumindest ein wenig zu lüften, empfiehlt sich ein Blick auf die gemeinsamen sozialen Mechanismen von Hund und Mensch und auch auf die evolutionäre Geschichte, in der sie entstanden sind. Das lässt einerseits verstehen, warum es zwischen dem trieb- und sinnesstarken Karnivoren und dem hirnstarken Primaten so gut läuft, warum aber diese Beziehung auch ambivalent bleibt. Immer wieder fließen in das Zusammenleben zwischen Menschen wie auch zwischen Mensch und Hund Missverständnisse ein, Egoismen, Aggression und Grausamkeit. Nicht schön, aber die evolutionäre Geschichte erklärt zumindest, warum sich Menschen nicht immer nach dem Ethik-Lehrbuch verhalten und warum uns Hunde nicht immer bloß guttun, sondern Menschen auch schädigen können.

Menschen und Hunde teilen ein gemeinsames soziales „Mindset",[143] weil es zwischen den kooperativen Clanwesen Wolf und Mensch vor etwa 40.000 Jahren bereits von Anfang an gut gepasst hat und weil sich seitdem die Wölfe in Form der Hunde laufend an die Bedürfnisse der Menschen anpassten. Menschen und Hunde sind für den nüchternen Biologen hochsoziale Kooperations- und Beziehungstiere, die sogar dann gern innerhalb ihrer Gruppen zusammenarbeiten, wenn es den Einzelnen keinen unmittelbaren Vorteil verschafft. Dadurch gewinnen sie jene Teamfähigkeit und Flexibilität, die Menschen für sich, vor allem aber auch im Team mit Hunden in der Eroberung der Erde derart erfolgreich machten[144]. Auch für die Wölfe als Hunde läuft diese Partnerschaft höchst erfolgreich, leben doch heute dank des Vektors Mensch mit einer Milliarde Hunde auf vier Kontinenten etwa 50-mal so viele Wölfe in Form von Hunden, als es aktuell auf der Nordhalbkugel wildlebende Wölfe gibt.

Die Mindsets von Mensch und Hund sind einander sehr ähnlich, aber ganz und gar nicht simpel. Deren Komplexität erlaubt eine große, aber nicht beliebige Vielfalt an Lebensweisen. Weil sich Mindsets, wie alle anderen Merkmale auch, zwischen Genen und Umwelt sowohl evolutionär als auch individuell entwickeln. Die Natur- und Kulturwesen Mensch und Wolf[145] entstanden zunächst über etwa 400 Millionen Jahre gemeinsamer Wirbeltierevolution, bis man sich vor etwa 60 Millionen Jahren trennte. Seitdem verläuft die evolutionäre Entwicklung beider Arten parallel, in Anpassung als sozial lebende Laufjäger an ihre Umwelt – bis man sich vor 40.000 Jahren zusammentat.

Grüßen

Grundlegende mentale Gemeinsamkeiten umfassen eine erhebliche „kontextabhängige Flexibilität“. Das bedeutet, dass vor allem Menschen auf Basis ihrer Anlagen ganz unterschiedlich leben, sich sozial und gesellschaftlich organisieren – und dass die Hunde sich an fast alles anpassen können. Zum gemeinsamen Mindset gehören vor allem jene mentalen Einstellungen, die für sozial komplexe Tiere bezeichnend sind, bei denen diese Komplexität auf Intelligenzleistungen beruht. Man findet eine ganze Menge an Passungen zwischen den beiden Arten bei den Grundregeln sozialer Reaktionen, welche dazu dienen, das soziale Gefüge intakt zu halten: etwa einander nach Trennung und Wiedervereinigung freundlich und freudig zu grüßen, womit man bestärkt, dass die Beziehung auch nach Abwesenheit intakt ist.

Die meisten Hunde flippen geradezu aus, wenn ihre Menschen nach Hause kommen, speziell nach längerer Abwesenheit; und ihre Zweibeiner stehen ihnen diesbezüglich in nichts nach. Aber das muss nicht so sein. Ich kenne Fälle von Auflehnung sozial vernachlässigter Rüden, meist gegen ihre männlichen Halter. Das beginnt Tage oder Wochen bevor der Rüde eine Auseinandersetzung nutzt, um zuzuschlagen, indem der Hund die heimkehrende Person nicht mehr grüßt, ignoriert, sich abwendet, sich groß macht. Das sind klare Indizien dafür, dass in der Beziehung Feuer am Dach ist und man entweder sofort beginnen sollte, miteinander zu arbeiten, oder aber sich besser trennt. Große Hunde können durchaus gefährlich werden, aber auch die sozialen Signale kleiner Hunde sollte man ernst nehmen.

Eifersucht und soziale Kontrolle

Lebt man in engen sozialen Beziehungen, wie ja bei Mensch-Hund der Fall, ist die Eifersucht nicht weit – funktional gesehen ein mentales Instrument der sozialen Kontrolle: Man will den Partner exklusiv für sich, weil man ja dessen Funktionen für sich nutzt (was auch den menschlichen Eifersüchtigen meist nicht bewusst ist). So werden weltweit Frauen Opfer von Gewalttaten meist durch den eifersüchtigen Partner oder Ex, der „seine“ Frau immer noch unter Kontrolle halten will; letztlich geht es um Machtausübung, evolutionär gesehen um die Kontrolle der Reproduktion – bei Männern recht direkt um sexuelle, bei Frauen eher um soziale Kontrolle.[146] Kein Wunder, dass es auch Halterinnen und Halter gibt, die die Zuwendung ihres Hundes gar nicht gern mit anderen teilen wollen. Ist natürlich auch eine Frage von Persönlichkeit und Einstellung.

Aber auch Hunde können eifersüchtig reagieren,[147] etwa, wenn sich ihre Menschen freundlich mit einem anderen Hund abgeben. Manche Hunde reagieren sogar in reichlich überzogen-inakzeptabler Weise, wenn ihr Halter oder ihre Halterin sich anderen Menschen zuwendet oder telefoniert. Eifersüchtigen Hunden geht es natürlich nicht um Reproduktion, sondern darum, die für sie in allen Belangen sehr wichtige Zuwendung ihrer Menschen nicht mit anderen teilen zu müssen. Ziemlich sicher sind diese funktionellen Hintergründe den eifersüchtigen Hunden nicht bewusst. Jedenfalls mündet Eifersucht meist in Kontrollzwänge, auch zwischen Menschen und Hunden. Vorsicht ist gegenüber eifersüchtigen Hunden vor allem auch geboten, wenn ein Kind ins Haus kommt. Dann darf der Hund nicht vermittelt bekommen, dass er nun nicht mehr wichtig ist, sondern er muss vielmehr einbezogen werden. Natürlich sollte er schon vorher seinen Platz in der Familie und seine Grenzen kennen – wie jedes menschliche Familienmitglied auch.

Solche Regeln und Grenzen können zwischen unterschiedlichen Mensch-Hund-Beziehungsgefügen erheblich variieren. So mag es fallweise in Ordnung sein, dass der Hund die Couch benutzt oder im Bett schläft. Andererseits mag das aber auch Kontroll- und Dominanzverhalten auf der Seite des Hundes fördern, der dann beginnt, gegen Familienmitglieder und Gäste übergriffig zu werden. Es liegt jedenfalls in allen Fällen in der Verantwortung des Menschen, jene Balance zwischen Nähe und Distanz, zwischen Kontrolle und „langer Leine" zu wahren, die für das Zusammenleben für beide Seiten in Ordnung ist – eine sehr individuelle Angelegenheit und ebenfalls ein Attribut guter Leadership. Als Halterin oder Halter sollte man vom Welpenalter des Vierbeiners an darauf achten, damit nicht schon bald Leidensdruck entsteht.

Essen teilen (?)

Ein weiteres heikles Kapitel ist das (gemeinsame?) Essen. Es ist unter Menschen sozial höchst wichtig, Ausdruck von Vertrautheit und Nähe. Eine gemeinsame Mahlzeit kann das soziale Band stärken, wie etwa im Rahmen der Familie oder von gemeinsamen Feiern bis zum Staatsbesuch.[148] Sie ist ein Symbol der Verbundenheit und des friedlichen Zusammenlebens. Diese menschliche „Universalie"[149] gilt im

Grund auch für Wölfe. Im Gegensatz zu Hunden essen in der Regel alle Rudelmitglieder gleichzeitig an der Beute – unter ständigem „Verhandeln" zwar,[150] aber es ist nicht allzu weit hergeholt, zu vermuten, dass dies die Gemeinschaft im Rudel genauso stärkt wie die gemeinsame Betreuung der Welpen oder das gemeinsame Heulen. Nun liegt einer der wichtigsten Unterschiede zu den Hunden darin, dass diese ihr soziales Interesse und ihre Fähigkeit, zusammenzuarbeiten, stark auf Menschen umgepolt haben. Und genau diese Menschen stellen ihnen den Futternapf vor die Tür und weigern sich, sie vom Tisch zu füttern, sie also an ihrem Essen teilhaben zu lassen.

Das soziale Band des gemeinsamen Essens wird mit Hunden nicht gepflegt, obwohl es ihnen eigentlich entsprechen würde. Auch aus Gründen der Akzeptanz. Über Leute, die Hunde vom Tisch füttern oder für sie sogar ein Gedeck auftragen lassen (gar nicht so selten), über manche Damen, die im Gasthaus mit ihren Zwergspitzen oder Möpsen auf dem Schoß das Backhendl teilen, rümpft man gemeinhin die Nase – warum eigentlich? Natürlich – so können sich Hunde zu „Bettlern" entwickeln, die auch zur Unzeit von ihren Menschen fordern oder hoch futtermotiviert nur noch betteln. Letztlich sollte man es aber genauso individuell mit dem gemeinsamen Essen halten wie mit dem Hund auf der Couch. Hunde sind wie Menschen „Symboltiere", auch wenn es um Nahrung geht. Fein, wenn es beiden Teilen passt, aber man sollte als Partnermensch aufpassen, vom konsequent handelnden und von menschlichen Benimm- und Ethikregeln weitgehend unbeleckten Hund nicht untergebuttert zu werden. Nicht zuletzt liegt eine ausgewogene Partnerschaft auch im Interesse der Hunde, schließlich hängt ihr Wohlergehen von der guten menschlichen Führung ab, was auch bedeutet, klar und konsequent Grenzen zu setzen, wenn es sein muss.

In unterschiedlichen Haushalten trifft man auf verschiedene Gepflogenheiten und Kompromisse. So etwa hat es sich zwischen uns und unserer Eurasierhündin Lilly eingespielt, dass sie zwar in der Nähe liegt, wenn wir essen (außer Sicht, unter der Eckbank), aber in keiner Weise bettelt. Eurasier können sozial sehr dezent agieren. Dafür fordert sie sanft ihren Anteil ein, wenn wir fertig sind. Dann gibt es eine symbolische Menge unseres Essens in ihrer Schüssel. Dann nimmt die sonst so dosiert und wählerisch fressende Hündin buchstäblich fast alles – außer Salat. Das gilt auch, wenn sie uns ins Hühnergehege im Garten begleitet und dort ihre Kostprobe vom eingeweichten Brot bekommt – das sie sonst als Futter niemals akzeptieren würde. Das soziale Band um das gemeinsame Essen ist also bei uns irgendwie intakt, der Futterneid auf die von uns gefütterten Hühner auch.

Menschen in sozialen Beziehungen essen zusammen, vor allem aber stiftet gemeinsames Essen Beziehung.[151] Generell ist Nahrung teilen zwar nicht der Hauptfaktor für soziale Bindung (Kapitel 4), scheint aber doch bei den hochsozialen Tieren Mensch, Wolf und Hund eine gewisse Rolle zu spielen. Daher kommt den Leckerlis in der Trainingsarbeit wahrscheinlich nicht bloß die Rolle eines positiven Verstärkers zu, sie könnten auch das soziale Band stärken – so ein solches bereits vorhanden ist. Füttern allein tut es jedenfalls nicht. Das zeigen die Geschichten von Bediensteten, die die Hunde des Hauses füttern, von diesen aber dennoch schlecht behandelt werden – Hunde sind eben sensibel für Hierarchien. Die persönliche Geschichte dazu: Als junge Leute bewohnten wir mit zwei Kleinkindern und dem großen schwarzen Mischlingsrüden Rolfi ein kleines Häuschen mit großem Garten mitten in Salzburg. Unsere nette Vermieterin nahm oft den Weg durch diesen Garten, unser absolut lammfrommer Rüde entwickelte ein Spielchen mit ihr: Er ließ sie passieren, bellte sie aber dann von hinten an, worauf die Dame jedes Mal mit einem Sprung reagierte. Schließlich hatte sie immer ein Blatt Wurst dabei. Rolfi machte ganz sittsam Sitz, nahm zart die Wurst, wartete, bis sie vorbei war – um sie dann von hinten anzubellen. Was natürlich nichts mit Bindung, aber viel mit dem tricksterhaften Wesen unseres sonst sehr sanften Rüden zu tun hatte.

Leckerlis als Belohnung kann man ja auch als eine Art des Essenteilens in einer sozial angenehmen Atmosphäre darstellen. Das bedeutet nicht, ständig Leckerlis rüberwachsen zu lassen, unabhängig davon, ob die gemeinsame Aktion erfolgreich verlief oder nicht. Bei extrem futtermotivierten Hunden sollte man Leckerlis generell eher sparsam einsetzen, um sie nicht völlig auf Leckerlis zu fokussieren. Das haben wir auch in der Arbeit mit unseren sehr futtermotivierten Wölfen in Ernstbrunn lernen müssen. Jedenfalls sind Leckerlis beim gemeinsamen Tun eine Form des aktions- und erfolgsbezogenen Nahrungteilens, eine Art Königsweg, um in guter wechselseitiger Beziehung mit Hund zu leben. Vor allem auch, weil es das gemeinsame Training der sozialen Erpressung entzieht. Immer noch begegnet man Halterinnen und Haltern, die meinen, auf Futterbelohnung beim Hundetraining verzichten zu müssen, weil der Hund aus Liebe und Ergebenheit zu ihnen arbeiten sollte. Aber in Beziehungen, die mittels sozialer Erpressung und Druck funktionieren, ist der Wurm drin. Das fördert nicht gerade die guten Beziehungen und das Ansehen beim eigenen Hund, begünstigt dessen sklavische Unterwürfigkeit, aber auch jenes schlitzohrige Tricksen, zu dem Hunde fähig sind.

Kommunikation von Gefühlen

Eine der wichtigsten psychologischen Passungen zwischen Menschen und Hunden liegt in der Art, wie wir Gestimmtheiten, Affekte und Emotionen[152] kommunizieren, nämlich durch Mimik und Körpersprache[153]. Dieser weitgehend triebhaft-instinktiv organisierte Austausch bildet den Kern jeglicher sozialer Kommunikation.[154] Die innere Gestimmtheit wird also recht automatisch nach außen gezeigt und es fällt nicht allzu leicht, dies zu verbergen. Auch weil Artgenossen – im Fall der Hunde auch zwischenartlich – meist sehr gut darin sind, die Gestimmtheit der anderen zu lesen. Über einen Großteil des Wirbeltierreichs werden Affekte[155] nach identischen Prinzipien kommuniziert. Konkret sind das bei Hund und Mensch der Ausdruck des

Gesichts und die Körperhaltung – also im Sinn der Verhaltensbiologie Aktivitätszustände der Muskulatur, deren Ausdruck eng und unwillkürlich mit der Gestimmtheit zusammenhängt. So kommt es, dass alle Menschen und alle Hunde auf der Welt ihr artspezifisches Ausdrucksverhalten zeigen, weil die dazu verwendeten motorischen Muster faktisch angeboren und ziemlich stereotypisiert sind. Auf dieser Grundlage verstehen wir einander innerhalb der eigenen Art.

Da sich aber die Mimik von Mensch und Hund deutlich unterscheidet, ist die Frage berechtigt, warum diese Kommunikation der Gefühlslagen auch zwischenartlich funktioniert. Vor allem, weil das Lesen der Befindlichkeit des sozialen Gegenübers nicht, wie die motorischen Muster zu deren Ausdruck, „angeboren“ sind (jedenfalls viel weniger), sondern sehr stark erlernt werden – innerartlich, also bei Mensch und Wolf, indem die Babys und Welpen mit einem starken Interesse zur Welt kommen, die Erwachsenen zu beobachten und entsprechend ihrer sozialen Lernbereitschaften in ihren Gehirnen den Zusammenhang zwischen Ausdruck und Situation bzw. Verhalten als „mentale Repräsentationen“ für späteren Gebrauch abzuspeichern. So prägt vor allem die Beziehung zu den ersten Bezugspersonen – meist Mutter bzw. die Eltern –, mit welchen Einstellungen Menschen lebenslang soziale Beziehungen pflegen.

Dieses Lernfenster erlaubt es im Lauf der Frühentwicklung, flexibel die Eigenheiten des sozialen Gegenübers aufzunehmen. Solchermaßen lernen Welpen und Kleinkinder das Ausdrucksverhalten des Gegenübers zu deuten. Tatsächlich wurde gezeigt, dass Hunde den mimischen Ausdruck von Menschen bestens lesen können.[156] So ermöglichen diese evolutionär entstandenen Prinzipien die soziale Partnerschaft zwischen Menschen und anderen Tieren.

Die Eurasierhündin Diri passt auf ihre schwedischen Landrassehühner auf.

Bindung

Menschen können mit Hunden stabile Naheverhältnisse und tolle Teams bilden. Der psychologische Schlüssel dafür liegt in der wechselseitigen Bindungsfähigkeit.[157] Dies ist der Kitt, welcher auch dann zusammenhält, wenn Schatten auf die Partnerschaft fallen. John Bowlby und andere verhaltensbiologisch orientierte Psychologen aus England entdeckten und beschrieben im letzten Drittel des 20. Jahrhunderts das Bindungssystem.[158] Sie beobachteten, wie Betreuungspersonen und Babys miteinander umgehen, zunächst in England, dann weltweit in unterschiedlichen Kulturen, und arbeiteten experimentell-vergleichend zum Menschen zu den Mutter-Kind-Beziehungen nicht nur an Menschen, sondern auch an Rhesusaffen. Klares und bis heute vielfach bestätigtes Ergebnis war, dass die zuverlässige und sensitive Betreuung des Babys im ersten Lebensjahr die wichtigste Grundlage für seinen guten Start ins Leben darstellt. Heute wissen wir, dass dies in artspezifischen Variationen für alle Säugetiere gilt, daher auch für Hunde.

Babys, die immer dann sensible Zuwendung bekommen, wenn sie sie benötigen, entwickeln sich zu Erwachsenen mit „sicherem Bindungsmuster", welches die volle Entfaltung der eigenen Anlagen gewährleistet, eine optimale körperliche, geistige, emotionale und geistige Entwicklung. Und dies vor allem dann, wenn die gute Betreuung durch die Bezugspersonen durch ein Aufwachsen in Kontakt mit Tieren und Natur begleitet wird – wie man heute weiß. Diese frühe soziale Erfahrung wird vom Baby als „internes Arbeitsmodell" abgespeichert. Es prägt lebenslang die Erwartungshaltung für alle weiteren sozialen Beziehungen, erlaubt eine angemessene Regulierung von Nähe und Distanz und der eigenen Gefühle bei gesundem Selbstwert. Menschen mit sicherer Bindung zeigen eine geringe Anfälligkeit für psychische und Verhaltensprobleme.

Aber wer erhielt im ersten Lebensjahr schon völlig ideale Betreuung? Um solche Lebensumstände auszugleichen, kommen Babys mit entsprechenden Anpassungsstrategien zur Welt. Erfahren sie etwa, dass die Betreuungsperson nicht immer zuverlässig zur Verfügung steht, werden „unsicher-vermeidende" oder „unsicher-ambivalente" Arbeitsmodelle abgespeichert. Solche Kleinkinder lernen, auf Spielzeug statt auf soziale Zuwendung auszuweichen, um sich zu beruhigen, oder sie versuchen, die Zuwendung der Betreuungsperson durch Klammern zu sichern. Wenn aber Chaos, Vernachlässigung oder gar Missbrauch die ersten Lebensjahre eines Kleinkinds dominieren, kommt es zur Ausbildung einer sogenannten „desorganisierten Bindung", die dem Kind als einzige Möglichkeit der Anpassung an seine Situation die Übernahme der Kontrolle über seine Betreuungspersonen lässt.

Das alles klingt harmloser, als es ist, führen solche Verhältnisse doch zu unsicheren Sozialbeziehungen im Erwachsenenalter, zu verringerter Bindungsfähigkeit und Selbstwertgefühl, zu einer beeinträchtigten Regulation der Emotionen, zu Problemen mit Lernen und Sozialverhalten, bis hin zur Ausbildung von Kontrollzwängen und suboptimalen „exekutiven Funktionen".[159] Letztlich geht mit unsicheren oder desorganisierten Bindungsmustern ein erhöhtes Risiko für eine Fülle psychischer und körperlicher Probleme einher. All das ist bestens bekannt, es wird leider immer noch ungenügend politisch umgesetzt, etwa durch Augenmerk auf die Elementarpädagogik, die Betreuung von der Geburt bis ins 6. Lebensjahr. Mit einem suboptimalen Bindungsmuster ins Leben zu gehen, muss aber kein fatales Urteil darstellen. Menschen können an sich arbeiten und ihre Lebensumstände entsprechend heilsam einrichten – etwa durch ein unterstützendes soziales Umfeld, das auch Kumpantiere einschließt. Hunde sind diesbezüglich ein heißer Tipp.

Das früh abgespeicherte Bowlbysche „interne Arbeitsmodell" prägt die Erwartung gegenüber zukünftigen Sozialbeziehungen. Wenn man also früh gelernt hat, dass soziale Zuwendung nicht verlässlich kommt, wenn man sie benötigt, wird man auch später Sozialpartnern und -partnerinnen mit Distanz begegnen. Diese Übertragung angelegter Bindungsmusters gilt auch für Beziehungen zu anderen Tieren. Zwar begegnen vor allem Kinder Tieren offen und freudig, aber in unserer „DACH-Studie“[160] stiegen bei Kindern in einer stressigen Situation die Stresshormonwerte nur geringfügig, wenn sie von einem netten Hund unterstützt wurden, im Anschluss fielen sie rasch ab. Dieser Effekt war bei Kindern am stärksten, die mittels eines vorhergehenden Tests als entweder sicher oder desorganisiert gebunden diagnostiziert wurden; sie holten sich ihre Beruhigung quasi selbst ab, indem sie sich dem Hund zuwandten. Kinder aber, die zuvor als unsicher-vermeidend getestet wurden, nahmen weniger Kontakt mit dem Hund auf, entsprechend zeigten sie auch relativ hohe Stresshormonwerte. Auch desorganisiert gebundene Kinder übertrugen ihre Bindungsmuster auf den Hund, indem sie etwa binnen Minuten nach dem Erstkontakt versuchten, den Hund mit Kommandos (Sitz, Platz...) zu kontrollieren – als ihre Art der Zuwendung, sozusagen.

Eine weitere Übertragung des individuellen „internen Arbeitsmodells“ läuft zwischen den Generationen. So betreuen Menschen mit sicherer Bindung ihre Babys und Hundewelpen in einer „flexiblen“ Weise – sie kümmern sich zuverlässig und sensibel um den Nachwuchs auf zwei oder vier Beinen. War die eigene Frühbetreuung problematisch, wird über das „interne Arbeitsmodell“ das selbst erlebte Betreuungsmuster auf den Nachwuchs übertragen – völlig unbewusst natürlich. Bindungsmuster werden also zuverlässig „sozial vererbt“. Dazu kommen noch epigenetische Einflüsse, also die Prägung der elterlichen Gene durch deren Lebensstil, und natürlich der eigenen Gene durch die (frühen) eigenen sozialen Erfahrungen. Psyche und Körper leben nicht in Parallelwelten, vielmehr stehen sie in intensiven Wechselwirkungen.

Dieses Übertragungsphänomen fanden wir auch bei einer Untersuchung der Bindungsmuster von fünfzig Mensch-Hunde-Paaren –

konkret, die Auswirkung der Qualität der menschlichen Betreuung auf die Bindung der Hunde.[161] Zum Einsatz kam jene Methode, die von Mary Ainsworth[162] entwickelt wurde und der Diagnose der Bindungsmuster zwischen bis zu achtzehn Monate alten Kindern und (meist) ihren Müttern dient – der sogenannte „Ainsworth Strange Situation Test“ (ASST). Wir fanden, dass etwa 60 Prozent der Hunde offenbar sicher an ihre Halter gebunden waren, 20 Prozent unsicher und immerhin 20 Prozent desorganisiert. Einerseits überraschend, dass dies in etwa den Anteilen in der menschlichen Population in deutschsprachigen Landen entspricht. Andererseits aber zu erwarten, reflektieren doch die Bindungsstile der Hunde die Betreuungsstile der Halter und Halterinnen. Genau das fanden wir. Das ist nicht nur ein faszinierender Beleg für die soziale Nähe von Mensch und Hund, sondern unterstreicht auch eindrucksvoll, wie gut das Eltern-Kind-Denkmodell für die Beziehung zum Hund passt.

Solche Ergebnisse zeigen, dass ein „internes Arbeitsmodell“ zwar bei Hunden wie bei Menschen vorhanden ist, es scheint aber unterschiedlich angelegt zu werden; Hunde bleiben diesbezüglich flexibler. Zwar gibt es keine einschlägigen Untersuchungen, aber es scheint, dass die vor allem menschliche Betreuung der Welpen in ihren ersten Lebensmonaten keine derart langzeitlich prägende Wirkung zeigt wie bei Menschen. Es sei denn, diese Betreuung ist katastrophal schlecht, etwa gewaltorientiert-missbrauchend.[163] Vielmehr scheinen Hunde Bindungsstil und Bindungsverhalten flexibel auf ihre Beziehung zum jeweiligen Halter oder zur jeweiligen Halterin einstellen zu können. Das (mehr oder weniger) entspannte Verhalten von Hunden nach außen hängt auch vom Geschlecht der entsprechenden Personen ab[164]. Und nicht zuletzt spiegelt das antisoziale Verhalten mancher Hunde die Einstellung ihrer Menschen.[165] Auch lehrt die Erfahrung, dass problematisches Verhalten von Hunden (etwa erhöhte Aggressionsbereitschaft gegen Menschen oder Artgenossen) nicht selten durch einen Wechsel der menschlichen Betreuungspersonen behoben werden kann. Sollten solche Erfahrungen einer Überprüfung standhalten, dann könnte die hohe Flexibilität der Hunde als eine wichtige weitere Anpassung an das menschliche soziale Umfeld gelten.

Klare, von Mary Ainsworth etablierte Kriterien zeigen, ob es sich bei einer Beziehung um Bindung oder einfach Bekanntschaft oder Freundschaft handelt: Die Bindungsperson vermittelt Sicherheit, man bleibt gern in ihrer Nähe, Trennung ist unangenehm oder schmerzt und man strebt bei Trennung Wiedervereinigung an. Nach diesen Kriterien handelt es sich wohl bei den meisten Beziehungen zwischen Menschen und ihren Hunden um beidseitige Bindung. Aber die besteht nicht bloß aus dem „internen Arbeitsmodell", der mentalen Repräsentation, sondern auch aus physiologischen Komponenten. Die „Liebe" kam bei den Säugetieren als Bindung zwischen Nachkommen und Müttern – und umgekehrt – in die Welt.[166] Sie stellt zunächst sicher, dass der Nachwuchs genügend Milch bekommt und nicht getötet wird.[167] Und das funktioniert so: Im Zug der vaginalen Geburt kommt es bei allen Säugetieren zu starken Ausschüttungen von Oxytocin auf Seite der Gebärenden;[168] dieses Hormon erleichtert die Geburt, startet den Milchfluss, vor allem aber sorgt es für die totale Zuwendung der Mutter zum Neugeborenen, indem es sie für kurze Zeit für dessen Reize höchst empfänglich macht. Sparsam wie die Evolution nun mal ist, hält exakt derselbe Mechanismus monogame Paare zusammen,[169] mit der evolutionären Funktion, gemeinsam Nachwuchs aufzuziehen.

Damit nicht genug: Derselbe Mechanismus bindet auch Menschen und Hunde aneinander[170]. Es geht also auch ohne Sex und Geburt. Verlieben oder „welpenschwanger im Hirn" kann auch mental vermittelt werden. Daher entwickeln ja auch Frauen nach Kaiserschnittgeburten Bindung zu ihren Babys. Von diesem, bei Mäusen, Igeln oder anderen „kleinhirnigen Säugetieren" obligaten, hormonalen Mechanismus „emanzipierten" sich die „großhirnigen" Säugetiere. Es geht zur

Not auch ohne, aber unterstützend wirkt der Oxytocin-Mechanismus immer noch im Hintergrund. Andererseits erleichtert die Statusänderung dieses Mechanismus von obligat auf „nice to have", ihn auch breiter einzusetzen, etwa als Kitt in der Beziehung zwischen Menschen und Hunden. Keine Kleinigkeit, ist doch eine soziale Unterstützung durch Bindungspersonen – Menschen oder Hunde – wesentlich wirksamer als durch bloße Bekannte oder gar Fremde.

Temperament und Persönlichkeit

Man stelle sich vor, wir wären alle gleich in Temperament und Persönlichkeit[171]. Dann gäbe es keine Basis für die Entwicklung komplexer, kooperativer Gesellschaften, die ja nur dann Sinn machen, wenn nicht alle Individuen gleich sind, man sich also nach Anforderung und Geschmack zusammentun kann. Ohne diese individuellen Unterschiede wäre Partnerwahl sinnlos, sowohl zwischen Menschen als auch zwischen Mensch und Hund. Dabei ist den acht Milliarden Menschen auf der Welt viel mehr gemein, als sie kulturell je zu trennen vermag. Und streng genommen haben wir mit Hunden viel mehr gemein, als uns biologisch als Arten trennt. Trotz dieser großen Gemeinsamkeiten leben aber acht Milliarden in ihrer Persönlichkeit unverwechselbare Menschen auf der Welt. Wobei mit „Persönlichkeit" nicht Charakterstärke gemeint ist, wie umgangssprachlich oft der Fall, sondern die individuelle Art, auf die Herausforderungen der Umwelt zu reagieren. „Temperament" wäre dagegen die Art der emotionalen Beteiligung daran. Als Basis der Ausbildung von Persönlichkeit im Heranwachsen sind Temperamente von Geburt an angelegt und schon früh bei Mensch und Hund erkennbar.

„Big Five" nennt man ein bewährtes empirisches System zur Messung der menschlichen Persönlichkeit[172]; damit kann man feststellen, wo Individuen entlang von fünf relativ unabhängig variierenden Dimensionen stehen, und zwar weltweit und für alle Menschen gleichermaßen. In der Reihenfolge abnehmender Bedeutung für die Variabilität zwischen Individuen sind dies: emotionale Stabilität, Extraversion, Offenheit für Neues, soziale Verträglichkeit und Gewissenhaftigkeit. Die universelle Gültigkeit dieses Systems legt nahe, dass es sich dabei um ein evolutionäres Muster handelt. Manche Kolleginnen und Kollegen verwenden dieses System auch, um Persönlichkeit bei anderen Tieren zu messen, was nicht ganz zu Unrecht kritisiert wird – man legt das System über andere Arten, statt nach möglichen artspezifischen Eigenheiten zu suchen. Eine gemeinsame Evolution macht allerdings wahrscheinlich, dass die Dimensionen von Persönlichkeit bei Menschen und anderen Tieren nicht völlig anders angelegt sind.

Während die „Big Five" sprachabhängig sind, kann man Persönlichkeitsmuster objektiv auch über Verhaltenstests und Stresshormone ermitteln, vor allem bei Tieren. Dabei zeigt sich als robusteste Persönlichkeitsachse bei Menschen und anderen Tieren bis zu den Insekten und Spinnentieren „proaktiv-reaktiv",[173] also wie forsch oder zurückhaltend Individuen mit Herausforderungen umgehen. Proaktive Individuen gehen die Lösung von Problemen rasch, forsch und mit stark gesteigerter Erregung an; reaktive dagegen bleiben eher zurückhaltend, langsam und überlegt, verbunden mit erhöhten Werten des Stresshormons Kortisol. Die Unterschiede zwischen unterschiedlichen Persönlichkeiten zeigen sich also auch in der dahinterliegenden Physiologie.

Die große Vielfalt an Persönlichkeiten entsteht aber weder beliebig noch chaotisch, sondern nach klaren sozio-biologischen Regeln, die man immer besser versteht. Natürlich kommen alle sexuell entstandenen Individuen (also auch alle Menschen und Hunde, mit Ausnahme eineiiger Zwillinge, die ja genetisch identisch sind) mit einer einzigartigen genetischen Ausstattung zur Welt. Aber Gene sind bei Weitem nicht alles. Tatsächlich entstehen die Merkmale der Persönlichkeit bei Menschen und anderen Tieren auf Basis des Genoms, des Epigenoms – also der Prägung des Genoms durch den elterlichen Lebensstil – sowie der sozialen und gesellschaftlichen Einbettung[174]. Bei Menschen wird die Entwicklung stark vom frühen sozialen Umfeld geprägt, von der Qualität der Betreuung, ob Geschwister vorhanden sind oder nicht[175] etc.[176], während sich die aktuelle Ausprägung von Persönlichkeit bei Hunden – also wie sie mit ihrer sozialen Umwelt umgehen – vor allem in Anpassung an ihr menschliches Umfeld zu entwickeln scheint.[177] Das bedeutet nicht, dass Hunde keine Persönlichkeiten wären, aber sie sind diesbezüglich offenbar anpassungsfähiger als selbst die sehr flexiblen Menschen. Die Persönlichkeit bei Mensch und Hund ist relativ stabil, wenn auch unterschiedlich abhängig vom sozialen Umfeld und über das Leben nicht unveränderlich. Menschen etwa werden mit zunehmendem Alter meist „milder“, aber auch emotional instabiler, Hunde dagegen ruhiger und verlässlicher.

Je nach Stabilität der Umwelt und Situation können proaktive (forsche) oder reaktive (zurückhaltende) Persönlichkeiten im Vorteil sein. Jedenfalls ist es für eine Gruppe von Vorteil und erhöht ihr ökologisches, ökonomisches und soziales Potenzial, wenn sie unterschiedliche Persönlichkeiten enthält. In Zweierbeziehungen Mensch-Mensch, aber auch Mensch-Hund, sollte natürlich die Abstimmung von Temperament und Persönlichkeit passen. Zwar mögen einander Gegensätze anziehen, dauerhafte Beziehungen zeichnen sich aber durch Gemeinsamkeit aus und dadurch, dass man einander emotional unterstützen und bei Stress beruhigen kann;[178] das gilt ganz besonders auch für Hunde. Weswegen es sehr ratsam ist, das Temperament des Hundes so zu wählen, dass es zur eigenen Persönlichkeit passt.

Die meisten Menschen entscheiden sich für bestimmte Hundetypen und -rassen, weil sie ihnen gefallen. Das Äußere schlägt hier allzu oft die inneren Werte. Auch die menschliche Partnerwahl hängt zumindest in der Erstbegegnung stark am Aussehen[179]. In der Regel wird erst nach dem Kennenlernen entschieden, ob man zueinander passt oder sich wieder trennt. In unserer effizienzbewussten Zeit setzen Partnervermittlungsinstitute Aussehen zwar als Lockmittel ein, versuchen dann aber, Leute nach ihren Eigenschaften zu „matchen". Mit Hunden verbieten sich aus naheliegenden ethischen Gründen Probeperioden. Meist rauft man sich irgendwie zusammen, vor allem, wenn es von Anfang an passt. Aber immer noch scheitern Beziehungen und der Hund wird abgegeben oder sogar eingeschläfert. Es empfiehlt sich also eine kluge Wahl nach Wesen und Temperament des vierbeinigen Partners. Regelhafte Persönlichkeitsmuster schaffen eine Wahlmöglichkeit, natürlich vor allem für die Menschen, weil sich Hunde ja nur sehr selten ihre Menschen aussuchen. Temperament und Persönlichkeit begründen soziale Berechenbarkeit, das sollte man klug nutzen.

Wie eine gemeinsame Evolution die Partnerschaft mit Hund ermöglicht

Diese Beispiele von Mechanismen der psychologischen Passung zwischen Menschen und Hunden beruhen auf einer über die längste Zeit der Stammesgeschichte gemeinsam verlaufenen Evolution; erst vor etwa 60 Millionen Jahren trennten sich die Wege zu den Karnivora[180] bzw. zu den „Herrentieren" (Primaten), zu denen auch die Menschen gehören. Evolution verläuft immer ziemlich konservativ, was bedeutet, dass keine neuen Systeme entstehen, wenn es ein Umbau der alten auch tut. Oder wenn eine Neuerung gar Überleben und Fortpflanzungserfolg mindert. Das konservativste aller Organe des Körpers ist das Gehirn, besonders in seinen basalen Teilen wie Hirnstamm und Zwischenhirn, wo neben den lebenserhaltenden Funktionen auch maßgeblich die Instinkte[181] verankert sind – also jenes Verhalten, welches rasch verfügbar sein muss. Jeder Umbau der bewährten Systeme von Atmung, Regulation und Stoffwechsel hätte mit großer Wahrscheinlichkeit negative Folgen. Instinktverhalten ist auch noch für Menschen relevant, ganz besonders, wenn es um Sex, Vermehrung und Fürsorge geht oder auch um die Kommunikation der Gefühle. Hunde sind zwar keine Reiz-Reaktions-Maschinen, aber doch relativ stark instinktgesteuert. Wenn es etwa um Zuwendung geht (bitte streicheln!), um Panik, wenn es donnert (es zählt nur noch ein schützendes Versteck), wenn ein Hase aufspringt (unwiderstehlich auch für manch folgsamen Hund) oder eine läufige Hündin duftet, tun sich Hunde mit dem Denken schwer.

Ähnlich konservativ wie weite Teile des Gehirns wurden über lange evolutionäre Zeiträume die Stresssysteme beibehalten – in enger Abstimmung mit dem Gehirn übrigens. Deshalb funktionieren sie bei Menschen und Hunden in nahezu identischer Weise[182]. Auf das Wahrnehmen eines Stressors verändert sich die affektive Befindlichkeit, es werden zunächst blitzartig über den Sympathikus-Nerv des autonomen Systems und Adrenalin die Organe des Körpers alarmiert, in Aktionsbereitschaft versetzt. Es folgt der Anstieg des Stress- und Stoffwechselhormons Kortisol, das den Blutzuckerspiegel für die Muskulatur bereitstellt. Die Herausforderung wird entweder aktiv angegangen (fight), vermieden (flight), durch Einfrieren ausgesessen (freeze) oder eine soziale Spannung wird durch Blödeln entspannt (flirt);[183] diese Strategien wie auch die Strukturen und Funktionen der Stresssysteme haben Menschen und Hunde gleichermaßen drauf, weil all das evolutionär angelegt wurde. Unter Angst und Stress wird Wahrnehmung und Denken auf Konfliktbewältigung eingestellt; klares Denken wie auch Lernen haben dann Pause.

Für Menschen und Hunde gilt: Dauerstress und Angstzustände sind ungesund und verblöden – im Wortsinn, denn sie bringen Nervenzellen im Gehirn zum Absterben. Daher benötigen wir für Wohlbefinden und um gesund zu bleiben die andere Seite der Medaille: das sogenannte „Beruhigungssystem“,[184] in dem das Oxytocin eine zentrale Rolle spielt. Dieses kleine Hormon hat nicht nur mit Geburt und Bindung zu tun, sondern sorgt als Gegenspieler des Kortisol auch für

Beruhigung und dient so als mittelfristiger Puffer gegen allzu viel Stress. Der Trick besteht in netten sozialen Aktionen. Säugetiere wie Mensch und Hund sind „hauthungrig", wollen von netten Partnerinnen und Partnern berührt, gestreichelt werden. Damit aktivieren sie ihr Oxytocin-System, was zusammen mit entsprechenden Hirnmechanismen für Entspannung sorgt. Bereits einander tief in die Augen schauen kann Oxytocin bei Menschen und ihren Hundepartnern erhöhen[185]. Sozialleben und Psychologie werden eben nie entweder von den Hormonen oder vom Denken bestimmt, sondern immer von beiden. Die Art, wie unbewusstes und bewusstes Denken und Fühlen mit dem Nervensystem und den Hormonen zusammenarbeiten, hält die menschlichen Umwelt- und Sozialbeziehungen auf Kurs, in nahezu identischer Weise auch die der Hunde – und damit auch die Partnerschaft zwischen beiden Arten.

Was das menschliche Gehirn außer seiner schieren Größe tatsächlich qualitativ vom Hundehirn unterscheidet, sind letztlich vor allem die Sprachzentren. Nahezu identisch in ihren Strukturen und Funktionen sind Menschen- und Hundehirne aber in ihren basalen Teilen. So etwa schickte Gregory Berns von der US-Uni Emory als erster Forscher Hunde in einen fMRI-Scanner, um die Funktion des sogenannten „geschwänzten Kerns" (*Nucleus caudatus*), der Basalganglien im Großhirn, zu untersuchen.[186] Er fand, dass dieser Kern sowohl bei Hunden als auch Menschen die netten, vor allem sozialen Beziehungen verwaltet; ein mit Futter assoziiertes Signal, der Geruch des Zweithundes oder seines Menschen und auch dessen Wiederkehr ließen ihn aktiv werden. Bis heute kamen eine Reihe von anderen Hirnteilen dazu, untersucht durch immer mehr Kollegen und Kolleginnen weltweit.[187] Im Wesentlichen findet man Funktionsgleichheit zwischen den herkunftsgleichen Hirngebieten von Hund und Mensch.

Durch Vergleich verschiedener Wirbeltiergehirne fand James Goodson von der US-amerikanischen Indiana University mit dem „sozialen

Menschen und Hunde sind „hauthungrig“: Berührungen und Streicheleinheiten aktivieren das Oxytocin-System und sorgen für Entspannung.

Netzwerk im Gehirn" sieben miteinander verbundene Kerngebiete im Zwischenhirn, welche buchstäblich von den Fischen bis zu den Säugetieren – strukturell und funktionell nahezu unverändert – die Grundsteuerung des instinktiven sozialen Verhaltens besorgen[188]. Menschen teilen dieses Netzwerk daher nicht nur 1:1 mit Hunden, sondern – unglaublich, aber wahr – mit dem Feuersalamander im Wald oder mit dem Karpfen im Teich. Dieses Gebilde stellte sich in weiteren Untersuchungen als der absolut konservativste Teil des ohnehin schon konservativen Wirbeltiergehirns heraus.[189] Seit dem Erdaltertum vor etwa 500 Millionen Jahren hat sich also an der instinktiven Steuerung „unseres" Soziallebens (nämlich als dem der Wirbeltiere) kaum etwas verändert.

Aber mit Instinkten allein ist ein komplexes Sozialleben nicht zu organisieren. Langzeitbeziehungen, sich einfühlen können, komplex zusammenzuarbeiten etc. beruhen bei Säugetieren und Vögeln auf einer erheblichen geistigen Leistungsfähigkeit[190]. Die wird bei Säugetieren vom Stirnhirn verwaltet[191]. Diese Kontrollinstanz bereitet alle unsere Entscheidungen vor, indem es die aktuelle Situation mit abgespeichertem Wissen abgleicht, indem es bewertet, wie sich etwas anfühlt, und dann das Ergebnis allenfalls unserem Bewusstsein zur Entscheidung vorlegt; wenn es schnell gehen soll, dann entfällt letzteres. Dieses Stirnhirn hält auch – eine gute Frühbetreuung und Sozialisation vorausgesetzt – die Impulse und Einflüsterungen aus den alten Instinktsystemen unter Kontrolle, sorgt für sozial angemessenes Verhalten und damit für gut funktionierende „exekutive Funktionen"[192]. Die halten uns vor allem sozial auf Spur und sind maßgeblich für Erfolg in Schule, Beruf, Gesellschaft und Partnerschaften. Für viele Menschen sind Hunde unverzichtbare Zutat für ein gelingendes Leben; und wenn es nicht so optimal läuft mit den Beziehungen, dem Erfolg, können Hunde wirkmächtige Verbündete und Unterstützer werden, um Situationen zu verbessern oder leichter zu ertragen und Wohlbefinden und Gesundheit zu stabilisieren.

Alle Entscheidungen werden bei den Säugetieren, einschließlich Mensch und Hund, letztlich auch bei den Vögeln (mit einem etwas anders aufgebauten Vorderhirn), zwischen der basalen Instinktsteuerung, dem evolutionär modernen, kortikalen, assoziativen Überbau und dem dazwischenliegenden limbischen System, also den tieferen Teilen des Vorderhirns, getroffen. Diese Gehirn-interne Abstimmung steuert jegliches Verhalten, natürlich auch im Zusammenhang mit Bindung, Fürsorge, Freundschaft, Zusammenarbeit etc. So werden aber auch Konflikte gemanagt, denn dieses in „Bastlermanier" über 600 Millionen Jahre entstandene Gehirn[193] funktioniert auch intern durchaus konfliktträchtig.[194] Wer kennt es nicht, das interne Ringen zwischen „Kopf und Bauch", also zwischen rationalem Denken und der Einflüsterung der Gefühle. Objektiv betrachtet scheint mit dem neuen Partner, Job, Wohnung alles in Ordnung, aber der Bauch sagt: Vorsicht! Gelegentlich wäre es vielleicht auch erleichternd, dem Chef gegenüber kräftig auf den Tisch zu hauen – aber auf Dauer wäre das wahrscheinlich ungünstig. Anstalten und Gefängnisse sind vor allem mit (jungen) Männern voll, die zuschlugen oder -stachen, bevor ihr rationales Denken eine Chance hatte, einzugreifen. Besonders schwierig ist das Abwägen zwischen Kopf und Bauch auch, wenn es um Hunde geht. Oft genug hat das rationale Denken da wenig Chance – bei der Anschaffung oder später im Umgang mit dem neuen Haustyrannen, pardon, Liebling.

Warum ist das so? Warum verliert die Vernunft oft genug gegen das Gefühl – was ja nicht immer schlecht sein muss? Und warum sind Menschen und Hunde mit nahezu identischen sozialen Gehirnen ausgestattet? Wenn jemand dazu meint, der liebe Gott hätte das so gewollt, dann kann man das mal so stehen lassen. Aber wenn dem so ist, dann hat sich die Schöpfung evolutionärer Mechanismen bedient. Wenn man verstehen will, warum Menschen – und auch Hunde – nicht immer vernünftig denken und handeln, obwohl sie dazu fähig wären, lohnt sich ein Blick auf die Evolutionsgeschichte der

Gehirne der Wirbeltiere – vielleicht auch, um der Vernunft etwas mehr Chance zu geben oder auch mit der eigenen Unvernunft vernünftig-entspannt umzugehen.

Wie das gemeinsame Gehirn entstand

Menschen und alle anderen Lebewesen entstanden über einen Zeitraum von etwa vier Milliarden Jahren in der biologischen Evolution, samt all ihrer kognitiven und sozialen Eigenschaften. Was wir formal immer noch „Evolutionstheorie" nennen, ist dabei ob der Fülle empirisch-theoretischer Belege längst Fakt. Nicht alle freut das. Der Hang zu einer faktenskeptischen Romantik scheint eine typische menschliche Eigenschaft zu sein, die immer dann hervorbricht, wenn Aufklärung, Evidenz und Verstand eine Epoche dominieren[195] – oder wenn eine Fülle von Krisen die Menschen überfordert. Das war zur Gründerzeit so und lebt heute wieder auf. Um mit Klima- und Biodiversitätskrise etc. zurechtzukommen, braucht es zweifellos Fakten und Wissen, auch über uns selbst[196]. Ein Stockwerk unter diesem zugegeben bombastischen Anspruch schlage ich vor, dass es auch nicht schadet, mehr Verständnis für Hunde als unsere wichtigen Unterstützer in einer krisengeschüttelten Welt aufzubringen. Dafür lohnt der Blick auf die evolutionäre Geschichte.

Genau diesen Blick bieten die modernen Naturwissenschaften, sie weisen damit einen Weg aus der Sackgasse menschlicher Selbstüberschätzung. Das rasch zunehmende Wissen um die Verwandtschaft mit den anderen Tieren, ja sogar mit den Pflanzen und den Pilzen, schafft zumindest bei sensiblen Gemütern ein Bewusstsein von Gemeinsamkeit mit allem Lebendigen. Damit schließt sich der Kreis des typisch menschlichen Sich-in-Beziehung-Setzens unserer animistischen Jäger- und Sammler-Vorfahren zu den anderen Tieren; sie glaubten an die Beseeltheit der Natur und wähnten sich eng mit ihr verwandt. Bereitet ein solches neues/altes Bewusstsein den Boden für eine respektvollere Beziehung der Menschen zu den anderen Lebewesen? In der Suche nach den gemeinsamen Wurzeln ergeben sich quasi von selbst die Alleinstellungsmerkmale der Art *Homo sapiens* bzw. das, was wir mit *Canis lupus familiaris* teilen. Was immer als typisch menschlich genannt wird – der aufrechte Gang, die feinmotorische Hand, das Herstellen von Werkzeugen, Jagdtechniken und die Zubereitung von Nahrung –, all das hängt ursächlich mit dem Gehirn zusammen, unterscheidet Menschen aber nicht grundlegend von den anderen Tieren, weil in der Evolution neue Strukturen und Funktionen niemals aus nichts entstehen, sondern immer durch Um- und Ausbau von bereits Vorhandenem. Aufgrund der stammesgeschichtlichen Verwandtschaft teilen die Menschen die meisten ihrer Merkmale mit anderen Lebewesen. Wirklich einzigartig bleibt die Sprachfähigkeit, aber auch sie beruht auf vorsprachlichen Mechanismen und Strukturen, welche bei anderen Tieren zu finden sind.

Den Weg von der Ansammlung von Nervenzellen am Vorderpol der ersten bilateral-symmetrischen Tiere bis zum Gehirn des Menschen zeichnet Max Bennett,[197] ein KI-Entwickler, Börsenbroker und Neurobiologe aus New York: Alle Lebewesen stammen von „LUCA" ab, dem „last universal common ancestor", d. h. einer gemeinsamen Stammform aller heutigen zellulären Organismen, die vor etwa 3,5 Milliarden Jahren lebte. Seitdem entwickelten sich die menschlichen Eigenschaften in einem evolutionären Marathonprozess über die Bilateria („Zweiseitentiere"), die aus den älteren radiärsymmetrischen Tieren hervorgingen (etwa Quallen), von den Plattwürmern bis zu den Wirbeltieren, weiter bis zu den Säugetieren und zum Menschen. Ergebnis ist jene umfassende Werkzeugkiste an Gemeinsamkeiten mit anderen Tieren, die es Menschen ermöglicht – das nötige Bewusstsein vorausgesetzt –, andere Lebewesen nicht nur als Nahrung oder Gefahr zu sehen, sondern als Person und als „Du". Die modernen Neuro- und

Verhaltenswissenschaften bestätigen, was bereits Charles Darwin formulierte: „The difference in mind between man and the higher animals, great as it is, is certainly one of degree and not of kind."[198] Heute wissen wir, wie es dazu kam und warum das so ist. Eine Reihe von Schlüsselinnovationen führte zu den modernen Gehirnen der Menschen und der Hunde.

Schon vor 700 Millionen Jahren verfügten Seeanemonen und Quallen über Nervenzellen zur Reizleitung. Die funktionierten nicht wesentlich anders als jene 40 Milliarden Nervenzellen in unseren Gehirnen heute. Aber erst vor etwa 600 Millionen Jahren begann mit den ersten zweiseitig symmetrischen Tieren die gerichtete Fortbewegung. Dazu brauchte es am Vorderpol konzentrierte Sinne und Nervenzellen, die ersten Gehirne entstanden. Sie konnten bereits zwischen günstigen und ungünstigen Reizen unterscheiden, um in einer positiven Umgebung zu verharren bzw. negativen Reizen auszuweichen. Für diese Steuerentscheidungen braucht es auch ein einfaches Affektsystem, um für überlebenswichtige Entscheidungen nicht ausschließlich von der aktuellen Reizsituation abhängig zu sein. Und ein frühes Stresssystem stellte die nötige Energie für die Bewegung bereit. Zudem erlaubte bereits ein assoziativer Lernmechanismus den Individuen, flexibel auf eine variable Umwelt zu reagieren. Alle diese Systeme müssen entsprechend miteinander verschaltet sein, um angepasstes Verhalten zu ermöglichen; sie finden sich immer noch nahezu unverändert in Hirnstamm und Zwischenhirn der Wirbeltiere, einschließlich Hund und Mensch.

Weil aber in der Evolution das Bessere der Feind des Guten ist, wurden im Rüstungswettlauf zwischen Räubern und ihrer Beute die Gehirne der ersten Wirbeltiere (Fische) vor 500 Millionen Jahren komplexer. Ursprünglich Filtrierer, begab man sich nun aktiv auf Suche nach Beute und musste darauf achten, nicht selbst zum Gejagten zu werden. Gehirne wurden lernfähiger. Das benötigte aber zusätzliche

Hardware in Anpassung an eine immer komplexere Ökologie: Es entstanden der Thalamus, Vorläufer der Großhirnrinde, das Mittelhirndach und das Kleinhirn. Sie ermöglichen das ständige Abwägen von Kosten und Nutzen, das Erkennen von Mustern, eine mentale Repräsentation von Raum und Zeit und auch jene Neugierde, die bis heute Verhalten antreibt. All diese bereits recht komplexen Systeme filtern die Wahrnehmung, ermöglichen angepasste Entscheidungen und sind immer noch die zentralen Komponenten des Gehirns der Menschen und Hunde gleichermaßen.

Eine entscheidende Neuerung entstand bei den frühen Säugetieren vor etwa 150 Millionen Jahren in Form einer Großhirnrinde (Neokortex), die aufgrund ihres Aufbaus aus vielen gleich gebauten, kleinen neuronalen Säulen eine höchst vielseitig einsetzbare und nahezu beliebig erweiterbare Recheneinheit bildet. Damit können sich die Säugetiere die Welt besser vorstellen und sogar Erwartungen bilden. Die Vorteile liegen auf der Hand: Anstatt es in kritischen Situationen darauf ankommen lassen zu müssen, konnte man diese nun antizipieren, imaginieren und mental simulieren. Der Neokortex des Menschen und anderer „großhirniger" Säugetiere[199] wie etwa der Hunde legt mittels der Informationen aus der Umwelt komplexe mentale Repräsentationen an und bewertet diese immer wieder. So wurde eine immer komplexere Umwelt dennoch überschaubar.

Solch leistungsfähige Säugetiergehirne ermöglichten innerhalb der letzten paar Millionen Jahre die soziale Revolution der Primaten, aber auch in einigen anderen Gruppen, wie zum Beispiel bei den Wölfen innerhalb der Karnivora. Substrat dafür war vor allem der frontale Neokortex, das Stirnhirn, welches neue Schlüsselfähigkeiten ermöglicht: sich in andere einfühlen und eindenken können, durch Beobachten lernen, für die Zukunft planen, Konzepte bilden und die alten Antriebe mit aktuellen Situationen integrieren, um etwa sozial angepasste Entscheidungen zu treffen. Zum besonderen Gehirn von *Homo sapiens* fehlte nun nur noch ein kleiner Schritt, mit allerdings großen Folgen: die Entwicklung einer komplexen Symbolsprache mit universellen Grammatikregeln. Diese Sprachfähigkeit entstand als soziales Instrument,[200] beginnend vor etwa 300.000 Jahren. Die soziale Funktion trieb bald auch die Diversifizierung in unterschiedliche Sprachen. Basis dafür sind die spezifisch menschlichen Sprachzentren im seitlichen Neokortex – Broka für aktives Sprechen und Wernicke für Sprachverständnis. „Vorsprachliche Fähigkeiten" zeigen allerdings bereits andere Tiere, etwa Papageien, deren Fähigkeit zur Sprachimitation von Irene Pepperberg als Fenster ins Gehirn dieser Tiere genutzt wurde.[201] Und der passive Wortschatz eines durchschnittlichen Begleithundes kann bis zu 50 Begriffe umfassen, jener eines trainierten Hundes bis zu 1.000[202].

Die Leistungen der Wirbeltiergehirne entstanden als Folge der immer komplexeren Verschaltungen im Gehirn und durch Mutationen in den letzten Hunderttausenden von Jahren. Es entwickelten sich neue, komplexe Eigenschaften im menschlichen Gehirn, dessen fast 40 Milliarden Nervenzellen über mehr Synapsen miteinander verschaltet sind, als es Sterne im Universum gibt, etwa Fähigkeiten zur Feinmotorik, inklusive akustischer Artikulation. Zum Vergleich: Die Großhirnrinde von Hunden enthält maximal eine Milliarde Nervenzellen[203]. In seiner Integrationsleistung schlägt unser Gehirn selbst die beste künstliche Intelligenz und den größten Supercomputer – mit einem Energieverbrauch von bloß etwa 20 Watt.

Die Gehirne anderer Wirbeltiere funktionieren quantitativ etwas anders und entwickelten teils andere Spezialisierungen. So etwa können sich manche Häher an die 3.000 Futterverstecke individuell merken. Jenseits solcher kognitiven Spezialisierungen sind die Menschen aber zweifellos die Meister der generalisierten Intelligenz. Hunde sind Sinnes- und Detailspezialisten, wie Temple Grandin meint,[204] während Menschen in dieser Partnerschaft die Konzepte und die Führungsrolle beisteuern. In dieser Kombination sind wir ein unschlagbares Team.

Durch dieses langsame Zu- und Ausbauen über 600 Millionen Jahre entstand in Bastlermanier das menschliche Hochleistungsgehirn. Ingenieure oder Ingenieurinnen hätten andere technische Lösungen gewählt. Daher sind Konflikte sozusagen eingebaut. Schließlich integrierte dieses Gehirn jenes evolutionäre Erbe von Treibern, welches auch heute noch das menschliche Verhalten beeinflusst: der zwischenartliche Räuber/Beute-Rüstungswettlauf sowie die innerartliche Konkurrenz um den Fortpflanzungserfolg. Erst in den letzten 200 Millionen Jahren kam bei den Säugetieren und manchen Vögeln die „Liebe“ als neurohumoral-mentaler Bindungsmechanismus zwischen Müttern/Eltern und ihren Nachkommen in die Welt[205]. Daraus entstand eine generelle Bindungsfähigkeit, auch zwischen Lebenspartnern und Freundinnen, die in Integration mit der sozialen Kognition spezifische, langzeitlich wechselseitige Beziehungen, Freundschaften, Allianzen und komplexe Kooperationen ermöglicht.

Parallel dazu wurden weltweit die Ökosysteme durch die Evolution der Blütenpflanzen, der Insekten und modernen Knochenfische sowie durch das Aufpoppen von immer mehr intelligenten Arten wesentlich komplexer, als sie in den ersten 400 Millionen Jahren waren. Biologen und Biologinnen haben keinen Anlass zu vermuten, dass dem eine geplante Entwicklung zum Höheren zugrunde lag. Regenwald, Korallenriff, Wolf und Mensch haben sich einfach „ergeben“. Aber wenn jemand den lieben Gott dahinter sehen will, dann hat die Biologie natürlich kein Argument dagegen[206]. So wurden die Menschen zu den nettesten, kooperativsten und rationalsten aller Lebewesen. Gleichzeitig aber quälen und töten sie andere Menschen und Tiere, handeln oft genug irrational und widersprüchlich, sind immer noch getrieben von den alten Überlebens- und Reproduktionsinstinkten. Menschliches Wesen und Verhalten sind zwar nahezu unendlich differenziert, aber nicht zufällig[207].

Das Wunder der zwischenartlichen Beziehungsfähigkeit: Die Seite der Hunde

Wie alle Sozialbeziehungen werden auch die mit Hunden enorm individuell gelebt. Hunde kommen in den unterschiedlichsten Temperamenten und sind sehr gut darin, sich menschlichen Beziehungsstilen anzupassen. Im Gegensatz zu einem weltweit einzigen Wolfstyp bieten fast 400 Hundetypen und -rassen eine unglaubliche Vielfalt.[208] Hunde gibt es von ein bis achtzig Kilogramm in allen Größen und einer Fülle von Ausführungen, was Aussehen, körperliche Merkmale, Verhaltenseigenschaften und Einstellungen zur Welt betrifft. So bringen manche Hunde eine besondere soziale Sensibilität mit, andere sind wiederum besonders jagdinteressiert, haben eine hohe Bereitschaft, Haus und Auto zu verteidigen – oder eben nicht. Manche zeigen ein schier unermüdliches Engagement für Spiel und Arbeit oder aber sie machen von Jugendalter an deutlich, dass sie geworfene Bällchen doof finden. All das hat natürlich mit Genen zu tun, aber jegliche Anlage entwickelt sich in Interaktion mit der Umwelt,[209] bei Hunden ganz besonders in der Beziehung zu ihren Menschen.

In der Altsteinzeit begann die Beziehungskiste der Menschen und Hunde mit dauerhaften Beziehungen zu Wölfen. Es hat offenbar von Anfang an zwischen den beiden Arten gefunkt und gepasst; freilich lebten die Menschen unter völlig anderen Bedingungen als heute. Wölfe sind bereits hoch anpassungsfähig und besiedelten, ähnlich wie die Menschen, fast alle Lebensräume, von den Wüsten der Arabischen Halbinsel bis tief in die Arktis. Indem sie zu Hunden wurden, gewannen die ehemaligen Wölfe nochmals stark an Anpassungsfähigkeit, sie kommen nun mit fast allen Lebensbedingungen zurecht, die ihnen Menschen als Quartiergeber und Gestalter ihrer Umwelt bieten. Das Spektrum der möglichen Beziehungen reicht vom hochprofessionellen Rettungs- und Polizeihund über Familienmitglied und Lebensgefährte bis zur Mehrheit der Hunde auf der Welt, die als Dorf- und Stadtstreuner von allerlei Kleingetier, vom Abfall der Leute und von milden Gaben leben. Etwa 99 Prozent der Gene sollen Hunde immer noch mit Wölfen teilen; dennoch sind Hunde keine Wölfe mehr, denn das restliche eine Prozent macht eine Menge Unterschied.

Im Verlauf der Hundwerdung wurden immer mehr Mutationen fixiert, also Genveränderungen, die sich auf den Fortpflanzungserfolg unter menschlicher Obhut günstig auswirkten. Die meisten dieser genetischen Veränderungen vom Wolf zum Hund gab es im Bereich der Verdauung und der Gehirnentwicklung.[210] So passten sich Hunde parallel zu ihren Menschen mit Beginn des Ackerbaus an die Verschiebung ihrer Ernährung von Jagdbeute zu Getreide an. Daher kann man heute, wenn man meint, dies tun zu müssen, Hunde tatsächlich vegetarisch oder sogar vegan ernähren. Allerdings ergaben systematische Vergleiche der Nahrungspräferenzen von gleichartig aufgezogenen Wölfen und Hunden keine Unterschiede:[211] Die meisten Hunde bevorzugen wie die Wölfe fleischliche Kost. Mit der Fähigkeit zur besseren Stärkeverdauung entwickelte sich also keine einschlägige Vorliebe. Was unter anderem bedeutet, dass Hunde zwar gern Knochen knacken und fressen, dies aber nicht mehr ähnlich gefahrlos schaffen wie ihre Wolfsvorfahren.

Eine zweite Gruppe von Genen, die Hunde von Wölfen unterscheiden, ist an der Entwicklung der Gehirne beteiligt. Dass Hundehirne keine Wolfshirne mehr sind, mag viele Halterinnen und Halter beruhigen, manch romantisches Gemüt mit einem Faible für Wölfe vielleicht betrüben. Jedenfalls zeigen sich diese Mutationen in anatomischen und Verhaltensmerkmalen. So etwa wird das Gehirn der Hunde nur etwa zwei Drittel so groß wie bei Wölfen desselben Gewichts. Das hat

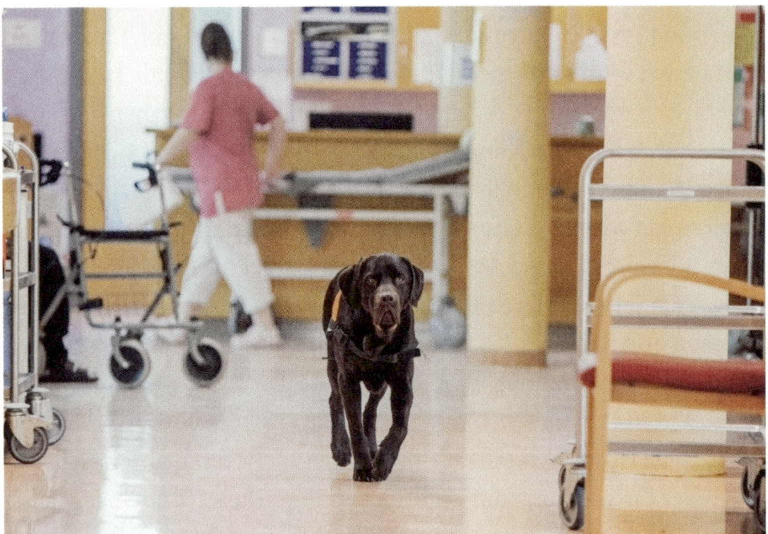

Rettungs- und Assistenzhunde sind vielfältig einsetzbar. Meist arbeiten sie in enger Abstimmung mit ihren Partnermenschen, gelegentlich auch selbstständig.

wahrscheinlich damit zu tun, dass Gehirngewebe viel Energie zu seiner Erhaltung benötigt und Hunde als domestizierte Tiere generell bessere Futterverwerter sind als Wölfe, also relativ weniger Nahrung benötigen. Dass vor allem die Vorderhirne der Hunde offenbar nicht weniger Nervenzellen als jene der Wölfen enthalten,[212] stützt diese Sicht. Zumal direkte Wolf-Hund-Vergleiche ja auch zeigen, dass Hunde nicht einfach dümmer als Wölfe sind. Von gewissen Teilleistungsschwächen abgesehen, verfügen Hunde über eine großartige soziale Intelligenz und konzentrieren sich auch besser auf ihre Aufgaben als sozialisierte Wölfe in Zusammenarbeit mit Menschen.[213]

Wölfe wurden zu Partnerhunden

Besonders auffällige Unterschiede zwischen Wölfen und Hunden bezüglich der Orientierung in Richtung Mensch fand man im Welpenalter. Während Hundewelpen ab der 3. bis 4. Lebenswoche, also kaum, dass sie einigermaßen laufen können, sich ständig auf ihre Menschen konzentrieren, ihnen ins Gesicht blicken, tun dies Wolfswelpen im gleichen Alter kaum. Bei Wölfen entwickelt sich eine solche Aufmerksamkeit und auch die Fähigkeit, menschliche Zeigegesten zu lesen, später, erst etwa ab dem 8. Lebensmonat, wenn die Jungwölfe mit auf die Jagd gehen und sich mit den älteren Rudelmitgliedern koordinieren müssen. Diese frühe, hundetypische Aufmerksamkeit erleichtert es ihnen, bereits sehr früh von den Menschen und über sie zu lernen. Als Züchterin und Züchter bzw. Halterin und Halter sollte man diese frühe Phase durch viele positive Interaktionen nutzen – etwa indem man spielerisch immer wieder mal „komm", „sitz" und „Platz" übt, indem man durch Lob und Leckerlis verstärkt, was der Welpe von sich aus tut. Wenn es aber nicht klappt, sollte man das ignorieren, keinesfalls rügen. Gelingt es in den ersten Lebenswochen und -monaten des Welpen, die Freude aneinander und die wechselseitige Aufmerksamkeit zu trainieren, ist die weitere Erziehung ein Klacks. Mit Hunden, die früh gelernt haben, wie toll ihre Menschen für sie sind, kann man später durchaus vernünftig reden; Hunde und Menschen dagegen, die einander in den ersten Lebensmonaten des Welpen ignorierten, um dann, wenn der Hund ein Jahr alt geworden ist, in einem Trainingskurs ein Team zu formen, werden dort funktionieren, im Alltag aber nur schlecht. Eine Beziehung, die man nicht von Beginn an ernst nimmt, entwickelt sich eben nicht optimal.

Die enorme Anpassungsfähigkeit der heute lebenden Hunde ist altes Wolfserbe, welches sich während der Eroberung der Erde gemeinsam mit den Menschen entwickelte. Daher ist die Geschichte der Hunde, also wo und wie sie aus Wölfen entstanden und wie sie sich über die Jahrtausende bis heute über die Erde verbreiteten[214], ähnlich komplex wie die der Menschen. Die Hunde passten sich immer wieder an lokale Gegebenheiten an, begleiteten ihre Leute auf weiten Wanderungen, überwanden große Distanzen und vermischten sich immer wieder. Dass die Gene der meisten heutigen Hunde aus dem steinzeitlichen Eurasien stammen, spiegelt die Besiedlungsgeschichte der Welt. Jedenfalls führte dieser Prozess der lokalen Anpassung und Wiederdurchmischung zu einer Fülle von Hundetypen und ihren unterschiedlichen Eigenschaften, die Grundlage für den Beginn der Zucht von Rassehunden nach rassetypischen „Standards“ vor etwa 130 Jahren in England.[215]

Die Entstehungs- und Verbreitungsgeschichte und die unterschiedlichen Formen der Mensch-Hund-Partnerschaft widerspiegeln sich in der Genetik der heute lebenden Hundetypen und -rassen. Heidi Parker und Kollegen vom National Institutes of Health (NIH) zeigten, dass die modernen Hunderassen genetisch unterschiedlich weit weg von Wölfen sind, dass es also mehr oder weniger wolfsähnliche Hunde gibt.[216] Aufgrund ihrer genetischen Ähnlichkeit kann man 23 Gruppen von Hunderassen unterscheiden, beginnend mit den recht wolfsähnlichen, vor allem japanischen, spitzartigen Hunderassen, bis zu den genetisch wolfsferneren Mastiffs. Aus der Position einer Hunderasse auf diesem Wolfsnahe-Wolfsfern-Kontinuum sind allerdings nur bedingt Verhaltens- und Wesensmerkmale abzuleiten. So entstand in Japan aus genetisch wolfsähnlichen Hunden ein volles Spektrum an Jagd-, Hüte- und Wachhunden. „Genetisch wolfsnahe" bedeutet keineswegs „aggressiv", sondern am ehesten noch sozial sensibel und in Training und Arbeitseinsatz eigenwilliger als die genetisch wolfsferneren Hunde, wo sich auch jene Rassen finden, die ihre eigene Urteilsfähigkeit zurückstellen und sich willig auf die von ihren Menschen gestellten Aufgaben konzentrieren. Intelligenzleistungen werden vielmehr stark durch die Qualität der Beziehung zu den Partnermenschen beeinflusst.[217] Welche Hunde man bevorzugt, ist eine persönliche Geschmacksfrage. Die positiven Wirkungen der Beziehung zu Hunden hängen nicht von der genetischen Wolfsnähe oder -ferne ab, sondern von der Qualität der Beziehung und vor allem von der guten frühen Sozialisierung der Welpen.

Jedenfalls brachte die über Rassestandards geregelte Zucht von Hunden eine enorme Auswahl für alle Bedürfnisse und jeden Geschmack. Zudem man kann sich einigermaßen darauf verlassen, dass die Rassezugehörigkeit mit einem bestimmten Aussehen und entsprechenden Wesensmerkmalen verbunden ist. Letzteres vor allem bei Arbeitslinien, bei welchen nicht nur die von den Formwertrichtern auf Hundeausstellungen bewertete Konformität mit dem Rassestandard bezüglich des Aussehens zählt, sondern entsprechende Eignungstests. Die Stabilisierung standardisierter Rassemerkmale funktioniert freilich nur über „Linienzucht", also die Verpaarung eng verwandter Individuen. Dies in Verbindung mit der sogenannten „Championzucht", also dass nur wenige, preisgekrönte Rüden oft über Jahre die meisten Hündinnen decken, führte bei vielen Rassen zu einem überaus engen Genpool,[218] zu Qualzuchtmerkmalen und zum Auftreten einer Fülle von Erbkrankheiten. Daher sollte man sich vor dem Erwerb eines Welpen über rassetypische Probleme informieren und nur Züchtern vertrauen, die Elterntiere aus gesunden Linien verpaaren und dies auch nachweisen können.

Mit über 400 Rassen gibt es Hunde unterschiedlichster Größe und Eigenschaften für jeden Bedarf und Geschmack. Wer Hunde züchtet oder Welpen abnimmt, sollte aber kompromisslos auf Gesundheit achten, zumal die so genannte „Championzucht" bei einigen Rassen in die Qualzucht führte.

Es gibt aber auch anerkannte, nach Standards gezüchtete Hunderassen, bei welchen Inzucht vermieden und nur so verpaart wird, dass ein gesunder Wurf zu erwarten ist[219]. Das klappt, wenn man über genügend Daten von auf eine Reihe von möglichen Erkrankungen und Defekten untersuchten Hunden verfügt und diese mittels Programmen zur sogenannten „Zuchtwertschätzung“ (der Begriff stammt aus der Nutztierzucht) auswertet, um so herauszufinden, welche Verpaarung mit der höchsten Wahrscheinlichkeit gesunde Welpen ergibt. Auch Mischlingshunde sind nicht unbedingt vor Gesundheitsproblemen gefeit, die sie aus den Ausgangsrassen mitbekommen können. Interessant als robuste und langlebige Partner können sogenannte „Designerhunde“ sein. Sie entstehen als Erstgeneration-Hybriden, also als meist gezielt produzierte Mischlinge zwischen zwei schon lang reingezüchteten Hunderassen – oft mit Pudel als eine dieser Rassen, was Hunde ergibt, die keine Haare verlieren und daher wenig allergen sind. Als F1-Nachkommen bringen sie vor allem auch den sogenannten „Hybridization vigor“ mit, sind also gewöhnlich vitaler, robuster und meist langlebiger als die Individuen der Ausgangsrassen. Zudem zeigen Erstgeneration-Hybriden einigermaßen verlässlich die intermediären Eigenschaften der Ausgangsrassen. Diese Vorteile verlieren sich aber wieder, wenn man mit solchen Designerhunden weiterzüchtet. Die bekannten Mendelschen Erbgesetze[220] sind diesbezüglich aber eher Vorstellungsmodell, da die meisten Merkmale nicht von einem einzigen Gen kodiert werden.

Im Sinn dieses Buches sollte man in der Wahl des Hundegefährten aber nicht nur auf Gesundheit und eine gute Lebenserwartung achten, sondern vor allem, dass der Hund in Temperament und Wesen passt. Sportlich-aktiven Leuten ist ein Hund zuzumuten, der viel Bewegung und Beschäftigung benötigt. Man sollte selbst dann versuchen, vernünftig zu bleiben, wenn man bereits vom „Welpenfieber“ angesteckt ist. Bitte unbedingt überlegen, ob man gewillt und fähig ist, mit allen zu erwartenden Eigenschaften zurechtzukommen. So „lieb" der Border Collie auf dem Buchcover auch dreinschaut – komme ich mit seinem Arbeits- und Bewegungsbedürfnis zurecht? Oder passt eher ein ruhiger Hund zu mir? Und so toll wolfsähnlich ein Siberian Husky auch erscheinen mag, bitte daran denken, dass sie sich manchmal nicht sonderlich stark binden und dass sie aufgrund ihres nur schwer beherrschbaren Jagdtriebs meist an der Leine laufen müssen. Dazu ein Tipp: Die allermeisten Hunderassen, die heute als Begleithunde fungieren, wurden für bestimmte Zwecke als Arbeitshunde gezüchtet – und diese Eigenschaften schlagen selbst bei den sogenannten „Showlinien" immer noch durch, also jenen, die seit Generationen bloß auf Aussehen und vielleicht verträgliches Wesen gezüchtet wurden. Nur wenige Rassen wurden von Beginn an als Familien- und Begleithunde gezüchtet, wie der bereits erwähnte Eurasier. Es gibt also einiges zu überlegen, will man sich einen gut passenden vierbeinigen Gefährten für Herz und Gemüt und für mehr als ein Jahrzehnt Partnerschaft, oder für einen professionellen Einsatz als Schul- oder Therapiehund zulegen.

Ein Stück Urgeschichte: Wie die Mensch-Hund-Beziehung entstand …

Es ist eine ziemlich märchenhafte Geschichte, wie Wolf und Mensch zusammenkamen und wie schließlich Hunde daraus entstanden. Diese frühe Beziehungsgeschichte bringt viel Einsicht, Verständnis und auch Respekt für die Teambildung zunächst zwischen Menschen und Wölfen, für die Hundwerdung und was daraus für die Menschen folgte. In Abwandlung einer Formulierung von Friedrich Engels schrieb der Philosoph der Uni Wien, Erhard Oeser, über „den Anteil der Hunde an der Menschwerdung des Affen"[221]. Derart dramatisch sieht man das heute nicht – schließlich waren unsere Vorfahren vor 40.000 Jahren auch bereits Menschen, fast wie wir. Der „Anteil des Menschen an der Hundwerdung des Wolfs" trifft es schon eher. Seit der Jahrtausend-

Sibrische Huskys sind tolle Hunde, genetisch und in der Anmutung wolfsähnlich. Zu bedenken ist, dass sie eine relativ große Lauf- und Jagdfreude mitbringen und oft wenig Bindung entwickeln. Jede Rasse kommt mit einem Bündel an Eigenschaften. Man sollte sich also schlaumachen, welcher Hund zum eigenen Lebensstil passt, bevor man sich entscheidet.

wende zeichnen die Wissenschaften – Genetik, Verhalten, Archäologie – davon ein immer deutlicheres Bild. Die jeweiligen Pinselstriche finden sich als internationale „peer-review"-Veröffentlichungen[222], die man freilich erst zu einem Bild fügen muss – zu wahrscheinlichen Szenarios, welche diesem heutigen Wissensstand am besten entsprechen.

Die Wiege von *Homo sapiens* stand vor etwa einer Million Jahre äquatornahe in Afrika. Moderne Canis-lupus-Wölfe dagegen sind Kinder des Nordens, entstanden in einem ähnlichen Zeitraum aus wolfsähnlichen Vorfahren in Eurasien. Aus Sibirien kommend eroberten sie dann Zehntausende Jahre vor den Menschen mit ihren Hunden bereits den nordamerikanischen Kontinent. Als großgewachsene, dunkelhäutige, blauäugige Menschen (wie man aus paläogenetischen Ergebnissen weiß)[223] vor etwa 45.000 Jahren ins eurasische Festland vordrangen, trafen sie dort unter anderem auf den Wolf. Diese ursprünglich afrikanischen Jäger und Sammler waren biologisch und kulturell anpassungsfähige Laufjäger. Und weil Menschen in der Wärme entstanden, können sie schwitzen und schützen sich durch Haupthaar vor der Sonne, während Wölfe und daher auch Hunde aus der Kälte kommen und sich bei Hitze vergleichsweise schwertun. Sie schwitzen nicht, sondern müssen sich durch Hecheln und über die Nasenschleimhaut kühlen. Daher sollte man Hunden die langen Schnauzen nicht wegzüchten und im Sommer aufpassen, dass der Hund keinen Hitzschlag erleidet.

Die raschen Klimaverschiebungen der Zwischeneiszeiten ließen Wald- und Steppenanteile stark variieren. Fallweise waren sie von Pflanzenfressern ähnlich dicht besiedelt wie heute die ostafrikanischen Steppen. Dort lebten Mammute und Wollnashörner, grasten Wildpferde, mehrere Arten von Wildrindern, Hirschen und Antilopen, fallweise auch Moschusochsen etc.[224] – genügend Jagdwild für ein paar Tausend moderne Menschen und Neandertaler, die sich damals den riesigen Kontinent teilten. Diese Schwesterart des modernen Menschen[225] verschwand in weniger als tausend Jahren nach der Einwanderung unserer direkten Vorfahren – nicht ganz freilich, denn jeder Europäer trägt immer noch zwei bis vier Prozent Neandertaler-Gene in sich. Jedenfalls kann aufgrund der geringen Zahl der Menschen beider Arten von einem Konkurrenzverhältnis um Nahrung nicht die Rede sein – auch nicht mit anderen Beutegreifern wie den Wölfen. *Homo neanderthalensis* bevölkerte als Lauerjäger in Haremsgruppen eher Waldgebiete und praktizierte gelegentlich Kannibalismus. Im Gegensatz zum modernen steppenbewohnenden *Homo sapiens* pflegte er – soweit bekannt – keine engen, spirituellen Beziehungen zu anderen Tieren.[226]

Dieser Reichtum an Pflanzenfressern ernährte eine große Gilde an Beutegreifern, darunter die letzten Vertreter der Säbelzahnkatzen sowie Löwen, Hyänen und Bären, jeweils in mehreren Varianten, einschließlich jener, bei denen die Vorsilbe „Höhlen-" auf eine besondere Körpergröße hindeutet[227]. Das war also keine sonderlich gemütliche Umgebung für unsere direkten Ahnen, von denen etwa ein Drittel unseres Genoms stammt. Damals standen die Menschen als Jäger nicht unangefochten an der Spitze der Nahrungspyramide, sondern konnten selbst zur Beute werden. Erstaunlich eigentlich, dass man sich offenbar recht bald mit einem dieser anderen Beutegreifer zusammentat, um sich nie wieder zu trennen. Das wirft nicht wenige Fragen auf: Warum gerade der Wolf? Und warum und wie kam man zusammen und blieb es auch?

Die nach Eurasien vordringenden Jäger und Sammler kamen mit ihrer schamanischen Kultur und Spiritualität[228]. Sie glaubten an ihre eigene Beseeltheit, an die der Natur und des Jagdwildes. Etwa 40.000 Jahre alte, in Europa gefundene Elfenbeinstatuetten stellen Löwenmenschen dar[229]. Sie legen nahe, dass die vordringenden Menschen zunächst Verwandtschaftsvorstellungen mit Löwen hegten. Als exzellente Naturbeobachter erkannten sie bald die Wölfe als wesens-

Zahlreiche Felsbilder, wie diese in den Fels geritzten Abbildungen, die in Saudi-Arabien gefunden wurden, belegen, dass bereits vor 10.000 Jahren in vielfältiger Weise mit Hunden gejagt wurde.

verwandt. Die Laufjäger Wolf und Mensch stellen demselben Beutespektrum nach. Aufgrund der ähnlichen Lebensweise entwickelte sich auch ihr Sozialleben parallel. Daher sind Menschen und Wölfe von ihrer evolutionär angelegten Psyche stark auf gruppeninterne Kooperation gebürstet. Gemeinsam ist ihnen auch eine enorme, auf ihren mentalen Anlagen beruhende, situationsspezifische Flexibilität. Sowohl Wolfsrudel als auch ursprüngliche Menschenclans leben als Familiengruppen mit flachen Hierarchien; innerhalb der Gruppen kooperiert man beim Jagen, was bei Wölfen eine Angelegenheit beider Geschlechter ist und – wie man heute weiß – auch beim Menschen nicht so exklusiv männlich besetzt war, wie man lang meinte[230].

Man kooperiert vor allem auch beim Aufziehen des Nachwuchses und bei der Verteidigung des Reviers. Starke Konkurrenz zwischen benachbarten Rudeln/Clans um Beute kann vor allem bei Wölfen zu regelrechten Vernichtungsscharmützeln gegen die Nachbarn führen. Als Arten mit komplexer sozialer Organisation neigen sowohl Menschen als auch Wölfe zu geschlossenen Gruppenstrukturen[231] und zur mehr oder weniger aggressiven Verteidigung ihrer Territorien, sie können aber auch anders. Während die Jäger und Sammler der Altsteinzeit einander kaum massakrierten, änderte sich das mit dem Sesshaftwerden und Ackerbau; seitdem leben Menschen in hierarchischen Gesellschaften, müssen sich abrackern und führen grausame Kriege. Aus Jägern wurden in Heeren organisierte Krieger und zu den ersten Bauten der Menschheit zählen lange Mauern zur Verteidigung gegen Überfälle. Während es in manchen Gebieten Alaskas bei geringen Beute- und Wolfsdichten kaum Aggression zwischen Gruppen gibt, töten Rudel im Yellowstone einander in teils erschreckendem Ausmaß. Im Norden Sachsens trat über die letzten Jahre eine Art Sättigung mit Wolfsterritorien ein, daher scheint auch die durchschnittliche Rudelgröße zuzunehmen, wobei es zu immer mehr tödlichen Auseinandersetzungen zwischen Nachbarn kommt.

Menschen und Wölfe verstanden einander offenbar von Anfang an. Diese soziale Passung zwischen den Arten und deren große soziale Flexibilität erklärt möglicherweise, warum heute die domestizierten[232] Wölfe, nicht aber domestizierte Hyänen oder Löwen in unseren Autos mitfahren, in unseren Betten schlafen. Kein völlig abwegiger Gedanke, sind doch Hyänen und Löwen ebenfalls hochsoziale Beutegreifer, allerdings mit im Vergleich zu Wölfen starken Abweichungen von der menschlichen sozialen Organisation. Während etwa bei Wölfen und Menschen keine stark divergierenden Geschlechterrollen existieren[233] (außer dem Kinderkriegen), dominieren bei den Hyänen die Weibchen, bei den Löwen die Männchen – keine besonders gute Voraussetzung für eine kreative Kooperation der Geschlechter.

Aber selbst diese Passung in den sozialen Mentalitäten erklärt noch nicht, wie Menschen und Wölfe tatsächlich zusammenkamen. Eine Zeit lang war die „Selbstdomestikationshypothese" auch in der Wissenschaft populär: Die Wölfe hätten sich den Menschen angeschlossen, weil es bei ihnen was zu holen gab, etwa Jagdreste und den stickstoffreichen Menschenkot. Das ist durchaus denkbar, zumal die Wölfe sich damals wahrscheinlich mindestens genauso dafür interessierten wie heute, was Menschen so treiben, jedoch aufgrund fehlenden Jagddrucks weniger scheu waren. Der Haken an der Sache? Solchermaßen menschengewöhnte Wölfe wären nicht „sozialisiert" gewesen, was für Menschen Gefahr bedeuten kann[234]. Gegen solche Wölfe hätten Menschen sich und ihre Nahrung ständig risikoreich verteidigen müssen. Heute stimmen daher jene Kolleginnen und Kollegen, die praktische Erfahrung mit Wölfen sammeln durften, darin überein, dass es mit einer reinen Gewöhnung der Wölfe an die Menschen wohl nicht funktioniert hätte[235].

Um mit Wölfen vertrauensvoll und sicher kooperieren zu können, müssen Welpen vielmehr bereits im Alter von höchstens zwei Wochen in menschliche Obhut kommen und sorgsam-respektvoll „handaufgezogen“ werden[236]. Na ja, damals war es wohl „Brustaufzucht“ durch laktierende Frauen gleichzeitig mit ihren eigenen Babys. Wolfswelpen benötigen wenige Wochen Milch und können bald feste Nahrung verwerten. Dadurch entsteht Bindung vom Welpen zu seinen Menschen und umgekehrt. Hunde sozialisieren sich übrigens einfach und generell an Menschen, während handaufgezogene Wölfe lebenslang stark zwischen jenen Menschen unterscheiden, die sie im Welpenalter kennenlernten, und „den anderen“. Wahrscheinlich brachten Jäger die Wolfsbabys mit ins Lager[237], vielleicht weil sie diese – biophil (Kapitel 3), wie sie als Menschen auch damals schon waren – nett und süß fanden, vielleicht als Spielzeug für die Kinder, vielleicht aus spirituellen Gründen, als animistisches Wunschbild eines Lebens nah am wesensverwandten Wolf. Jede schöne Geschichte ist hier so gut wie die andere, wir waren ja nicht dabei.

Durchaus plausibel, dass zunächst Schamanen mit Wölfen lebten, sozusagen als Verbinder zur Welt der Geister und auch weil Wolfsbegleitung Ansehen brachte. Obwohl es manchmal anders scheint, genießen heute noch Menschen, die mit netten Hunden leben, mehr Ansehen und Respekt als ohne (Kapitel 3). Den frühen Beginn der Partnerschaft bestätigen in Belgien und im Altai-Gebirge gefundene Hundeschädel, die auf älter als 35.000 Jahre datiert wurden.[238] Aber es blieb wohl nicht lang bei der für das tägliche Überleben eher zweckfreien, spirituellen Partnerschaft. In einer Welt voller Beutegreifer waren zahme Wölfe am Lagerfeuer eine gut funktionierende Alarmanlage. Selbst habe ich bei seltenen Gelegenheiten mit unseren menschensozialisierten Wölfen erlebt, wie sie nächtens mit demselben Alarmwuffen auf verdächtige Wahrnehmungen reagierten, wie das die Hunde heute immer noch tun. Geruchssinn und Gehör der Wölfe sind empfindlicher als die Sinne der Menschen. Aber Wölfe und Hunde sind keinesfalls nur Geruchs- und Gehörtiere; sie sehen in der

Nacht und der Dämmerung besser als Menschen und schlagen Alarm, lang bevor diese die Gefahr bemerken. Mit zahmen Wölfen war man also vor Überraschungen durch hungrige Bären, Löwen, Hyänen oder auch fremde Menschen sicher – in der Altsteinzeit ein unschätzbarer Vorteil.

Zudem wissen wir aus der eigenen Erfahrung mit zahmen Wölfen, dass man mit ihnen ausgezeichnet kooperieren kann, wenn man sie respektvoll als Partner, nicht aber als Befehlsempfänger behandelt. Rumkommandieren liegt den in flachen Hierarchien lebenden Jägern und Sammlern ohnehin nicht. Ohne metallene Gitter und Ketten konnten sie die Wölfe nicht dazu zwingen, zu bleiben, daher werden viele wieder gegangen sein. Eine ähnliche Dynamik zwischen Bleiben und Gehen gab es ja auch bis vor nicht allzu langer Zeit zwischen den australischen Aborigines und den Dingos.[239] Man holte sich Welpen aus dem Busch und zog sie auf; die meisten dieser ursprünglichen Hunde gingen mit der Geschlechtsreife wieder in den Busch zurück oder wurden vertrieben. Dingos störten zwar die Riten dieser Leute und waren auch als Jagdgefährten nicht besonders nützlich, aber spirituell hoch angesehen.

Zahme Wölfe sind im Vergleich zu Dingos kooperativer und auch disziplinierter beim Jagen, sie sind bereit, zu teilen, daher ist es vorstellbar, dass man sich bald zur erfolgreichen Jagdpartnerschaft zusammenschloss. Die US-amerikanische Frühgeschichtlerin Pat Shipman von der Pennsylvania State Uni schlug in ihrem faszinierenden Buch „The Invaders“[240] eine solche frühe Jagdpartnerschaft zwischen Mensch und Wolf vor. Dies passt zeitlich auch zum Auftauchen erster Hundegenome und der ersten Mammutjägercamps in Eurasien vor etwa 35.000 Jahren.[241] Relativ rasch spezialisierten sich die Menschen fast ausschließlich auf Mammute. Sie jagten also das größte und auch gefährlichste Tier der Steppe. Typisch Mensch, könnte man meinen – billiger gaben sie es wohl nicht.

Sozialisierte kanadische Grauwolfwelpen begrüßen Kurt Kotrschal – genau wie Hundewelpen dies tun würden.

Mammute zu jagen war für die Menschen damals aufgrund ihrer bereits aus Afrika mitgebrachten Speerschleudertechnik möglich, aber wohl extrem gefährlich. Wölfe, auch im Rudel, können keine Mammute töten. Die Partnerschaft mag daher darin bestanden haben, dass die Partnerwölfe die Elefanten ablenkten und stellten, was den Menschen die Gelegenheit gab, ihre Speere zu schleudern. Jedenfalls ist der wohl früheste Bereich der Zusammenarbeit mit Hunden die Jagd – warum sollte dies nicht bereits mit den einerseits klug-vorsichtigen, andererseits aber auch mutig-entschlossenen Wölfen möglich gewesen sein? Das Potenzial dafür war auf beiden Seiten vorhanden. Pat Shipman hält diese zwischenartliche Zusammenarbeit für eine der wichtigsten „technologischen" Innovationen der Menschheitsgeschichte und einen gewaltigen Konkurrenzvorteil gegenüber den Neandertalern. Letzteres überzeugt allerdings wenig, angesichts der damaligen Fülle an Jagdwild und der daher kaum vorhanden Jagdkonkurrenz. Sehr wahrscheinlich ist also, dass die heutige sozial enge und kooperative Jagdpartnerschaft mit Hunden bereits mit den Wölfen begann.

Hundwerdung: Selektion auf Zahmheit, Anpassung und gezielte Zucht

Man passte also von Anfang an gut zusammen. Über 30.000 Jahre beherrschten nun über Eurasien, den Nahen Osten und Afrika die Jäger und Sammler mit ihren Hunden die Szene. Letztere waren in Aussehen und Wesen recht wolfsähnliche Tiere, aber bereits mit einem verstärkten Interesse, mit Menschen zusammenzuarbeiten. Ziemlich sicher gab es auch keine gezielte Zuchtwahl; Tiere, mit denen es passte, blieben, die anderen liefen weg oder wurden getötet. War eben nicht die Zeit der sentimentalen Romantiker. Sehr wahrscheinlich leitete diese frühe, unbewusste Selektion auf Zahmheit die Hundwerdung ein, wie sie quasi automatisch im Zusammenleben mit Menschen geschieht. Experimente[242] bestätigten die alte Idee des Charles Darwin, dass eine solche Selektion auf ein sanfteres, ruhigeres Wesen mit jenen Veränderungen einhergeht, die wir bei den meisten domestizierten Arten im Vergleich zur Wildform sehen: veränderte, oft fleckige Fellfärbung, kürzere Schnauzen, kleinere Zähne, Hängeohren, kleinere Gehirne etc.

Solche Domestikationsmerkmale treten nicht nur bei den Hunden, sondern bei den meisten domestizierten Säugetieren und Vögeln mehr oder weniger im Paket auf, weswegen dieses neuerdings als „Domestikationssyndrom" bezeichnet wird[243]. Man rätselte, wie allein eine Selektion auf Zahmheit – wie sie ja auch bei Wildtieren in Zoos oder durch Hege von Schalenwild in unseren Kulturlandschaften unvermeidlich ist – zu solch starken Veränderungen von körperlichen, aber auch Wesensmerkmalen führen kann. Es bestätigte sich die Vermutung, dass die mit ruhigerem Wesen veränderten Stresshormone die Genexpression in jenen Stammzellen der frühen embryonalen Neuralleiste beeinflussen, welche für Fellfarbe, Bindegewebe, Zähne und andere körperliche Merkmale verantwortlich sind. Auch menschliche Schädel, Zähne etc. wurden in den letzten Zehntausenden Jahren zarter. Wahrscheinlich weniger in Anpassung an eine veränderte Ernährung, vielmehr wird für den Menschen eine Art „Selbstdomestikation" diskutiert:[244] Weil über die Jahrtausende Menschen immer komplexer kooperierten, waren nette, sozial kompetente Menschen im Vorteil und hinterließen mehr Nachkommen. Hund und Mensch wurden also zumindest gruppenintern immer verträglicher, was uns heute vielleicht auch mit Hunden beziehungsfähiger macht. Eine spannende Denkmöglichkeit, klar naturwissenschaftlich testbar ist sie aber nicht.

Das Sesshaftwerden veränderte alles – für die Menschen, die Hunde und in Folge selbst für die Wölfe. Es begann vor etwa 12.000 Jahren rund um Heiligtümer im Hochland von Anatolien[245]. Damit entstanden patriarchal-kriegerische Gesellschaften mit hierarchischer

Führungsstruktur. Für die neuen Bedürfnisse wurden nun gezielt geeignete Hunde für die Jagd, für den Krieg, für das Hüten von Vieh und für die Herzen der Oberschicht gezüchtet. Vorbei war es mit der Kooperation auf Augenhöhe, wie sie etwa mit Jägern und Sammlern üblich war. Auch die Hunde hatten sich nun unterzuordnen, die Führung und Dominanz des Menschen zu akzeptieren. Die Einstellung Hunden gegenüber als devote Befehlsempfänger hielt sich im Wesentlichen bis heute[246]. Wir fanden, dass Hunde Hierarchien viel bereitwilliger akzeptieren als Wölfe. In unterschiedlichen Weltgegenden, in unterschiedlichen Ausmaßen und zu unterschiedlichen Zeiten lebten die Menschen immer weniger von der Jagd und immer mehr von Ackerbau und Viehzucht. Wölfe blieben auch in den damit entstehenden Hirtengesellschaften spirituell wichtig. Aber langsam entwickelte sich ein eher ambivalentes Verhältnis, rissen doch die Wölfe auch damals schon Weidetiere, wenn man sie nicht per Hirten mit Hunden bewachte. Nach dem Dreißigjährigen Krieg spitzte sich die Feindschaft gegen den Wolf als Gefahr für Leben und Weidevieh der Bauern und als Jagdkonkurrent des Adels immer weiter zu[247] und um 1850 waren Wölfe in Mitteleuropa schließlich großräumig ausgerottet.

Bereits die ersten Stadtkulturen im Nahen Osten und Tausende Jahre später die alten Griechen pflegten ein hochentwickeltes Hundewesen. Der Athener Feldherr und Jäger Xenophon schrieb vor 2.500 Jahren mit seinem „Cynegeticus“[248] das erste Jagd- und Hundebuch der Geschichte, das von einer schier unglaublichen Kompetenz in der Zucht unterschiedlicher Gebrauchshunde zeugt. Die alten Griechen waren Hundenarren, sie hatten Jagd-, Kriegs- und Hütehunde und kleine Hunde fürs Herz. Auch die Römer standen ihnen diesbezüglich nicht nach. Es gab eine Fülle von Privat- und Straßenhunden, sie kämpften in den Arenen gegen wilde Tiere und als molosserartige Hunde an der Seite der römischen Legionäre. Im Mittelalter hatte der Kriegsdienst der Hunde eher Pause, sie kamen vor allem bei der Jagd zum Einsatz sowie als Wach- und Hütehunde. Jagd- und Schoßhunde als Attribute adeligen Lebensstils wurden später auch vom aufstrebenden Bürgertum übernommen. Und in Zeiten wie diesen nimmt zwar die Hundeassistenz in den unterschiedlichsten Professionen zu, aber ihre wichtigste Funktion ist es heute, Gefährten und emotionale Unterstützer zu sein[249].

Die Hundwerdung geschah also in zwei großen Schritten: Zunächst wurden Wölfe über Generationen in Anpassung an die Menschen als neue Rudelgefährten sanfter und aufmerksamer. In einem zweiten Schritt passten sich die ursprünglichen Hunde nach dem Sesshaftwerden der Menschen an die jeweiligen Lebensumstände an, es begann die gezielte Zucht unterschiedlicher Hundetypen. Bis heute – und solang es die Partnerschaft zwischen Hund und Mensch geben wird, also in alle Zukunft – passen sich Hunde an wechselnde kulturelle und sozio-ökonomische Verhältnisse an, indem Menschen, Moden und ihrem Lebensstil entsprechend, immer wieder andere Hunde bevorzugen und indem Züchter darauf reagieren. Wahrscheinlich ist diese Fähigkeit der Hunde, die enorme sozio-kulturelle Variabilität der Menschen mitzumachen, eines der wichtigsten Geheimnisse des Erfolgs dieser uralten und dauerhaften Partnerschaft.

Was Hunde von Wölfen unterscheidet

Ihre vierbeinigen Gefährten waren den Menschen offenbar immer schon wichtig.[250] Man kann davon ausgehen, dass Hunde über all die Jahrtausende jene positiven sozialen Effekte für ihre Halterinnen und Halter entfalteten, die wir auch heute verstärkt feststellen. Dazu befähigen sie ihre sozialen und geistigen Fähigkeiten, die ja evolutionäre Zwillinge sind.[251] Denn komplexes Sozialleben benötigt leistungsfähige Gehirne. Aber selbst wohlmeinenden Hundefans ist nicht immer klar, dass Hunde menschliche Mimik lesen und damit unsere

Emotionen wahrnehmen können. Immer noch kaum bewusst ist auch, dass Hunde keinesfalls bloß auf den Tonfall unserer Stimme reagieren, sondern tatsächlich ganz ähnlich wie Menschen über einen teils erheblichen passiven Wortschatz verfügen. Nur sprechen können Hunde noch nicht – aber man stelle sich einen Hund vor, der ständig alles kommentiert! Obwohl – Menschen mit Samojeden[252] erleben das ja bereits. Und wer weiß, was die Zukunft bringen wird – Übersetzungssoftware für Hundelaute? Gibt es ja bereits in Ansätzen.[253]

Hunde hören immer mit, sie verstehen viel von dem, was für sie wichtig ist. Fällt etwa an beliebiger Stelle eines Gesprächs das Wort „Keller", dann flitzt unsere Eurasier-Hündin Lilly zur Tür zum Untergeschoss. Sie weiß, dass dort meist etwas für sie abfällt und hat offenbar eine Vorstellung vom Zusammenhang zwischen dem Wort „Keller", dem Ort und den Leckerbissen. „Mentale Repräsentation" nennt man das in Psychologie und Kognitionsbiologie. Versteht Lilli tatsächlich „menschisch"? In den letzten Jahrzehnten beschäftigten sich zahlreiche Verhaltens- und Kognitionsbiologen und -biologinnen mit den geistigen Fähigkeiten von Hunden.

Es braucht Vergleiche mit anderen Säuge- und Wirbeltieren, damit man Befunde an Hunden einordnen kann. Um es gleich vorwegzunehmen: Hunde sind eigentlich ganz „normale", wenn auch sozial hochintelligente Säugetiere, die sich aber in den Mechanismen ihres Denkens nicht allzu stark von ihren Wolfsvorfahren und im Grund nicht einmal von uns Menschen unterscheiden – so provokant das auch klingen mag. Zumindest innerhalb der Säugetiere variieren Gehirnstrukturen, die Mechanismen des Fühlens und Denkens und die Mechanismen der Entscheidungsfindung eher quantitativ als grundlegend. Das bedeutet, dass die Mechanismen des Fühlens[254] und Denkens[255] bei Menschen nicht ganz anders funktionieren als bei Hunden. Natürlich können Menschen wesentlich besser als Hunde logisch denken und Schlüsse ziehen – auch weil die komplexe Symbolsprache der Menschen dafür die Struktur bereitstellt. Wir lesen, schreiben Gedichte und zumindest einige von uns beherrschen höhere Mathematik. Menschen glänzen mit Philosophie, Weltsichten, Ideologien, damit aber auch mit Rechthaberei und Intoleranz.

Meine Kolleginnen Friederike Range und Sarah Marshall-Pescini von der Wiener Uni für Veterinärmedizin haben die experimentellen Studien des Wolfsforschungszentrums 2022 im Buch „Wolves and Dogs" zusammengefasst.[256] Demnach sind Hunde wie Wölfe kluge, lernfähige Tiere mit ausgeprägtem räumlichem Vorstellungsvermögen und gutem Kurz- und Langzeitgedächtnis. Aber Wölfe sind in ihrem Verhalten flexibler und auch besser, etwa im Erkennen von Mengen. Letzteres könnte für sie überlebenswichtig sein, um die Größe der benachbarten Rudel richtig einzuschätzen. Auch können Wölfe manche Probleme innovativer lösen als Hunde. Vor allem aber verfolgen sie – einmal entschlossen – ihre Ziele wesentlich hartnäckiger und zielstrebiger. Konfrontiert man Wölfe und Hunde mit einer unlösbaren Aufgabe – beispielsweise mit Futter in einem fest verschlossenen Behälter –, geben die meisten Hunde ziemlich rasch auf und schauen den neben ihnen stehenden Menschen an. Mit Menschen sozialisierte Wölfe dagegen versuchen hartnäckig, das Problem zunächst selbst zu lösen; sie mühen sich lang vergeblich, bevor sie sich schließlich, wie die Hunde auch, der vertrauten Person zuwenden. Von manchen Verhaltensbiologen und -biologinnen wird dieses prompte Zuwenden der Hunde als eine Aufforderung gedeutet, zu helfen. Könnte aber auch sein, dass sich der ob seiner Erfolglosigkeit zunehmend erregte Vierbeiner einfach dem attraktivsten Reiz in seiner Umgebung zuwendet. Da Wölfe offenbar besser als Hunde Ursache-Wirkungs-Beziehungen durchschauen, ist auch nicht auszuschließen, dass sich die Hunde eher ratlos dem Menschen zuwenden, während die Wölfe damit ganz bewusst Hilfe einfordern.

Sind Wölfe klüger und kooperativer als Hunde?

Darauf lässt unter anderem ein Experiment von 2013 schließen: Wölfe lernten ganz offensichtlich besser durch Zuschauen als Hunde[257]. Die vierbeinigen Probanden beobachteten je einen von zwei darauf trainierten Hunden, wie diese eine Futterkiste öffneten – einer durch Drücken des auslösenden Hebels mit der Schnauze, der andere mittels Pfote. Ausnahmslos alle Wölfe lernten durchs Zuschauen und begriffen offenbar auch den Mechanismus, dass also Hebeldruck bewirkt, dass der Deckel aufspringt. Alle zwölf Wölfe öffneten die Kiste innerhalb von acht Sekunden, neun davon, indem sie die vom jeweiligen Hund gezeigte Technik – Schnauze oder Pfote – anwandten. Im Gegensatz dazu öffneten nur vier von fünfzehn Hunden erfolgreich, keiner davon allerdings durch Nachahmen der gezeigten Technik und alle mehr oder weniger zufällig, nachdem sie zunächst an der Kiste alles Mögliche versuchten. Keiner dieser vier einmal erfolgreichen Hunde schaffte es je wieder, während die Wölfe gelernt zu haben schienen, „wie das geht". All das mag den falschen Eindruck erwecken, Hunde seien im Zug der Domestikation verblödet. Doch Vorsicht! Solche Unterschiede sind oft als sinnvolle Anpassungen an ein Leben mit Menschen zu interpretieren – und nicht alle Versuchsbedingungen entsprechen Hund und Wolf in gleicher Weise.

Eindrucksvoll zeigte Friederike Range mit ihren „loose-string"-Versuchen[258] den Unterschied zwischen Wölfen und Hunden bezüglich ihrer Abhängigkeit von menschlicher Führung – und erneut die Überlegenheit der Wölfe, technische Zusammenhänge zu begreifen. In diesem Versuch wird eine Plattform auf Schienen an der Außenseite des Gehegegitters angebracht, die so zum Gitter hin- oder wegbewegt werden kann. Darauf liegen im Abstand von etwa 50 Zentimetern Fleischstücke, die durch Ausnehmungen im Gitter für die Tiere erreichbar sind, wenn die Plattform herangezogen wird. Es wird ein

Seil lose um die Plattform gelegt, dessen beide Enden durch das Gitter ins Gehege reichen. Die Fleischstücke werden nur für die Wolfs- oder Hundeschnauzen erreichbar, wenn gleichzeitig an beiden Seilenden gezogen wird. Zieht man nur an einem der Enden, bewegt sich die Plattform nicht. Zunächst wurden je zwei Wölfe oder Hunde gleichzeitig ins Testgehege gelassen. Fast alle Wolfspaarungen meisterten die Aufgabe schnell und mit Bravour, während es keine der Hundepaarungen je schaffte, nicht einmal nach Training. Was wahrscheinlich wieder daran lag, dass Hunde an ihrem Respekt vor Hierarchien scheiterten, denn der Rangniedere der beiden hielt meist etwas Abstand von der Plattform.

Noch spannender wurde es, wenn einer der Partner früher als der andere ins Testgehege gelassen wurde. Der erste Wolf nahm in der Regel eines der Seilenden ins Maul und wartete, bis der durch Blickkontakt aufgeforderte Partner endlich ankam. In einer der Episoden war Aragorn als erster Wolf ungeduldig, zog ein paarmal ein wenig am Seil, sodass der endlich heranstürmende Kaspar – seines Zeichens Chef im Rudel – das Seilende nicht mehr erreichte. Woraufhin Kaspar Aragorn ansatzlos kurz verprügelte. In der Versuchswiederholung erstarrte daraufhin Aragorn mit dem Seil im Maul zur Salzsäule, bis Kaspar ankam. Man sieht – auch bei Wölfen unterstützt gelegentliches Sanktionieren enorm die Disziplin (nicht unbedingt ein Vorbild für den Umgang mit Hunden). Auch in dieser Version des Versuches versagten die Hunde zu 100 Prozent. Mit Menschen als Partner waren die Wölfe immer als Erste am Seil und forderten den Menschen per Blickkontakt auf, endlich Fahrt aufzunehmen. Mit Hunden war das Gegenteil der Fall. Sie warteten, bis der Mensch am Apparat sie anschaute, kamen ran und man zog gemeinsam. Das bedeutet aber auch, dass die Hunde verstanden, worum es in diesem Versuch ging. Mit Menschen klappte das, die übernahmen schließlich die Führung und Mitmachen macht Freude.

Respektvolle Hunde

Unter Hunden beeinträchtigte also offenbar deren Respekt vor Hierarchien die Zusammenarbeit. Weil wechselseitiges Tolerieren Voraussetzung für erfolgreiches Kooperieren ist, untersuchte Rachel Dale als Dissertantin am Wolfsforschungszentrum in zahlreichen Versuchen das gemeinsame Fressen von Wölfen oder Hunden[259]. Wölfe fraßen immer gemeinsam – knurrend zwar und mit teils gesträubtem Rückenhaar. Dagegen hatte der ranghöchste Hund im Rudel immer Vortritt, während ihm die anderen aus der Distanz beim Fressen zusahen. Dies lag einerseits daran, dass die gegenseitige Toleranz der Hunde nicht sonderlich ausgeprägt war, der Respekt vor Hierarchien aber sehr wohl, was Kooperation natürlich schwierig macht. Es mag schon sein, dass privat gehaltene Hunde friedlich nebeneinander fressen, was aber auf den Einfluss der Menschen zurückzuführen ist, die es nicht dulden, dass sich ihre Hunde in die Haare kriegen. Im Gegensatz dazu ist es in der Forschungsstelle Prinzip, sich in die sozialen Angelegenheiten der Hunde wie der Wölfe nur dann einzumischen, wenn etwa einer gefährlich gemobbt wird – was dann meist auf Trennung hinausläuft.

Diese und andere Versuche zeigen, dass Hunde viel stärker als Wölfe bereit sind, Hierarchien und Autoritäten anzuerkennen. Und weil Hunde auch viel weniger „Verhandlungsverhalten“ zeigen, neigen sie in seltenen ernsthaften Auseinandersetzungen mit Artgenossen stärker und rascher zum Eskalieren, etwa wenn es ein rangniederes Tier doch mal wagt, die Toleranzgrenze eines Höherrangigen zu überschreiten. Wölfe hingegen sind derart auf Kooperation und Teilen gebürstet, dass sie das als unfreundlichen Akt ansehen würden, wenn man sie von Mahlzeiten ausschließt. Oder wenn man dem zahmen Wohnungswolf (bitte nicht versuchen, endet immer in Chaos) verbieten wollte, den Kühlschrank zu öffnen, obwohl er doch sogar wüsste, wie das geht. Dominanzspielchen in der Art „gehört mir und nicht dir“ sind Hunden wichtig. So etwa wird ein schon tagelang nicht

Die achtzehn Monate alten, schwarzen kanadischen Grauwölfe verstehen sich bestens mit einer ihrer „Ziehmütter", der Eurasierhündin Bolita.

mehr interessanter Knochen beim Besuch eines befreundeten Hundes ganz theatralisch verteidigt. Dabei geht es natürlich nicht um den Knochen, sondern darum, dem anderen zu zeigen, wer der Herr im Haus ist. Solche Spielchen sind den Wölfen nicht ganz fremd, aber es geht weniger ernsthaft zur Sache. Wenn aber individuelle Beziehungen bei Wölfen aggressiv eskalieren, dann meist langsam, über Tage und Wochen, sodass man das als aufmerksame Halterin oder aufmerksamer Halter auch mitbekommt und sie trennen kann, bevor es zu Verletzungen kommt.

Hunde brauchen Menschen

All das lässt tief blicken. Hunde ticken nicht nur geistig etwas anders als Wölfe, sie stellen die Menschen auch ins Zentrum ihrer Weltsicht; die Hundwerdung brachte eine derart radikale Orientierung in Richtung Mensch, dass sich dies sogar in ihrer Physiologie zeigt – konkret an den Reaktionen des sogenannten „autonomen Nervensystems" (ANS).[260] Es reguliert im Wesentlichen Erregung und Beruhigung, macht also Körper und Geist aktionsbereit, wenn es darauf ankommt, steuert aber auch das „Runterfahren", wenn eine Herausforderung bewältigt ist. Dauerstress ist ja nicht bloß ungesund, ständige Aktivierung kostet auch sehr viel Energie in Form von Blutzucker aus der Nahrung. Weil der Nahrungserwerb aufwendig und gefährlich sein kann, müssen Wildtiere auch in ihrem (Sozial-)Verhalten effizient sein[261]. Und bei domestizierten Tieren, wie Hunden, ist es natürlich für die Menschen vorteilhaft, wenn die aufgenommene Nahrung in Körpersubstanz und nützlichem Verhalten angelegt wird und nicht als unnötige Erregung verpufft. Erfassen kann man die Aktvierung des ANS etwa durch Messung von Herzschlag- und Stressparametern.

Genau das taten die von mir im letzten Jahrzehnt betreuten Doktorandinnen Kim Kortekaas und Hillary Jean-Joseph. Sie verglichen den Herzschlag von Wölfen und den gleichartig aufgezogenen und gehaltenen Hunden des Wolfsforschungszentrums in unterschiedlichen Situationen und fanden dabei Unerwartetes. Es stellte sich etwa heraus, dass Wölfe wesentlich entspannter schlafen als Hunde. Eigentlich sollte man meinen, dass sich Hunde als Partner der auf sie achtenden Menschen wesentlich tiefer entspannen können als das im Prinzip auf sich selbst gestellte Wildtier Wolf. Während aber die Wölfe nah an ihren Rudelgefährten entspannt ruhten, führte der anwesende Mensch bei Hunden zu einer relativ stärkeren Entspannung als bei den Wölfen[262].

Auf den zweiten Blick passen diese Ergebnisse aber sehr gut ins Bild der an ein Leben mit Zweibeinern angepassten Hunde: Sie bleiben auch in Ruhe reaktionsbereit auf die für sie oft schwer vorhersehbaren menschlichen Aktivitäten und Absichten. In dieses Bild passt auch, dass wir in einer vorhergehenden Untersuchung bei Hunden extrovertierter Besitzer erhöhte Stresshormonwerte maßen[263] – man weiß ja nie, was den Partnermenschen einfallen wird. Daher ist „allzeit bereit“ die wahrscheinlich wichtigste Devise der Hunde, auch in ihrem Tagesschlaf halten sie Bereitschaft. Wölfe dagegen leben zwar in gefährlichen, aber für sie gut einschätzbaren Naturumgebungen. Zudem können sie sich darauf verlassen, dass nie alle im Rudel gleichzeitig schlafen, dass daher immer ein Kollege gerade wacht und warnt. Wie auch bei ursprünglich lebenden, menschlichen Jägern und Sammlern üblich,[264] pflegen Wölfe recht individuelle Wach-Schlaf-Muster.[265]

Um schließlich ein für Hunde schmeichelhaftes Ergebnis zu erwähnen: Wohl ebenfalls in Anpassung an ein Leben mit Menschen kontrollieren sie ihre Impulse besser als Wölfe. Im Versuch warten sie etwa länger geduldig vor einem Stück Trockenfutter, wenn sie wissen, dass es irgendwann ein (begehrteres) Stück Fleisch gibt, wenn sie das Trockenfutter nicht nehmen[266]. Das wissen Wölfe auch, aber Warten ist nicht ihre Stärke. Hunde konzentrieren sich auch besser und beflissener auf menschliche Anweisungen. So kann man ihnen beibringen, „Platz" zu bleiben, bis ihr Frauchen oder Herrchen zurückkommt. Bei Wölfen funktioniert das gar nicht: Man kann sie zwar problemlos, auch auf Distanz, per Handzeichen ablegen – wenn sie wissen, dass sie anschließend per Leckerli belohnt werden und wenn sie gerade nichts Wichtigeres vorhaben. Aber egal, wie intensiv man versucht, sie auf Liegenbleiben zu trainieren, Wölfe sind weg, sobald ihr menschliches Gegenüber wegschaut.

All das legt nahe, dass die Kooperationsbereitschaft von Hunden als Wolfserbe über Jahrtausende von den Artgenossen auf Menschen umgepolt wurde. Bereits als Welpen konzentrieren sich Hunde stark auf Menschen. Sie binden sich an bestimmte Personen und ihre Familie, generalisieren aber ihre Sozialisierung auf Menschen insgesamt. Unsere Wölfe dagegen unterscheiden strikt zwischen jenen Menschen, bei denen sie aufgewachsen sind, und den anderen, zu denen sie später nur schwer Vertrauen aufbauen. Doch die Domestikation hat Hunde nicht in jene unterwürfige „Kriecher" verwandelt, zu denen man sie durch autoritären Druck machen kann. Man sollte ihre Freundlichkeit nicht als Schwäche auslegen. Hunde sind gern Partner auf Augenhöhe, die aber sichere Führung und positive Ermunterung erwarten und zu ihrem Wohlbefinden auch benötigen. Und sie verfügen über eine beeindruckende soziale Intelligenz.

Hunde beurteilen Menschen

So beobachten uns Hunde genau, können menschliche Mimik lesen[267] und daraus auf unsere Gestimmtheit schließen. Ob und wie stark sie darauf reagieren, scheint individuell deutlich zu variieren, aber dazu fehlen Untersuchungen. Hunde beobachten sogar, wie wir miteinander umgehen und orientieren sich danach. So nehmen sie Leckerlis eher von jenen fremden Personen, die sie zuvor beim Teilen ihres Essens mit anderen Menschen beobachteten.[268] Die Zu-

Richtig eingesetzt, machen Leckerlis Hunde zu besonders motivierten Mitarbeitern. Nahrung teilen festigt zudem das soziale Band.

wendung von Hunden ist also nicht ganz so „bedingungslos“, wie vielfach angenommen – ihren Bindungsmenschen gegenüber mag das anders sein. Jedenfalls beobachten sie uns ständig und ziehen ihre Schlüsse daraus.[269] Durch kooperatives Verhalten mit anderen Menschen gewinnt man bei Hunden an Ansehen; auch ein Grund, freundlich-zuvorkommend miteinander umzugehen. Bei meinen eigenen Hunden hatte ich immer wieder den Eindruck, dass es ihnen imponiert und ihr Selbstbewusstsein stärkt, wenn ihr Mensch vor anderen Menschen spricht und die ihm zuhören. Oder dass etwa Studierende seinen Anweisungen folgen. Sehr wahrscheinlich bekommen Hunde die gesellschaftliche bzw. hierarchische Stellung ihrer Menschen mit – ist ja auch für Hunde relevant, sind doch in ihrem Weltbild Hierarchie und Respekt vor Autorität wichtig. All das legen Beobachtung und Erfahrung nahe, belastbare wissenschaftliche Ergebnisse gibt es dazu noch nicht.

Verhaltensbiologen und -biologinnen überrascht es nicht, dass Hunde uns ständig beobachten und ihre Schlüsse daraus ziehen. Auch zwischen einander fremden Menschen fließt ständig Information, selbst dann, wenn man diese nicht unbedingt preisgeben möchte. „Eavesdropping“ nennt man das sowohl im Agentenmilieu als auch in der Welt der Biologie. Tatsächlich verhalten sich Menschen vor allem dann sozial akzeptabel, wenn sie mit anderen zusammen sind. In der Nase bohren mag zwar menschlich sein, man tut es aber gewöhnlich nicht vor anderen. Und es soll Zeiten und Situationen geben, da man in der Öffentlichkeit mit feiner Kleidung, mit teuren Uhren und Schmuck oder auch einem prestigeträchtigen Auto Eindruck schinden kann. Menschliches Verhalten wird stark davon geprägt, was für akzeptabel gehalten wird und was Eindruck auf andere macht. Zeitlos und unabhängig von gesellschaftlicher Schichtung ist diesbezüglich der Hund als Begleiter. Menschen sind gewöhnlich einigermaßen authentisch in der Art, wie sie – auch in der Öffentlichkeit – mit ihren Hunden umgehen. Obwohl man davon ausgehen muss, dass sie sich sehr wohl mit nicht akzeptiertem Verhalten, etwa Gewaltanwendung, zurückhalten. Mit Hunden sind Menschen mehr „sie selbst“ als im Umgang mit anderen Menschen; wohl auch, weil sie sich kaum dessen bewusst sind, dass man von Hunden ganz ähnlich wie von anderen Menschen gelesen wird. Und vielleicht auch, weil man ziemlich sicher sein kann, dass der Hund nichts ausplaudert.

Kluge Hunde durchschauen Menschen

Tatsächlich verhalten sich Hunde „vernünftig“, abhängig davon, was sie über ihre Umwelt und über andere Personen wissen. So folgten Hunde einer Zeigegeste eher, wenn die Versuchsperson auf einen Behälter deutete, von dem die Hunde wussten, dass er einen Leckerbissen enthielt. Wussten sie, dass der Behälter leer war, folgten sie dem Hinweis seltener[270]. In einer weiteren Studie untersuchte Marianne Heberlein, wem 8 Wölfe und 13 Hunde vertrauten.[271] Unterschiedliche Menschen reichten den Tieren entweder ein für sie unerreichbares Stück Wurst – oder sie verspeisten es vor deren Augen selbst. Anschließend führten die Hunde jene Versuchspersonen, die sie als unkooperative Egoisten erlebten, seltener zu dem für sie unerreichbaren Futter als die Kooperativen. Ganz ähnlich verhielten sich die sozialisierten Wölfe. Das legt nahe, dass auch die beeindruckende, artübergreifende soziale Beobachtungsgabe der Hunde altes Wolfserbe ist. Mehr noch: Hunde können sogar „tricksen“:[272] In einem weiteren Versuch führten sie die unkooperativ-egoistischen Versuchspersonen offenbar gezielt zu leeren Futterbehältern.

Und weil Hunde die Beziehungen Dritter durchschauen, verwundert es nicht besonders, dass sie auf Ungleichbehandlung sauer reagieren. Geben sie etwa im Duett abwechselnd Pfötchen und nur einer der beiden wird dafür belohnt, stellt der andere nach wenigen Durchgängen die Zusammenarbeit ein.[273] Nach einer Reihe von Kontrollversuchen blieb als einzig möglicher Schluss, dass tatsächlich die Anwesenheit des belohnten Hundes für die Verweigerung der Kooperation durch die nicht belohnten Hunde ausschlaggebend war. Bereits 2003 zeigte ein von Sarah Brosnan und Frans de Waal an Kapuzineraffen durchgeführter ähnlicher Versuch deren Sinn für unfaire Behandlung:[274] Bereits nach zwei Wiederholungen reagierte jener Affe zornig, für den nach derselben Aktion, für die sein Nachbar eine Weintraube bekam, bloß ein Stück Gurke abfiel. Bis heute fand man diesen als „inequity aversion" bezeichneten Gerechtigkeitssinn bei vielen verschiedenen Arten. Eine solche Sensibilität für unfaire Behandlung entstand offenbar im Zusammenhang mit der Evolution von Kooperation. Wohl um zu kontrollieren, dass Zusammenarbeit fair verläuft. Zumindest bewirkt die Wahrnehmung eines unfairen Ausgangs, dass im Betroffenen die Stimmung ins Negative kippt und die Zusammenarbeit beendet wird.

Tatsächlich zeigen sozialisierte Wölfe eine eher niedere Schwelle für das zeitweilige Einstellen von Zusammenarbeit mit ihren Menschen – wenn etwa die Belohnung in Form von Leckerlis in ihrer Wahrnehmung nicht mehr ausreichend fließt oder sie gerade Wichtigeres vorhaben. Angesichts der Sensibilität von Hunden bezüglich ungerechter Behandlung könnte man sich wundern, warum sie ihren Menschen gegenüber derart kooperationsbereit bleiben, selbst wenn man sie ungerecht behandelt oder für die Ausführung von Anweisungen nicht belohnt. Aber Vorsicht! In den erwähnten Versuchen geht es um einen direkten Vergleich mit einem belohnten Artgenossen. Ungerecht von der eigenen Person behandelt zu werden, nehmen Hunde entweder nicht wahr oder sie bewerten es anders – was man aber schlicht noch nicht weiß. Zudem kann man davon ausgehen, dass Hunde an ihre Menschen gebunden sind und daher auch bei der Stange bleiben, wenn eine Partnerschaft für sie suboptimal läuft. Hunde können sich auch sehr eifersüchtig verhalten, etwa durch soziales Kontrollverhalten, indem sie etwa ihre Menschen abschirmen, für sich beanspruchen oder gar deren Unterhaltung mit anderen zu stören versuchen. Das kann sogar so weit gehen, dass sie dauerbellen, wenn man versucht, ein Telefonat zu führen; dann ist es wohl an der Zeit, an der Beziehung zu arbeiten. Besonders sorgfältig sollte man eifersüchtiges Hundeverhalten beobachten, wenn ein Baby ins Haus kommt. Selten, aber doch, passieren schreckliche Unfälle.[275] Um diese zu verhindern, sollte man Hunde nicht als Babysitter einsetzen und vor allem dafür sorgen, dass die sozialen Stellungen von Hunden, Kindern und Erwachsenen in der Familie klar sind.

Dass Hunde ähnlich wie wir Menschen auf Basis ihres Wissens über die Welt ihr Denken organisieren, zeigen etwa die einfachen „Do-as-I-do"-Experimente. Obwohl der Versuch zur Fähigkeit von Hunden, das Verhalten anderer Hunde zu imitieren, im Vergleich mit Wölfen nicht gerade schmeichelhaft ausfiel, können Hunde Menschen sehr gut imitieren. József Topál von der Budapester Eötvös Universität brachte seinem Hund Philip bei, sein eigenes Verhalten nachzumachen[276]. Rollte Topál etwa auf dem Boden um seine eigene Achse oder sprang über ein Hindernis, tat Philip dies auf Aufforderung ebenfalls. Doch der Hund dachte mit und imitierte nicht jeden Unsinn: Als sein Vorbild über ein nicht vorhandenes Hindernis sprang, stutzte Philip kurz, um sich dann für die reale Hürde zu entscheiden. Man kann das „Nachmach"-Kommando auch eine Viertelstunde später geben und es klappt immer noch. Das schafft nicht nur Philip, sondern im Prinzip jeder Hund. Solch einfache Versuche zeigen, dass Hunde nicht bloß im Hier und Jetzt leben, sondern Vorstellungen über diese Welt offenbar als Erfahrungen in Form mentaler Repräsentationen abspeichern und für künftige Handlungen und Entscheidungen nutzen. Konkret speichern sie also eine Vorstellung von den Bewegungen ihrer Menschen ab, übertragen diese auf ihren eigenen Körper und überprüfen anhand von abgespeicherten Informationen und ihrer Fähigkeit, die Konsequenzen ihrer Handlung abzuschätzen, ob die jeweiligen Kommandos sinnvoll sind.

Hunde sind also keine blinden Befehlsempfänger – obwohl man sie natürlich durch intensives Training dazu bringen kann, flott Handlungen auch dann auszuführen, wenn sie diese nicht für sinnvoll halten, oder dazu die Kommandos nicht mehr zu hinterfragen. Am besten durch intensive, positive Arbeit mit Hunden.[277] Freilich kann man sie auch mit Drill und Druck „abrichten", wie es ja bis vor wenigen Jahrzehnten üblich war. Heute haben selbst die heimischen Polizeihundeführerinnen und -führer der Gewalt im Training mit Hunden abgeschworen[278], ein Gutteil von ihnen sind sogar „tierschutzzertifizierte Hundetrainer"[279]. Es ist ja nicht „bloß" ein Gebot der Ethik, mit Hunden partnerschaftlich, lustbetont und angstfrei zu arbeiten. Man profitiert von der erheblichen geistigen Leistungsfähigkeit von Hunden, wenn sie nicht durch Druck und Strafe zu angstdominierten Sklaven gemacht werden. Jedenfalls denken Hunde und Menschen mittels ganz ähnlicher Mechanismen – mit Ausnahme der menschlichen Symbolsprache, könnte man meinen.

Aber auch an der eigentlich typisch menschlichen Sprache docken sie bereits an! Die auf das Ausführen von Kommandos auf Distanz gezüchteten Border Collies können tatsächlich die Bedeutung von bis zu 1.000 Wörtern lernen.[280] Solche Genies mögen erstaunen, sie zeigen aber auch, dass Hunde nicht bloß nur auf den Klang und die Tonalität der Stimme reagieren. „Begabte" Hunde verfügen über Hunderte von Begriffen als passiven Wortschatz. Jeder Begleithund kennt Wortbedeutungen, wie am Beispiel von Lilly zu Beginn dieses Kapitels gezeigt. Man kann davon ausgehen, dass ein durchschnittlicher Hund, der im Haushalt seiner Menschen lebt, über einen passiven Wortschatz von etwa 20 bis 50 Wörtern verfügt. Interessanterweise lernen dabei Hunde neue Wörter ähnlich wie Kinder, indem sie das noch unbekannte Wort mit neuen Gegenständen oder Situationen in Verbindung bringen[281]; freilich müssen diese für sie relevant und damit emotional berührend sein – für ein wissenschaftlich-abstraktes Vokabular haben Hunde eher kein Ohr. Passives Sprachlernen bei Hunden funktioniert wie bei Kindern am besten im sozialen Zusammenhang. Sie lernen „von ihren Leuten".

Auch aus diesen Erkenntnissen folgt eine „Moral“: In der noch recht finsteren „Hundeabrichte“-Nachkriegszeit meinte man, mit Hunden parliere man nicht, sondern man kommandiere! Welch ein Irrtum! Klare Kommandos bleiben natürlich wichtig, aber man sollte mit seinem Hund durchaus sprechen und erläutern, was man tut. Schlechtestenfalls versteht er Bahnhof, bestenfalls aber, worum es geht, und er lernt das eine oder andere neue Wort. Aber bitte nicht zulabern! Das mögen auch Kinder nicht, es führt dazu, dass Kinder, Hunde oder langjährige Ehepartner und -partnerinnen nicht mehr zuhören. Meine Hündin jedenfalls hört mit Freude auf eine ganze Reihe von Kommandos, lauscht, wenn ich mit ihr spreche, und reagiert positiv. Vielleicht bilde ich mir das als stolzer Halter eines klugen Hundes aber auch nur ein.

Die Klugheit der Hunde mag so manche Menschen überraschen, das bedeutet aber natürlich nicht, dass ihr Verhalten ausschließlich von Denken und bewussten Entscheidungen gesteuert wäre. Wie bei allen Tieren sind immer Instinkt und Verstand beteiligt, wenn auch nicht in allen Lebensbereichen zu gleichen Anteilen. Besonders instinktlastig funktionieren Sex, Vermehrung und Betreuung von Nachwuchs, sicherlich auch jagen und Beute machen. Besonders eindrucksvoll erlebten wir Instinktverhalten, als unsere damalige Eurasier-Hündin Briska im Februar 2003 ihre ersten Welpen im Wohnzimmer aufzog. Natürlich wusste sie ohne jeglichen Kurs zur Geburtsvorbereitung Bescheid, wie man die Welpen aus der Fruchtbase schält und die Nabelschnur abnabelt. Aber was eine Woche später passierte, verblüffte uns noch mehr. Das damalige Schnurlostelefon – braun, etwa so groß wie ein Welpe – lag auf der Ofenbank nahe der Wurfkiste und brummte rhythmisch. Wie von einem Gummiband angezogen, bewegte sich die Hündin darauf zu, nahm es vorsichtig ins Maul und trug es zu den Welpen ein. In den folgenden Tagen sollte sich das noch öfter wiederholen. Die vom Telefon ausgehenden Schlüsselreize reichten offenbar aus, um das Instinktverhalten des Eintragens auszulösen. Das bedeutet natürlich nicht, dass die Hündin ihre Welpen nicht von einem Telefon unterscheiden kann. Instinkte stellen rasch verfügbares Verhalten in überlebenswichtigen Bereichen, während Lernen und Denken Verhalten flexibel auf die jeweilige Situation abstimmen.[282] Vermutlich wunderte sich die Hündin selbst über den Zwang, das Telefon einzutragen.

All diese Ergebnisse und Erfahrungen lassen darauf schließen, dass sich Hunde auch in ihren geistigen Leistungen an ein Leben mit Menschen anpassten. Die meisten Halterinnen und Halter sind zwar stolz auf ihren gescheiten Hund, aber allzu klug sollte er auch nicht sein. Es wäre mühsam, ständig vom Hund herausgefordert und ausgetrickst zu werden. Tatsächlich entwickelten Hunde ihr Wolfserbe in Anpassung an uns verblüffend menschenähnlich – sie bedienen unsere Psyche fast wie Artgenossen, oder sogar angenehmer als diese, weil wir uns von ihnen weder beurteilt noch kritisiert vorkommen. Hunde binden sich an uns (man könnte das auch Liebe nennen), sind eifersüchtig, futterneidig und reagieren sauer auf unfaire Behandlung. Sie erkennen unsere Gefühlslagen und richten sich danach. Unklar bleibt, ob und in welchem Ausmaß sich Hunde deshalb auch in uns einfühlen und eindenken können[283], ob sie mit uns empathisch sein wollen oder können. Das Vorurteil, dass Hunde treue, ergebene Verbündete sind, mag den Blick darauf verstellen, dass sie diese Fähigkeiten auch „machiavellistisch" zum eigenen Vorteil nutzen. Immerhin sind sie recht konsequent im Konditionieren ihrer Menschen, wenn diese ihre Führungsrolle vernachlässigen.

Wahrscheinlich aber schlägt das Gefallenwollen der Hunde ihre Empathiefähigkeit um Längen. Darauf weisen auch spezielle evolutionäre Anpassungen hin, die es ihnen allesamt leichter machen, sich bei uns „einzuschleimen": Aufgrund eines bei Hunden im Vergleich zu Wölfen stärker entwickelten Muskels zum Heben der Augenbrauen sind Hunde viel stärker als Wölfe eines unwiderstehlichen „Dackelblicks" fähig[284] und intensivierten zur Freude ihrer

Eine Bande von Junghunden am Wolfsforschungszentrum, ganz fokussiert und aufmerksam.

Menschen das Schwanzwedeln.[285] Daher muss man sich auch keinen Illusionen hingeben, warum Hunde mit offensichtlichem Eifer Menschen aus Trümmern oder Lawinen retten. Ihre Menschenfreundlichkeit mag ein wenig dazu beitragen, aber ihr Hauptmotiv bleibt zweifellos die leidenschaftliche Zusammenarbeit mit dem Hundeführer oder der Hundeführerin und die Bestätigung durch Belohnung. Man muss aus Hunden keine Heiligen machen, es ist auch so erstaunlich genug, was sie können und wie gut sie uns tun.

Obwohl also Hunde die menschliche Führungsrolle anerkennen, beobachten und analysieren sie uns ständig. Für die sozialisierten Wölfe kann man Ähnliches annehmen. Gute Führung macht Hunde zu entspannten Partnern und Verbündeten, so man ihnen ein Minimum an Verständnis entgegenbringt. Natürlich kann ihr Respekt vor Autoritäten die Zusammenarbeit auch erschweren, aber den Partnermenschen kommt es zugute. Man stelle sich einen Alltag mit Hunden vor, die wolfsähnlich selbst entscheiden wollen, sich nur ungern davon abbringen lassen und jegliche Anweisung hinterfragen – um sie anschließend freundlich zu ignorieren. Das akzeptieren Menschen allenfalls von ihren Katzen. Dennoch muss man auf ein Leben mit „zahmen Wölfen“ nicht verzichten: Nach 35.000 Jahren Hundwerdung besteht ihr Genom immer noch bis zu 99 Prozent aus original Wolfsgenen.

DUNKLE SEITEN

Enge Beziehungen tragen immer auch das Risiko von Gewalt und Missbrauch in sich. Hunde verletzen Menschen und stecken sie mit Krankheiten an; umgekehrt missbrauchen Menschen die Hunde in vielfältiger Weise. Und angesichts des Klimawandels gilt es, den ökologischen Fußabdruck der Hundehaltung zu bedenken.

So gut uns Hunde in vielerlei Hinsicht tun – gratis ist das alles nicht. Hunde beanspruchen Zuwendung, Zeit und Geld. Steuer, Versicherungen, Tierarzt, Futter, spezielle Anschaffungen etc., was sich auf mindestens 1.000 Euro pro Jahr summiert.[286] Und wer meint, einen Hund aus billiger Quelle erwerben zu müssen, der investiert später meist noch viel mehr. Es läppert sich also. Im Allgemeinen wissen und akzeptieren das die Halterinnen und Halter. Hunde sind Familienmitglieder und Partner, in deren zweibeinige Pendants investiert man ja auch mehr oder weniger gern. Es liegt in der Natur von Menschen, sich gut zu fühlen, wenn sie für die Ihren sorgen können.

Sicherheit

Dass Hunde Menschen verletzen oder sogar töten, sind allerdings „Kosten", die niemand will. Die Gefahr wird generell überschätzt, weil die Medien nur über die wenigen schweren Fälle berichten. Für Österreich gibt es dazu Daten, weil jede ärztlich versorgte Verletzung durch Hunde gemeldet werden muss. So verletzten 2022 die 650.000 heimischen Hunde fast 4.000-mal. Es wurde also einer von 165 Hunden Menschen gegenüber auffällig, zu etwa einem Drittel gegenüber Kindern, oft aus der Verwandtschaft oder Bekanntschaft der Halterin oder des Halters. Es sind überwiegend geringfügige Verletzungen, aber die Zahlen steigen langsam über die Jahre.[287] Allerdings nicht überall, mit erheblicher Variation auch von Jahr zu Jahr – mal passiert mehr, mal weniger. Dies widerspricht dem Eindruck, dass immer mehr nette Leute mit netten Hunden die Sicherheit verbessern. Wahrscheinlich stieg aber auch parallel zu gesellschaftlichen Trends die Bereitschaft, selbst geringfügige Verletzungen versorgen zu lassen bzw. zu melden.

Im Schnitt stirbt in Österreich jedes zweite Jahr ein Mensch durch Hunde, 2023 waren es sogar zwei. In diese schwersten Fälle sind überwiegend bestimmte Rassen verwickelt, „verursacht" werden sie aber natürlich von deren Halterinnen oder Haltern. Dies zieht immer eine Menge an politischem Aktionismus nach sich, der allerdings die Hundehaltung – wie die Zahlen zeigen – kaum sicherer macht. Man reagiert auf eine winzige Minderheit von Menschen und trifft damit auch die große Mehrheit. Sicherlich wichtig sind bundesweite Melderegister, die verhindern, dass unverantwortliche Halterinnen oder Halter schwer auffällig gewordener Hunde durch einen Wechsel des Wohnorts oder Übertragen an einen Strohmann mit den Behörden Katz und Maus spielen. Jedenfalls ist es angesichts der überwiegend positiven Wirkungen von Hunden auf Menschen und Gesellschaft zu vermeiden, die Hürden für Hundehaltung allzu hoch zu legen.

Für die Sicherheit relevanter ist die Unterstützung der Menschen, die einen Hund halten, in ihrer Beziehungsarbeit zu den Hunden. Sicherheit beginnt bei der Wahl einer gesellschaftlich akzeptierten Hunderasse, des Geschlechts und bei der partnerschaftlichen Beschäftigung mit dem Hund vom Welpenalter an. Das Um und Auf für einen sicheren Hund sind nicht Leine und Beißkorb, sondern der klare Führungsstil des Halters oder der Halterin und eine gute Erziehung (beider); generell beißen zu 80 Prozent die Rüden und das vor allem dann, wenn man mit ihnen nicht trainiert bzw. arbeitet oder aber ihnen dabei Gewalt antut. Kinder sind nicht deswegen häufige Opfer, weil sie den „Beutetrieb" auslösen, wie man oft hört. Wahrscheinlich[288] handelt es sich dabei überwiegend um Reaktionen auf impulsives Kinderverhalten, welches Hunde überfordert – oder aber sogar um soziale Gewalt der Hunde gegen für sie lästige Konkurrenten im Sozialverband. Hunde als höchst wichtige Partner für die gute Entwicklung von Kindern verfügen über ein feines Sensorium für ihre Stellung in der Familie. Es braucht daher Aufsicht und Anleitung der Kinder, was mit Hund geht und was nicht, und zwar umso stärker, je jünger die Kinder sind. Hunde benötigen ihren Platz im sozialen Gefüge und sie reagieren auf ihre Art auf

Spannungen zwischen Menschen, oft genug offenbar auf Kosten von Kindern. Dennoch: Trotz der Nähe zu Hunden geht von ihnen vergleichsweise wenig Gefahr aus – zumindest in unseren Breiten. Trotz aller Daten – oder des Mangels davon – scheint die Hundehaltung doch generell sicherer zu werden. Herrschte auf den klassischen „Abrichteplätzen" der Nachkriegszeit noch militärischer Drill, so setzte sich mittlerweile die gewaltfreie Erziehung von Kindern und Hunden in den Köpfen und auch gesetzlich durch. Weil Hunde zu „Radfahrerreaktionen" neigen, also Gewalt weitergeben, erhöht ein partnerschaftlicher Umgang mit Hunden ihre gesellschaftliche Verträglichkeit enorm. Generell ist die Neigung gut geführter Hunde, aggressiv zu reagieren, selbst dann gering, wenn sie über ein hohes genetisch bedingtes Potenzial dazu verfügen.

In den letzten Jahrzehnten verschob sich auch das Spektrum der gehaltenen Hunde. So wurde der früher dominierende Deutsche Schäferhund samt seines meist zackigen Halters von einer Fülle anderer, oft kleinerer Rassen abgelöst. Wahre Kulturkämpfe toben aber immer noch um eine Handvoll Rassen, die von manchen Behörden als „Listenhunde" geführt werden. Grundsätzlich ist es sicherheitstechnisch nicht sinnvoll, mit dem Finger auf bestimmte Rassen und ihre Halterinnen und Halter zu zeigen. Natürlich können auch Staffordshire Terrier oder Rottweiler süße Familienhunde sein, sie sind aber auch bei den schwersten Vorfällen überrepräsentiert. Es ist müßig, zu diskutieren, ob dafür die Genetik des Hundes bzw. die Züchterinnen und Züchter oder die Halterinnen und Halter verantwortlich sind – es ist immer beides, mit der Verantwortung beim Halter oder bei der Halterin. Das Hauptproblem liegt in der Einstellung mancher Menschen zu solchen gesellschaftlich eher mäßig akzeptierten Hunden, die sie offenbar führen, um ihr Ego aufzupeppen, oder sogar als Waffe. Langfristig ist der Sicherheit wohl am wirksamsten mit der Arbeit an der Einstellung der Halter und Halterinnen gedient. Beziehung ist und bleibt der Schlüsselfaktor.

Straßenhundeplagen?

In weltweiter Perspektive sind dies Luxusprobleme. Die lebensgefährlichsten Tiere sind übrigens Stechmücken, gefolgt von Schlangen und Hunden; letztere verursachen etwa 25.000 Todesfälle pro Jahr;[289] allerdings ist die Schwankungsbreite groß. So (über?)schätzt die WHO, dass weltweit bis zu 60.000 Todesfälle pro Jahr auf das Konto von Hunden gehen, hauptsächlich durch das Übertragen von Tollwut[290] und anderen Krankheiten und Parasiten, vor allem im Globalen Süden. Über den Hund als Vektor schlägt Umweltzerstörung teils sehr direkt auf die Menschen zurück. Weil etwa in Indien durch die Verwendung des Medikaments Diclofenac in der Viehzucht die Geier fast ausstarben,[291] nahm die Zahl der Straßenhunde, die sich von den nun liegenbleibenden Tierkadavern ernähren, stark zu. Man schätzt, dass dadurch zusätzlich etwa 100.000 Menschen jährlich mit Tollwut angesteckt werden. Angesichts der zunehmenden Verstädterung, der Bildung von Mega-Citys und entsprechender Probleme, sie zu verwalten, etwa Müll zu entsorgen, wird die Zahl der Straßenhunde weiter zunehmen und das Problem trotz unterschiedlichster Bemühungen nicht kleiner werden. Weil Töten aus ethischen Gründen nicht akzeptabel und zudem nicht nachhaltig wirksam ist, braucht es langfristige und aufwendige Sterilisations- und Impfprogramme. Mein pragmatischer Rat wäre, ohne Tollwutimpfung generell nicht mehr zu reisen, auch nicht in den Osten oder Süden Europas, und den Kontakt mit Straßenhunden zu meiden.

Ob alle Straßenhunde generell bedauernswert sind – und daher von wohlmeinenden Menschen gerettet werden müssen – bleibe dahingestellt. Hunde sind zwar in Anpassung an Menschen entstanden, weswegen es ihnen gut geht, wenn sie in guter Beziehung zu Menschen leben. Dennoch sind sie hinreichend flexibel geblieben, um gut und gern auch mit ihresgleichen zu leben. So leidenschaftlich gern etwa die Gehegehunde am WSC mit ihren Menschen arbeiten und spazieren gehen, so gern kehren sie anschließend wieder in ihre Gruppen zurück. Wenn Hunde im Welpenalter menschenfern aufwachsen, können sie lebenslang distanziert und misstrauisch bleiben. Nicht alle Straßenhunde sind also „arm" – es kommt eben immer drauf an. In den meisten Fällen wird eine in-situ Fürsorge besser sein, als Hunde zu verpflanzen. Also sterilisieren, impfen und mit hochwertiger Nahrung versorgen. In manchen Fällen kann aber auch eine Adoption durch Menschen angebracht sein, die wissen, worauf sie sich mit einem erwachsenen Hund einlassen, der es gewohnt ist, selbstständig zu leben.

Missbrauchte Hunde

Für Hunde hat ihr Zusammenleben mit uns Menschen nicht bloß Sonnenseiten. Nun kann man durchaus darüber philosophieren, ob so manchen überversorgten, mit Daueraufmerksamkeit bedachten Kindersatz der goldene Käfig tatsächlich tiergerecht glücklich macht. Aber Vernachlässigung ist natürlich auch keine akzeptable Lösung. Jedenfalls lassen die Einstellung und der Umgang mit Hunden auch darauf schließen, wie man mit nahestehenden Menschen umgeht. Daher setzen sich etwa im Rahmen von „One Health"-Programmen Tierärztinnen und Tierärzte mit der Fürsorge in Verbindung, wenn sie ganz offensichtlich misshandelte Familienhunde behandeln. Wer seinen Hund schlägt, verschont selten Frau und Kinder[292]. Tatsächlich ist Gewalt gegen Hunde gesellschaftlich sogar stärker geächtet als gegen Kinder. Prügel als Erziehungsmittel für Hunde werden im Gegensatz zu früher[293] von allen abgelehnt, während die sogenannte „gesunde Watschn" immer noch in manchen Köpfen spukt.[294] Missbrauch von Hunden bedeutet aber nicht allein Prügel. Menschen missbrauchen ja auch andere Menschen in vielfältigster Weise – warum soll es den Hunden besser gehen?

Eine große Mehrheit empören „kulturelle" Gepflogenheiten wie Hundekämpfe oder das immer noch geübte Aufknüpfen von Galgos zu Ende der Jagdsaison in Spanien. Oder auch die tierquälerischen Machenschaften im Zusammenhang mit Windhunderennen. Aber was ist mit dem massenhaften Missbrauch von Hunden als Objekte menschlicher Eitelkeiten, etwa im Zug einer fehlgeleiteten, weil auf extremer Auslegung des Standards beruhenden Rassehundezucht? Dies führte dazu, dass etwa extrem kurzschnäuzige Hunde kaum mehr atmen, kühlen oder schlafen können. Nur ein Beispiel für eine lange Liste von Qualzuchtmerkmalen, zurückzuführen auf die gemeinsame Täterschaft von extremen Formwertrichtern und -richterinnen, Züchterinnen und Züchtern und Welpenabnehmern und -abnehmerinnen, denen kaum bewusst wird, was sie da verursachen, wie sehr sie die Person Hund zum Ding, zum Markenartikel degradieren[295]. Wenigstens wurden in den meisten Ländern Mitteleuropas dem „Kupieren", also dem Abschneiden von Schwänzen und Ohren, gesetzliche Riegel vorgeschoben. Aber immer noch gilt das Kastrieren von Hunden als geboten für „verantwortliche Halter". Dies ist aber zumindest in Österreich nur noch aus medizinischen Gründen zulässig, nicht aber aus Bequemlichkeit, um nicht mit der Sexualität des Hundes konfrontiert zu werden.

So wichtig Hunde für die Jagd zu allen Zeiten waren und sind und so angemessen dieser Einsatz für Hunde auch sein mag: Auch hier werden Hunde grausam missbraucht – ihre Beute sowieso. Bei der „Baujagd"[296] etwa bekämpfen kurzbeinige, aber äußerst beutescharfe Hunde Füchse oder Dachse im Bau. Diese Hunde müssen oft genug mit schwersten Verletzungen ausgegraben werden. Während wir uns über Stierkampf oder Galgo-Massaker in Spanien entsetzen, oder über grausames Hundeverzehren in Asien, wird zu solch sadistischen Jagdmethoden kaum Protest laut[297].

Wenn es bei Menschen sozial pathologisch wird, leiden als Sozialkumpane auch die Tiere. Etwa durch Sadismus, der auch Katzen oder Pferde trifft.[298] Oder wenn die Tierliebe entgleist, wie etwa im Fall der Tiersammelsucht, besser bekannt als „animal hoarding". Davon spricht man, wenn zu viele Tiere auf zu kleinem Raum leben, nicht angemessen versorgt werden und die Tierhalterin oder der Tierhalter nicht fähig ist, ihre bzw. seine und die Lage der Tiere richtig einzuschätzen. Es ist kein allzu häufiges, aber regelmäßiges Phänomen. In Deutschland wurden zwischen 2012 und 2021 437 Fälle bekannt; betroffen waren 30.577 Tiere, viele davon Hunde. Für Österreich mag etwa ein Zehntel davon zutreffen. Für 2023 protokollierte der Deutsche Tierschutzbund immerhin 115 Fälle, 6.691 Tiere waren davon betroffen[299]. Unklar bleibt, ob die Häufigkeit tatsächlich zunimmt oder die Sensibilität gestiegen ist, sodass mehr Fälle an die Öffentlichkeit kommen. Hoarding kann aus Überforderung in der Pflege von Tieren entstehen, es gibt Retter-, Züchter- oder Ausbeutertypen. Nicht immer reagieren Nachbarschaft und Behörden rechtzeitig, sodass immer wieder Tiere ihre Rettung nicht überleben.

Mehr oder weniger dunkle Grauzonen

Gar nicht denken mag man an eine der ultimativen „Soziopathien", Sex mit Tieren bzw. Hunden. Und dennoch ist das eine Konstante, seit Menschen mit Tieren zusammenleben. Man schätzt, dass in allen Kulturen, Stadt wie Land, über fünf Prozent der Menschen in ihrem Leben Sex mit Tieren haben, Männer häufiger als Frauen und am Land häufiger Männer, in der Stadt Frauen.[300] Im Verlauf der Menschheitsgeschichte variiert die Einstellung dazu je nach kulturellem Hintergrund von einer akzeptierten (kultischen) Praxis bis zum drakonisch sanktionierten, totalen Tabu. In modernen Gesellschaften gilt Sex mit Tieren nach wie vor als eines der stärksten gesellschaftlichen Tabus, noch vor Sex mit Kindern, ist aber relativ gering sanktioniert. Gelegentliche Initiativen der Gesetzgeber zur Strafverschärfung versanden wieder, man wähnt die Betroffenen mit ihrer Neigung wohl ohnehin schon „genug gestraft". Sexualität mit anderen Tieren mag man monströs und unvorstellbar finden, das Hauptproblem liegt aber wohl auf der Seite des Tieres, welche sich seine Rolle in der Regel nicht aussuchen kann – besonders im Fall des Missbrauchs durch Männer. Wie im zwischenmenschlichen Bereich, werden dabei alle denkbaren Formen der Sexualität auch mit Tieren ausgelebt, von der „romantischen Liebe"[301] bis zum grausamsten Sadismus[302].

Auch die Sexualität der Hunde selbst ist Grauzone. Der Umgang der Menschen damit reicht vom „Wegkastrieren" bis zur erwachsenen Akzeptanz des Faktums, dass gelegentlich auch der Vierbeiner sexuelle Bedürfnisse verspürt (und sich damit gar nicht vornehm zurückhält). Während viele Hunde ihre Sexualität harmonisch ins Spektrum ihrer Interessen eingliedern und sie nur um die fruchtbare Zeit der Hündin dominant wird, sind manche Rüden, die bereits früh gedeckt haben, eher stark sex-zentriert – eine recht persönliche Sache, wie bei Menschen auch, möchte man meinen. Gehört es tatsächlich zur Obliegenheit der Halter und Halterinnen im Rahmen ihrer Fürsorgepflicht, den Hunden zu ermöglichen, ihre Sexualität auszuleben bzw. ihnen durch Hilfsmittel dabei sogar behilflich zu sein? Solche Ideen gibt es (kein Witz). Aus Tierrechtsperspektive mag dies verständlich sein, aber für das tägliche Zusammenleben empfiehlt sich ein informierter Hausverstand und ein gewisser Respekt davor, dass auch Hunde ein Recht auf ein wenig Privatsphäre haben.

Grauzonen gibt es auch anderswo: Es soll Hunde geben, die sich nicht freuen, mehrmals jährlich zur Urlaubszeit in eine Hundepension abgeschoben zu werden, anderen scheint das wieder wenig auszumachen und wieder andere schätzen offenbar die Abwechslung. Hunde sind eben auch ausgeprägte Individuen und Persönlichkeiten. Was für manche Hunde missbräuchlich sein kann, bereitet anderen wiederum kein Problem. Dem Hund unzumutbar ist aber sicherlich, ihn acht Stunden oder länger in Abwesenheit ihrer Bezugsperson in eine Box zu sperren – auch wenn manche Hundetrainer oder -trainerinnen meinen, das sei unproblematisch. Da muss man andere Lösungen finden oder darf eben keinen Hund halten. Was nicht bedeutet, dass die Box generell „böse“ ist. Manche Hunde schlafen gern darin und ziehen sich auch untertags dorthin zurück. Sollte die Tür für eine Stunde oder für den Transport geschlossen sein, ist es für sie in Ordnung. Etwas informierter Hausverstand hilft Menschen, Hunden gegenüber nicht zum Missbrauchstäter zu werden. Die Grenze zwischen Missbrauch und akzeptablem Umgang ist aber variabel, ein Spiegelbild der Vielfalt der Beziehungsmuster und der Mensch- und Hundepersönlichkeiten.

Ökologischer Fußabdruck

Die Haltung von Hunden wird gelegentlich auch wegen ihres erheblichen ökologischen Fußabdrucks kritisiert. Dass Hunde uns guttun, wurde in diesem Buch ausführlich begründet, aber ist Hundehaltung in Zeiten wie diesen noch ökologisch vertretbar? – Eine heute viel diskutierte Frage[303]. Menschen und Hunde stammen von Vorfahren mit stark fleischlastiger Ernährung ab. Bleibt man heute bei der „Steinzeitdiät“ für Mensch und Hund (also etwa beim Barfen[304]), sind sowohl Mensch als auch Hund CO_2-Bomben. Tatsächlich gilt für einen mittelgroßen Hund, dass seine konventionelle Haltung etwa eine Tonne CO_2 pro Jahr verursacht, also etwas weniger als ein Passagier auf einem Flug von Wien nach New York.[305] Dabei wurden die Herstellung von Hundefutter und Umweltfolgeschäden durch Hundekot noch nicht berücksichtigt. Ganz vermeiden kann man es nicht, Treibhausgase zu emittieren, denn solang man lebt, produziert der Stoffwechsel CO_2 und auch Methan. Nach dem Tod tun das Mikroorganismen bis zum völligen Abbau der organischen Substanz der Körper. Aber man kann durch Lebensstil und wie man Hunde hält und füttert viel dazu beitragen, die eigene Öko-Bilanz zu verbessern.

Tatsächlich kann man etwa fast 40 Prozent des individuellen CO_2-Ausstoßes durch Ernährung vermeiden, beim Hund durch vegetarische oder sogar vegane Fütterung. Für Menschen gilt eine Ernährung mit wenig Fleisch als gesund – aber brauchen Hunde nicht einen hohen Fleischanteil in ihrer Nahrung? Eher nicht. Sie passten sich, wie die Menschen auch, in den letzten 10.000 Jahren an eine stärkehaltige Kost an und sind ohne Kompromisse bei der Gesundheit sogar vegan zu ernähren, wenn man entsprechend sorgfältig genügend pflanzliche Proteine einsetzt; solches Futter wird bereits kommerziell angeboten. Ob dies auch einen Gesundheitsvorteil für Hunde bringt, bleibt aber unklar[306]. Jedenfalls geht das Argument ins Leere, eine „Steinzeitdiät" wäre artspezifisch angemessen oder das gesündeste für Mensch und Hund. Denn beide Arten sind auch in ihrer Ernährung nicht mehr dieselben wie vor 40.000 Jahren.

Einfacher als ganz vegan scheint „vegetarisch" zu füttern, also unter Einsatz gewisser tierischer Produkte. Es wird bereits viel mit Insektenprotein experimentiert, welches viel effizienter und tierschonender zu produzieren ist als Wirbeltierprotein. Wenn nun schlechtes Gewissen entstanden sein sollte, weil man den Hund immer noch konventionell mit Produkten auf Basis von Wirbeltierprotein ernährt: Das wirkt sich dann nennenswert auf den CO_2-Fußabdruck aus, wenn es sich dabei um Fleisch handelt, das auch für den menschlichen Verzehr geeignet ist, denn das befeuert den Bedarf an noch mehr Schlachttieren; nicht aber, wenn das Protein im Hundefutter von Schlachtabfällen stammt, die ohnehin entsorgt werden müssten. Alle diese Zusammenhänge sind nicht einfach zu durchschauen. Und um noch ein persönliches Bekenntnis anzubringen: In unserer Mensch-Hund-Familie sind wir Flexitarier[307], verzichten also nicht ganz auf Fleisch. Offensichtlich braucht es im Sinn des Klimas eine starke weltweite Reduktion von Fleisch in der Ernährung. Dies verringert signifikant den Ausstoß von Treibhausgasen und entlastet zudem die Reste natürlicher Lebensräume vom Konkurrenzdruck durch eine allzu intensive Landwirtschaft. Wenn man mit einer Umstellung des Lebensstils bei sich beginnt, hat auch der Hund kein Problem damit, mitzumachen – damit eine lebenswerte Welt Zukunft hat.

ZUKUNFT MIT HUND?

Die Bedeutung von Hunden für Mensch und Gesellschaft wird mit fortschreitender Digitalisierung und Verstädterung weiter zunehmen. In den vielen Herausforderungen der Zukunft werden die Hunde immer wichtiger, um ihren Menschen den Rücken stärken.

Zukunft kommt so sicher wie das Amen im Gebet, aber wird sie für Menschen und ihre Mitgeschöpfe[308] angenehm sein? Bitte keine Untergangsszenarien, die heutigen jungen Leute sind sicherlich nicht die „letzte Generation“. Biosphäre und Evolution wird es geben, bis in ein paar Milliarden Jahren die sich aufblähende Sonne die Erde verdampft. Aber wenn es mit dem Klima und dem Verlust der Artenvielfalt so weitergeht wie bisher, wird es für die meisten Menschen und anderen Arten ungemütlich.[309] An dieser Stelle wäre es leicht, entweder der menschlichen Lust an Utopien oder auch Katastrophenszenarien freien Lauf zu lassen – Glas halb voll oder halb leer, wie es beliebt. In der Fantasie können wir mit Hunden auf den Mars aussiedeln (um dort was zu tun?), man könnte sie die Weltherrschaft übernehmen lassen (na ja), High-Tech-Genetik anwenden, um sie und uns langlebiger und klüger zu machen oder Hunde so weit optimieren, dass sie nicht nur unsere Worte verstehen, sondern selbst sprechen können. Oder dass sie sich zumindest noch besser als bisher als Familien-, Polizei-, Militär- und Rettungshund eignen. Und bald wird es auch möglich sein, per implantiertem Neurochip telepathisch mit seinem Hund zu kommunizieren. Aber nicht viel davon, was technisch möglich ist, wird wohl in den Mensch-Hund-Alltag eingehen. Denn Neuerungen setzen sich vor allem dann durch, wenn sie, von wirtschaftlichen Interessen getrieben, auf ein evolutionär entstandenes Bedürfnis treffen – wie beispielsweise das Smartphone[310].

Zukunft beflügelt Fantasie – auch die der „Zukunftsforscher“, welche anlässlich der Covid-Lockdowns der Menschheit vorhersagten, dass es nie wieder so sein wird wie zuvor. Kurz danach war (fast) alles wie immer, nur dass noch intensiver gereist wird. Nun ja – wenn es um lebenswerte Zukunft geht, werden Hunde daran maßgeblichen Anteil haben. Und weil trotz aller Flexibilität und geänderter Lebensumstände Menschen Menschen bleiben und Hunde Hunde, wird sich daran auch nichts Grundsätzliches ändern. Ist schließlich schon seit 40.000 Jahren so. Gleichzeitig aber gehen gesellschaftliche Veränderung und die Art der Beziehung zu Hunden Hand in Hand. Deswegen zum Abschluss des Buches doch noch einige Gedanken, was die Zukunft bringen könnte – wenn auch gilt, was Karl Valentin meinte: Prognosen seien schwierig, besonders wenn sie die Zukunft betreffen.

Alle Segnungen der digitalen Revolution und des wissenschaftlich-technischen Fortschritts werden auch die Beziehung zum Hund erfassen. Längst kann man mittels GPS-Technologie jederzeit die Position seines Hundes (oder anderer Menschen) feststellen und sogar mit ihm kommunizieren (komm doch endlich nach Hause, dein Lieblingsfutter wartet ...). Ganz sicher schreibt in Zukunft ChatGPT Texte über Hunde und Bücher wie dieses[311]. Und wenn diese künstlichen Intelligenzen hinreichend mit Wissen zur Weltsicht der Hunde gefüttert werden, könnten sie recht authentische Texte auch an Hundes statt erstellen. Optimal natürlich, wenn dann gleich eine andere KI diese Texte vorliest, damit uns das nicht zugemutet werden muss. Übersetzungsprogramme werden uns mitteilen, was der Hund gerade sagt und was er damit meint[312] und die KI wird Traumbilder von unseren Hunden malen. Ist schon heute keine Utopie mehr – schöne neue Welt!

Parallel zu den Entwicklungen für die Menschen ist heute die Spitzenmedizin auch für Hunde verfügbar. Das wird in Zukunft so bleiben und die Hundewelt in jene Minderheit spalten, deren Menschen ihnen das alles zukommen lassen können und die größer werdende Mehrheit der anderen, die das nicht können. Wie auch schon in der Vergangenheit werden gesellschaftliche Verhältnisse die Beziehung zu Hunden prägen. So zeigte eine große kulturenvergleichende Studie, wie sehr die Wertschätzung der Menschen für Hunde von deren Funktion abhängt.[313] Heute nehmen aus vielerlei Ursachen gesellschaftliche Spannungen, Spaltungen und Misstrauen zu – was, wie in Familien auch, immer auch über Tiere gespielt wird. So wurde im Fall der Hunde Anlassgesetzgebung bereits zur Regel. Nach jedem schwerwiegenden Vorfall werden Gesetzgeber tätig, welche im Bestreben, Hundehaltung sicherer zu machen, die Halterinnen und Halter mit neuen Regeln überziehen.

Diese Entwicklungen werden sich noch verschärfen, zumal man über Tiere den anderen trefflich was am Zeug flicken kann; Bosheit unterminiert Gesellschaften. Naheliegend wäre die Hoffnung, dass Hundehalterinnen und -halter es endlich schaffen, zusammen auch politisch für ihre Rechte, ihren Lebensstil, ihre Hunde einzustehen. Danach schaut es aber nicht aus, denn traditionell läuft politisches Engagement immer noch entlang der Links-rechts-Schubladen. Es leben zwar alle gleichermaßen mit Hunden, aber mit zunehmender Polarisierung wird Sachpolitik über die Ideologiegrenzen hinweg schwieriger – zumal die Segnungen der digitalen Revolution das direkte, respektvolle Gespräch zwischen Menschen unterschiedlicher Ansichten nicht gerade erleichtern. Konkret empfehle ich gemeinsame Hundespaziergänge als bescheidenen Beginn, die geronnene gesellschaftliche Mayonnaise wieder zu integrieren. Das findet in Form unserer regelmäßigen Eurasier- und vieler anderer Hundespaziergänge tatsächlich schon statt. Es treffen sich oft mehr als hundert Hundefans samt Vierbeiner unterschiedlichen Alters, sozio-ökonomischer und Parteizugehörigkeit. Nur dass da nicht über Politik geredet wird. Auch in Zukunft werden Hunde Menschen zusammenbringen, die sonst nicht miteinander gesprochen hätten.

Diese integrierende Wirkung von Hunden zu Zeiten des Auseinanderdriftens ist nicht zu unterschätzen. Zudem nimmt die Vereinsamung sogar unter jungen Leuten zu.[314] Als Hauptfaktor dafür gelten die sozialen Medien. Die ununterbrochene digitale Kommunikation oft zweifelhafter Qualität geht auf Kosten der analogen Kontakte, macht einsam. In direkten Gesprächen exponiert man sich mit allen Sinnen, setzt sich dem Gegenüber aus. Der digitale „Kommunikationssegen“ zwischen Menschen steht aber für Mensch-Hund kaum zur Verfügung. Das Leben mit Hund bleibt analog. Hunde kritisieren nicht, belasten uns nicht mit Zukunftsängsten, unterstützen emotional allein durch ihre Gegenwart. Daher wird ein Leben mit Hund umso wichtiger, je digitaler das Umfeld.

Es kann natürlich *per se* problematisch werden, wenn Hunde immer stärker Menschen-Ersatzpartner und Kindersatz der überdigitalisierten Generationen werden. Damit könnten Hunde sogar dazu beitragen, Menschen noch weiter zu isolieren und auf die eigene Vermehrung zu verzichten. Aber wenn sie andererseits Menschen helfen, in Balance zu bleiben, ihre Resilienz gegenüber psychischen und körperlichen Problemen zu verstärken, dann ist jede Moralkeule unangebracht. Wahrscheinlich sollte man das pragmatisch sehen, frei nach Bertolt Brecht: Zuerst kommt das Fressen, dann der Hund und mit ihm die Moral. Oder: Zuerst kommt der Hund, dann das Fressen und dann erst die Moral – je nach Persönlichkeit, Einstellung, Lust und Laune. Auch Pessimistinnen und Pessimisten können sich entspannen, angesichts der recht sicheren Vorhersagen der Zukunft der Beziehung zum Hund: Wie eh und je werden sie uns Arbeitspartner und Sozialgefährten sein. Angesichts der ökologischen und politischen Krisen wird aber ihre Bedeutung weiter steigen – als Partner und Coaches ihrer Menschen für ein gutes Leben und in einer Fülle professioneller hundegestützter Aktivitäten und Therapien, die in Umfang und Bedeutung noch zunehmen werden. Ständig neue „Hundeberufe“ widerspiegeln gesellschaftliche Entwicklungen: wie etwa Spürhunde für Borkenkäfer oder für geschmuggelte Tiere und (Tier-)Produkte. Vielleicht gibt es auch bald Hunde als Lügendetektoren und zum Aufspüren von geeigneten Mitarbeiterinnen und Mitarbeitern und Politikerinnen und Politikern, wer weiß?

Die Bedeutung von Hunden wird in unseren zunehmend digitalisierten und verstädterten Welten noch steigen. Das macht die an sich selbstverständliche Forderung immer dringlicher, Gesellschaft,

Wohnquartiere, das gesamte Lebensumfeld hundegerecht und damit natürlich auch kind- und menschengerecht zu gestalten. Dabei ist der Klimawandel mitzudenken. Wir sind es unseren Nachkommen schuldig, den Lebensstil so zu justieren, dass nicht noch rascher immer weitere Teile der Welt unbewohnbar werden. Dazu gehört auch, den ökologischen Fußabdruck der Hundehaltung etwa durch angemessene Fütterung gering zu halten. Bereits heute machen immer längere Hitzewellen das sommerliche Leben in den Städten Europas ungemütlich. Sollte die Stabilisierung von CO_2 in der Luft bis Mitte dieses Jahrhunderts gelingen, wird dennoch die Erwärmung noch über Jahrzehnte weitergehen. Bereits heute sterben in Mittel- und Südeuropa mehr Menschen an der Hitze als durch Verkehrsunfälle. Und Hunde sind noch wesentlich hitzeanfälliger. Daher müssen ab sofort Städte unter Bedachtnahme auf das Vermeiden von Hitzeinseln und in Richtung ökologisch vertretbare Kühlung gebaut werden. Sonst sterben zuerst die Hunde, dann folgen die Menschen.

Auch in Zukunft wird ein Leben mit Hund Menschen zufriedener, gesünder und besser im Sinn von mitmenschlicher machen. Das funktioniert mehr oder weniger gut seit der Altsteinzeit, aber die Digitalisierung steigert den Bedarf. Wenn all diese Erkenntnisse nicht ein Recht auf ein Leben mit Hund rechtfertigen – was dann? Jedenfalls werden Menschen auch in Zukunft wie gehabt mit Hunden leben wollen. Wie gut diese gemeinsame Zukunft wird, liegt in unser aller Hände.

Anhang

Quellen & Anmerkungen

1 https://www.tagesanzeiger.ch/abneigung-gegen-hunde-kann-ich-lernen-diese-viecher-zu-lieben-362191581297

2 In diesem Buch wird gegendert, weil Verlag und Autor eine geschlechtersensible Sprache für wichtig halten. Das darf aber die Lesbarkeit des Textes nicht beeinträchtigen. Da es sich bei Hunden und anderen Tiere aber auch um Persönlichkeiten mit Personenstatus handelt (s. unten), müsste auch bei ihnen gegendert werden. Aus rein pragmatischen Gründen geschieht das aber hier nicht, wofür ich alle Hündinnen und Hunde um Vergebung bitten möchte.

3 1929–2017, bis 1994 Lehrstuhlinhaber für Psychologie an der Universität Bonn; zahlreiche Schriften und Studien zu Mensch-Heimtier-Beziehung, z. B.: Bergler, R.: Heimtiere: Gesundheit und Lebensqualität. In: Schriftenreihe Psychologie der Mensch-Tier-Beziehung (R. Bergler und T. Hoff Hrsg.). Band 5. Regensburg: S. Roderer 2009. Bergler, R.: Man and dog. The psychology of a relationship. Oxford, London: Blackwell Scientific 1988.

4 https://www.derstandard.at/adblockwall/story/3000000216941/biologe-kotrschal-ein-mensch-ohne-hund-ist-nicht-ganz-vollstaendig

5 Kotrschal, K.: Hund-Mensch. Das Geheimnis der Seelenverwandtschaft. Wien: Brandstätter 2016. Kotrschal, K.: Der Wolf und wir. Wie aus ihm unser erstes Haustier wurde. Wien: Brandstätter 2022.

6 McNicholas, J., & Collis, G. M.: Dogs as catalysts for social interactions: Robustness of the effect. British journal of psychology, 91, 61–70. 2000.

7 Lancendorfer, K. M., Atkin, J. L., & Reece, B. B.: Animals in advertising: Love dogs? Love the ad!. Journal of Business Research, 61(5), 384–391. 2008.

8 https://bostondynamics.com/products/spot/

9 https://www.republik.ch/2024/03/29/hund-statt-mann

10 https://www.rtl.de/cms/umfrage-grossteil-kuschelt-lieber-mit-dem-hund-als-mit-dem-partner-sie-auch-5009000.html

11 https://www.petbook.de/news/umfrage-75-prozent-der-besitzer-wuerden-ihren-partner-fuer-den-hund-verlassen

12 https://geschichte.univie.ac.at/de/personen/konrad-lorenz; https://www.nobelprize.org/prizes/medicine/1973/summary/; Kotrschal, K.: Konrad Lorenz. Springer International Publishing AG 2017. J. Vonk, T.K. Shackelford (Hrsg.), Encyclopedia of Animal Cognition and Behavior, doi:10.1007/978-3-319-47829-6_941-1. 2017.

13 Aria, M., Alterisio, A., Scandurra, A., Pinelli, C., & D'Aniello, B.: The scholar's best friend: Research trends in dog cognitive and behavioral studies. Animal Cognition, 24(3), 541–553. 2021.

14 https://www.worldhistory.org/article/1175/dogs--their-collars-in-ancient-mesopotamia/

15 Xenophon: Cynegeticus. On hunting with dogs. 370 BC. New York: Biblioness 2017.

16 https://en.wikipedia.org/wiki/National_War_Dog_Cemetery

17 https://www.theatlantic.com/photo/2014/06/afghanistan-dogs-of-war/100750/

18 https://de.wikipedia.org/wiki/Doppelgrab_von_Oberkassel; https://www.kynologen.at/_blog/mensch-und-hund-verbunden-bis-in-den-tod/

19 https://penelope.uchicago.edu/Thayer/E/Journals/CJ/44/4/Household_Pets*.html

20 Biologen sprechen schon lang nicht mehr von „Mensch und Tier". Weil die Unterschiede zwischen Menschen und anderen Arten nicht so groß sind, wie man sie lange sehen wollte, spricht man jetzt von „Menschen und anderen Tieren" – ohne das abwertend zu meinen, weder für Menschen noch für die anderen Tiere.

21 Schenk, A. M., Ragatz, L. L., & Fremouw, W. J.: Vicious dogs part 2: criminal thinking, callousness, and personality styles of their owners. Journal of forensic sciences, 57(1), 152–159. 2012; Kotrschal, K., Schöberl, I., Bauer, B., Thibeaut, A-M. & Wedl, M.: Dyadic relationships and operational performance of male and female owners and their male dogs. Behavioural Processes 81, 383–391. 2009.

22 https://www.zooroyal.at/magazin/zoo-mix/die-7-suessesten-promi-hunde/

23 https://en.wikipedia.org/wiki/Winston_Churchill%27s_pets

24 https://www.welt.de/geschichte/article164685882/Ui-Herr-Hitler-Sie-dressieren-Hunde-aber-fein.html

25 Kotrschal, K.: How Wolves Turned into Dogs and How Dogs Are Valuable in Meeting Human Social Needs, People and Animals: The International Journal of Research and Practice.1: Article 6. 2018. https://docs.lib.purdue.edu/paij/vol1/iss1/6.

26 https://www.zzf.de/marktdaten/heimtiere-in-deutschland; die Werte für Österreich liegen bei etwa 10 Prozent.

27 Kotrschal, K.: Einfach beste Freunde. Warum Menschen und andere Tiere einander verstehen. Wien: Brandstätter 2014; Kotrschal, K.: Mensch. Woher wir kommen. Wer wir sind. Wohin wir gehen. Wien: Brandstätter 2019.

28 „Kumpan" verweist auf die soziale Komponente der Beziehung, während der Begriff „Heimtier" eher unspezifisch auch die Aquarienfische miteinschließt. Kumpanen begegnet man auf Augenhöhe, nicht aber „pets" (ein im englischsprachigen Raum verbreiteter Begriff), bei denen Abhängigkeit und Spielzeugcharakter mitschwingen.

29 Serpell, J.: Das Tier und wir. Eine Beziehungsstudie. Zürich: A. Müller 1990.

30 Kotrschal, K.: Mensch. Woher wir kommen. Wer wir sind. Wohin wir gehen. Wien: Brandstätter 2019.

31 Wilson, E. O.: Biophilia. Harvard University Press 1986.

32 Roscher, M., Krebber, A. & Mizelle, B. (Hrsg.) Handbook of historical animal studies. Walter de Gruyter 2021.

33 Kotrschal, K.: Mensch. Woher wir kommen. Wer wir sind. Wohin wir gehen. Wien: Brandstätter 2019.

34 Wilson, E. O.: Biophilia. Harvard University Press 1986.

35 Taschwer, K., & Föger, B.: Konrad Lorenz: Biografie Wien: Czernin Verlag 2023.

36 https://www.dogster.com/lifestyle/how-many-dogs-are-there-statistics

37 https://de.wikipedia.org/wiki/Krambambuli_(Erz%C3%A4hlung)

38 Schenk, A. M., Ragatz, L. L., & Fremouw, W. J.: Vicious dogs part 2: criminal thinking, callousness, and personality styles of their owners. Journal of forensic sciences, 57(1), 152–159. 2012; Kotrschal, K., Schöberl, I., Bauer, B., Thibeaut, A-M. & Wedl, M.: Dyadic relationships and operational performance of male and female owners and their male dogs. Behavioural Processes 81 (2009), 383–391; Zu Führung/Leadship: Wie für Mitarbeiter oder Kinder ist auch für Hunde ein partnerschaftlicher Führungsstil optimal, der freudig motiviert, aber auch respektvoll Grenzen setzen kann und durch die unmittelbare, gesamtmenschliche Reaktion auf das Verhalten der geführten Partner besteht. Das beinhaltet auch den (kontrollierten) Einsatz von Emotionen. Faszinierend dazu N. Christakis, der zeigte, dass die Qualität von Leadership den Unterschied ausmacht, ob gestrandete Gruppen von Menschen überleben oder zugrunde gehen: Christakis, N. A.: Blueprint: Wie unsere Gene das gesellschaftliche Zusammenleben prägen. Frankfurt: S. Fischer 2019.

39 Lorenz, K.: So kam der Mensch auf den Hund. München: Deutscher Taschenbuch Verlag 2010.

40 Taschwer, K., & Föger, B.: Konrad Lorenz: Biografie. Wien: Czernin Verlag 2023.

41 Andererseits meinte Papst Franziskus aber auch bei anderer Gelegenheit, „die Leute sollten sich nicht vermehren wie die Karnickel".

42 Paul, E. S.: Empathy with animals and with humans: Are they linked? Anthrozoös, 13(4), 194–202. 2000.

43 Kotrschal, K., V. Bromundt & B. Föger: Faktor Hund. Eine sozio-ökonomische Bestandsaufnahme der Hundehaltung in Österreich. Czernin Verlag, Wien 2004.

44 Kotrschal, K.: Hund-Mensch. Das Geheimnis der Seelenverwandtschaft. Wien: Brandstätter 2016. Kotrschal, K.: Der Wolf und wir. Wie aus ihm unser erstes Haustier wurde. Wien: Brandstätter 2022.

45 Urquiza-Haas, G. & Kotrschal, K.: Human-Animal Similarity and the Imageability of Mental State Concepts for Mentalizing Animals. Journal of Cognition and Culture, 20, 220–245. 2022.

46 https://de.wikipedia.org/wiki/Die_unertr%C3%A4gliche_Leichtigkeit_des_Seins

47 https://www.presseportal.de/pm/36522/4944202; Nur 18 % der befragten Deutschen wollen weder Katze noch Hund im Haus, wahrscheinlich noch weniger sind tatsächlich Hundegegner.

48 Taschwer, K., & Föger, B.: Konrad Lorenz: Biografie. Wien: Czernin Verlag 2023.

49 WEIRD (Western, educated, industrialized, rich and democratic) ist ein Begriff aus der Soziologie. Natürlich sind die Zuschreibungen relativ.

50 Urquiza-Haas, G. & Kotrschal, K.: Human-Animal Similarity and the Imageability of Mental State Concepts for Mentalizing Animals. Journal of Cognition and Culture 20: 220–245. 2022.

51 Urquiza-Haas, G. & Kotrschal, K.: The mind behind anthropomorphic thinking: attribution of mental states to other species. Animal Behaviour, 109, 167–176. 2015.

52 Chira, A. M., Kirby, K., Epperlein, T., & Bräuer, J.: Function predicts how people treat their dogs in a global sample. Scientific Reports, 13(1), 4954. 2023.

53 Smith, B. P., & Litchfield, C. A.: A review of the relationship between indigenous Australians, dingoes (Canis dingo) and domestic dogs (Canis familiaris). Anthrozoös, 22(2), 111–128. 2009.

54 Kotrschal, K.: Mensch. Woher wir kommen. Wer wir sind. Wohin wir gehen. Wien: Brandstätter 2019.

55 Urquiza-Haas, G. & Kotrschal, K.: The mind behind anthropomorphic thinking: attribution of mental states to other species. Animal Behaviour, 109, 167–176. 2015.

56 Urquiza-Haas, G. & Kotrschal, K.: Human-Animal Similarity and the Imageability of Mental State Concepts for Mentalizing Animals. Journal of Cognition and Culture, 20, 220–245. 2022.

57 Kotrschal, K.: Warum wir einander verstehen und gut zusammenleben könn(t)en. In: Jessica Ullrich (ed.): Kohabitation, Koexistenz, Konvivialität. Tierstudien, 22, 17–27, Neofelis 2022.

58 Platon, Aristoteles: https://de.wikipedia.org/wiki/Aristoteles#Naturphilosophie

59 https://de.wikipedia.org/wiki/Ren%C3%A9_Descartes; https://de.wikipedia.org/wiki/Michel_de_Montaigne

60 https://de.wikipedia.org/wiki/Jakob_Johann_von_Uexk%C3%BCll

61 Zimen, E.: Der Hund. München: Goldmann 1988.

62 „Person" ist ein auch für Hunde zutreffender Begriff, denn sie sind es ob ihrer großen Individualität und aus jenen Gründen, um die es in diesem Buch geht, ganz objektiv betrachtet. Definitionen von „Person" beziehen sich zwar immer noch ganz selbstverständlich nur auf Menschen (https://de.wikipedia.org/wiki/Person); sie treffen aber gleicherweise auf Tiere zu, die individuelle Persönlichkeiten entwickeln und ähnlich fühlen und denken wie Menschen.

63 Pilley, J. W., & Hinzmann, H.: Chaser: Unlocking the genius of the dog who knows 1000 words. New York: Simon and Schuster 2014; Boros, M., Magyari, L., Morvai, B., Hernández-Pérez, R., Dror, S., & Andics, A.: Neural evidence for referential understanding of object words in dogs. Current Biology, 34(8), 1750–1754. 2024.

64 Z. B.: Kotrschal, K.: Ist die Menschheit noch zu retten? Gefahren und Chancen unserer Natur. Wien: Residenz Verlag 2020.

65 Z. B.: Previde, E. P., & Valsecchi, P.: The immaterial cord: The dog-human attachment bond. The social dog, 165–189. 2014; Kotrschal, K.: Besonderheiten der Mensch-Hund-Beziehung. In: Tiergestützte Interventionen. Handbuch für die Aus- und Weiterbildung (Beetz, a., Riedl, M., Wohlfahrth, R. Hrsg.). 192–208. München: Reinhardt Verlag 2018.

66 Z. B.: Hart, B. L., Hart, L. A., Thigpen, A. P., & Willits, N. H.: Long-term health effects of neutering dogs: comparison of Labrador Retrievers with Golden Retrievers. PloS one, 9(7), e102241. 2014; Hart, L. A., &

Hart, B. L.: An ancient practice but a new paradigm: personal choice for the age to spay or neuter a dog. Frontiers in Veterinary Science, 8, 603257. 2021.

67 Als Empathie bezeichnet man die Fähigkeit, sich in andere einzufühlen und einzudenken, ihre Bedürfnisse zu erkennen und entsprechend zu handeln. Nicht empathisch, sondern übergriffig ist es dagegen, die eigenen Vorstellungen von Fürsorge anderen überzustülpen.

68 Als das, was ist, und nicht, was man gern hätte.

69 Lorenz, K.: Das sogenannte Böse: Zur Naturgeschichte der Aggression. Wien: Borotha-Schoeler 1963. Darin entwarf Konrad Lorenz das bis heute gültige Konzept der Angepasstheit des Aggressionssystems im Rahmen von Konkurrenz. In komplexen Gesellschaften geht es um die Pflege langzeitlich wertvoller Beziehungen, daher gilt: So viel wie nötig, so sparsam wie möglich. Für die sozial kompetente Minimierung aggressiven Verhaltens braucht es auch bei Hunden eine sorgsame frühe Sozialisierung und eine gute, klare Führung.

70 Headey, B., Na, F., & Zheng, R.: Pet dogs benefit owners' health: A 'natural experiment' in China. Social Indicators Research, 87, 481–493. 2008.

71 https://www.beltz.de/fileadmin/beltz/leseproben/978-3-407-85934-1.pdf

72 Miyake, A., Friedman, N. P., Emerson, M. J., Witzki, A. H., Howerter, A., & Wager, T. D.: The unity and diversity of executive functions and their contributions to complex „frontal lobe" tasks: A latent variable analysis. Cognitive psychology, 41, 49–100. 2000.

73 Engemann, K., Pedersen, C. B., Arge, L., Tsirogiannis, C., Mortensen, P. B., & Svenning, J. C.: Residential green space in childhood is associated with lower risk of psychiatric disorders from adolescence into adulthood. Proceedings of the national academy of sciences, 116, 5188–5193. 2019.

74 Kotrschal, K.: Do companion animals support social, emotional and cognitive development of children? In: Lisa Freund, Sandra McCune, Peggy McCardle, Layla Esposito, & Nancy Gee (Eds.): Social Neuroscience of Human-Animal Interaction. NIH-Waltham Symposium on HAI and Child Development. Washington: American Psychological Assiciation 2016.

75 Z. B.: https://www.zeit.de/gesundheit/2023-03/krankschreibungen-psychische-erkrankungen-fehlzeiten-gestiegen-studie

76 Definition: https://www.who.int/health-topics/one-health#tab=tab_1; Mota-Rojas, D., Monsalve, S., Lezama-García, K., Mora-Medina, P., Domínguez-Oliva, A., Ramírez-Necoechea, R., & Garcia, R. D. C. M.: Animal abuse as an indicator of domestic violence: One health, one welfare approach. Animals, 12, 977. 2022.

77 Diamond, A.: Executive functions. In Handbook of clinical neurology. Vol. 173, S. 225–240. Elsevier 2020.

78 Z. B.: https://www.psychologicalscience.org/observer/i-need-to-hold-your-hand-the-social-regulation-of-emotion

79 Kotrschal, K. & Ortbauer, B.: Behavioural effects of the presence of a dog in the classroom. Anthrozoös, 16, 147–159. 2003.

80 Hergovich, A., Monshi, B., Semmler, G. & V. Zieglmayer: The effects of the presence of a dog in the classroom. Anthrozoös, 15(1), 37–50. 2002. https://doi.org/10.2752/089279302786992775; 2002.

81 https://klf.univie.ac.at/de/

82 Festetics, A.: Konrad Lorenz. Aus der Welt des großen Naturforschers. München: Piper 1983.

83 http://www.lebensraum-heidlmair.at/

84 Bei gut gehaltenen Hunden unter regelmäßiger veterinärmedizinischer Kontrolle bereitet auch der enge Umgang mit ihnen kein Hygieneproblem. Im Gegenteil, Menschen, die mit Kumpantieren aufwachsen und leben, zeigen weniger allergische Reaktionen und ein reichhaltigeres Mikrobiom als solche, die ohne Tier leben. Qualität und Vielfalt des Mikrobioms – also der Gesamtheit der Mikroflora auf Schleimhäuten und Haut – beeinflusst stark Wohlbefinden und die Widerstandskraft gegen Erkrankungen.

85 https://utheses.univie.ac.at/detail/34205#
86 Gaekwad, J. S., Sal Moslehian, A., Roös, P. B., & Walker, A.: A meta-analysis of emotional evidence for the biophilia hypothesis and implications for biophilic design. Frontiers in Psychology, 13, 750245. 2022.
87 Bidoli, E.: Hundegestützte Pädagogik in Bayern unter den Aspekten Tierschutz und Sicherheit. Masterarbeit. Universitätsbibliothek der Ludwig-Maximilians-Universität 2023.
88 https://www.bmbwf.gv.at/Themen/schule/schulpraxis/pwi/pa/hundeinderschule.html
89 Brelsford, V. L., Meints, K., Gee, N. R., & Pfeffer, K.: Animal-assisted interventions in the classroom – A systematic review. International journal of environmental research and public health, 14, 669. 2017.
90 Beetz, A.: Hunde im Schulalltag. München: Reinhardt Verlag 2021.
91 Hall, S. S., Gee, N. R., & Mills, D. S.: Children reading to dogs: A systematic review of the literature. PloS one, 11(2), e0149759. 2016. https://www.betzold.at/blog/lesefoerderung-mit-hund/; https://www.stiftunglesen.de/informieren/unsere-themen/hundgestuetztes-lesen; http://www.hundetrick.de/tricks/profi-tricks/rechnen/
92 Beetz, A. & M. Heyer: Leseförderung mit Hund. München: Reinhardt Verlag 2020.
93 Gee, N. R., Griffin, J. A., & McCardle, P.: Human–animal interaction research in school settings: Current knowledge and future directions. Aera Open, 3(3), 2332858417724346. 2017.
94 Levinson, B.M. & G.P. Mallon: Pet-orientated child psychotherapy. Apringfield, USA: C.C.Thomas 1969.
95 Z. B.: Julius, H., Beetz, A., Kotrschal, K., Turner, D. C., & Uvnäs-Moberg, K.: Bindung zu Tieren: psychologische und neurobiologische Grundlagen tiergestützter Interventionen. Göttingen: Hogrefe Verlag 2014.
96 https://chowtales.com/sigmund-freud-and-his-chows/; https://www.zeit.de/2006/09/F-Hund; https://www.faz.net/aktuell/feuilleton/buecher/rezensionen/sachbuch/briefwechsel-zwischen-sigmund-freud-und-marie-bonaparte-18519778.html;
97 https://en.wikipedia.org/wiki/Jofi
98 S. Endnote 2.
99 Kotrschal, K.: How wolves turned into dogs and how dogs are valuable in meeting human social needs. People and Animals: The International Journal of Research and Practice, 1(1), 6. 2018.
100 https://www.zzf.de/marktdaten/heimtiere-in-deutschland
101 Hawkins, R. D., Hawkins, E. L., & Tip, L.: „I can't give up when I have them to care for": People's experiences of pets and their mental health. Anthrozoös, 34, 543–562. 2021.
102 Purewal, R., Christley, R., Kordas, K., Joinson, C., Meints, K., Gee, N., & Westgarth, C.: Companion animals and child/adolescent development: A systematic review of the evidence. International journal of environmental research and public health, 14, 234. 2017; Dueñas, J. M., Gonzàlez, L., Forcada, R., Duran-Bonavila, S., & Ferre-Rey, G.: The relationship between living with dogs and social and emotional development in childhood. Anthrozoös, 34(1), 33–46. 2021.
103 Purewal, R., Christley, R., Kordas, K., Joinson, C., Meints, K., Gee, N., & Westgarth, C.: Companion animals and child/adolescent development: A systematic review of the evidence. International journal of environmental research and public health, 14(3), 234. 2017; Groenewoud, D., Enders-Slegers, M. J., Leontjevas, R., Van Dijke, A., de Winkel, T., & Hediger, K.: Children's bond with companion animals and associations with psychosocial health: A systematic review. Frontiers in Psychology, 14, 1120000. 2023.
104 Z. B.: Suprise, K. L.: The efficacy of therapeutic horticulture and animal-assisted therapy to promote prosocial behavior in foster youth. PhD, California State University, 2013.
105 De Waal, F.: Mama's last hug: Animal emotions and what they tell us about ourselves. New York: W.W. Norton & Company 2019; Chan, M. C. H., Schonert-Reichl, K. A., & Binfet, J. T.: Human–animal interactions and the promotion of social and emotional competencies: A scoping review. Anthrozoös, 35(5), 647–692. 2022.

106 Kotrschal, K. & B. Ortbauer: Behavioural effects of the presence of a dog in the classroom. Anthrozoös, 16, 147–159. 2003. Auf Basis biologischer Unterschiede zeigen Mädchen ein stärkeres Interesse an Sozialem als Knaben; Letztere neigen auch mit einer wesentlich höheren Wahrscheinlichkeit zu autistischen Eigenschaften als Mädchen. Solche biologischen Unterschiede werden natürlich durch gesellschaftliche Rollenerwartungen verstärkt. Jedenfalls entspricht es der Erfahrung fast aller Eltern mit weiblichem und männlichem Nachwuchs, dass Erstere eher zu sozialem Rollenspiel, Letztere eher zu rauen Bewegungsspielen neigen; Kotrschal, K. & B. Ortbauer: Behavioural effects of the presence of a dog in the classroom. Anthrozoös, 16, 147–159. 2003.

107 Kotrschal, K., Schöberl, I., Bauer, B., Thibeaut, A-M. & Wedl, M.: Dyadic relationships and operational performance of male and female owners and their male dogs. Behavioural Processes, 81, 383–391. 2009. Rüden mit Männern als primäre Bezugsperson gaben sich nach außen entspannter als solche in Frauenhand. Hat möglicherweise damit zu tun, dass Rüden je nach Geschlecht der Halter andere Geschlechterrollen spielen.

108 https://www.heute.at/s/tiere-haustiere-haustier-oder-kind-das-wollen-junge-frauen-heutzutage-100209505

109 Guéguen, Nicolas und Ciccotti, Serge: Domestic Dogs as Facilitators in Social Interaction: An Evaluation of Helping and Courtship Behaviors. Anthrozoös, 21, 339–349. 2008.

110 Schneider, M. S., & Harley, L. P.: How dogs influence the evaluation of psychotherapists. Anthrozoös, 19(2), 128–142. 2006.

111 Z. B.: Singer, T., & Lamm, C.: The social neuroscience of empathy. Annals of the New York Academy of Sciences, 1156, 81–96. 2009.

112 Wayne, R. K., & Vonholdt, B. M.: Evolutionary genomics of dog domestication. Mammalian Genome, 23, 3–18. 2012.

113 Curley, J. P., & Keverne, E. B.: Genes, brains and mammalian social bonds. Trends in Ecology & Evolution, 20, 561–567. 2005.

114 https://www.alleydog.com/glossary/definition.php?term=Audience+Effect

115 Nitzschner, M., Melis, AP., Kaminski, J., Tomasello, M. (2012): Dogs (Canis familiaris) Evaluate Humans on the Basis of Direct Experiences Only. PLoS ONE 7(10): e46880. doi:10.1371/journal.pone.0046880

116 Freidin, E., Putrino, N., D'Orazio, M., Bentosela, M. (2013) Dogs' Eavesdropping from People's Reactions in Third Party Interactions. PLoS ONE 8(11): e79198. doi:10.1371/journal.pone.0079198

117 Davis, T. N., Weston, R., Hrabal, J., Lively, P., & McHenry, R. Animal-assisted therapy. In J. L. Matson & P. Sturmey (Eds.), Handbook of autism and pervasive developmental disorder: Assessment, diagnosis, and treatment (S. 1389–1407). Springer Nature, 2022. https://doi.org/10.1007/978-3-030-88538-0_62. 2022; Fin, A.H.: Handbook of Animal-Assisted Therapy. Amsterdam: Elsevier 2015; Wohlfarth, R. & B. Mutschler: Praxis der hundegestützten Therapie. München: Reinhardt Verlag 2016.

118 Wohlfarth, R. & B. Mutschler: Praxis der hundegestützten Therapie. München: Reinhardt Verlag 2016.

119 Kotrschal, K.: Mensch. Woher wir kommen. Wer wir sind. Wohin wir gehen. Wien: Brandstätter 2019.

120 Julius, H., Beetz, A., Kotrschal, K., Turner, D. C., & Uvnäs-Moberg, K.: Bindung zu Tieren: psychologische und neurobiologische Grundlagen tiergestützter Interventionen. Hogrefe Verlag 2014.

121 https://www.avma.org/resources-tools/avma-policies/animal-assisted-interventions-definitions

122 Meist Kortisol, weil dieses Steroidhormon einfach, etwa minimal invasiv, auch aus Speichel zu beproben, chemisch stabil und einfach zu analysieren ist; zudem ist dieses wichtigste metabolische Hormon auch das zentrale „Stress"(eigentlich Anti-Stress)-Hormon. Die Interpretation der gemessenen Werte ist freilich nur parallel zu beobachtetem Verhalten sinnvoll, da es der Kortisolwert allein nicht erlaubt, darauf zu schließen, ob er aufgrund von freudiger Erregung oder etwa Angst und Vermeidung erhöht ist. Z. B.: Glenk, L. M. Current perspectives on therapy dog welfare in animal-assisted interventions. Animals, 7(2), 7, 2017.

123 https://iahaio.org/wp/wp-content/uploads/2017/05/iahaio-white-paper-2014-german.pdf

124 Beetz, A., Uvnäs-Moberg, K., Julius, H., & Kotrschal, K.: Psychosocial and psychophysiological effects of human-animal interactions: the possible role of oxytocin. Frontiers in Psychology, 3, 26183. 2012.

125 So wurde berichtet, dass Patienten unter Tierbegleitung geringere Schmerzmitteldosen benötigten (s. Beetz et al. 2012).

126 Julius, H., Beetz, A., Kotrschal, K., Turner, D. C., & Uvnäs-Moberg, K.: Bindung zu Tieren: psychologische und neurobiologische Grundlagen tiergestützter Interventionen. Hogrefe Verlag 2014.

127 https://fgoe.org/One_Health_Definition. Die Gesundheit von Menschen, Haus- und Wildtieren, Pflanzen und der weiteren Umwelt sind eng miteinander verbunden und voneinander abhängig. Dieser Ansatz mobilisiert verschiedene Sektoren, Disziplinen und Gemeinschaften auf unterschiedlichen Ebenen der Gesellschaft, um das gemeinsame Wohlergehen zu fördern, die Bedrohungen der Gesundheit und der Ökosysteme zu bekämpfen und gleichzeitig den kollektiven Bedarf an sauberem Wasser, Energie und Luft sowie an Lebensmitteln zu decken, Maßnahmen gegen den Klimawandel zu ergreifen und zu einer nachhaltigen Entwicklung beizutragen. Zumindest theoretisch. Möge diese wunderbare Definition zur weltweiten Praxis werden!

128 Dieser Begriff findet sich in den Tierschutzgesetzen zivilisierter Länder. Ein vernünftiger Grund wäre etwa das Töten von Wirbeltieren zur Lebensmittelgewinnung oder im Rahmen waidgerechter Jagdausübung. Mit dem Wechsel gesellschaftlicher Einstellungen kann sich auch ändern, was als „vernünftiger Grund" mehrheitlich akzeptiert wird.

129 Eine Studie, die möglichst viele wissenschaftliche Studien zu einem Thema zusammenfasst und die untersuchten Parameter quantitativ auswertet und bewertet. Solche Studien sind sehr wichtig, um Ordnung und Struktur angesichts einander nicht selten widersprechender Originalarbeiten zu gewinnen.

130 Meixner, J. & Kotrschal, K.: Animal-Assisted Interventions with Dogs in Special Education—A Systematic Review. Frontiers in Psychology, 13:876290. doi: 10.3389/fpsyg.2022.876290. 2022.

131 Kotrschal, K.: Ist die Menschheit noch zu retten? Gefahren und Chancen unserer Natur. Wien: Residenz Verlag 2020.

132 Wurde 2008 durch Friederike Range, Zsofia Viranyi und Kurt Kotrschal an der Konrad Lorenz Forschungsstelle (https://klf.univie.ac.at/de/) im oberösterreichischen Grünau gegründet und übersiedelte 2009 ins niederösterreichische Ernstbrunn, wo es sich rasch zu einer weltweit einzigartigen Institution entwickelte. Ziel war, „faire" experimentelle Vergleiche zwischen Wölfen und Hunden zu ziehen, um so herauszufinden, worin eigentlich die Hundwerdung im Zusammenleben mit Menschen besteht. Zudem sind Wölfe auch gute Modelltiere, um zur biologischen Basis der Kooperationsbereitschaft beim Menschen zu arbeiten. Bis 2018 durch die Gründer als Privatbetrieb geführt, heute Teil der Uni für Veterinärmedizin Wien (https://www.wolfscience.at/).

133 Kotrschal, K.: Hund-Mensch. Das Geheimnis der Seelenverwandtschaft. Wien: Brandstätter 2016. Kotrschal, K.: Der Wolf und wir. Wie aus ihm unser erstes Haustier wurde. Wien: Brandstätter 2022; Range, F., & Marshall-Pescini, S.: Wolves and Dogs: Between Myth and Science. Berlin: Springer Nature 2022.

134 Zahlreiche Studien, z. B.: Capitain, S., Cimarelli, G., Blenkuš, U., Range, F., & Marshall-Pescini, S.: Streetwise dog testing: Feasibility and reliability of a behavioural test battery for free-ranging dogs in their natural habitat. PLoS One, 19, e0296509. 2024.

135 Gilt ja auch für die eigentümliche Regel der katholischen Kirche, dass ein Wunder festgestellt (nicht aber erklärt) werden muss, bevor ein Mensch heiliggesprochen werden kann.

136 Kotrschal, K.: Mensch. Woher wir kommen. Wer wir sind. Wohin wir gehen. Wien: Brandstätter 2019.

137 Kotrschal, K.: Ist die Menschheit noch zu retten? Gefahren und Chancen unserer Natur. Wien: Residenz Verlag 2020.

138 https://de.wikipedia.org/wiki/Biophilie; Wilson E.O.: Biophilia. Cambridge, MA: Harvard University Press 1984.

139 DeLoache, J.S., Pickard, M.B., & LoBue, V.: How very young children think about animals. In: S. McCune, S. J.A. Griffin, & V. Maholmes (Eds.), How animals affect us: Examining the influences of human-animal interaction on child development and human health, S. 85–99. Washington, DC: American Psychological Association 2011.

140 Serpell, J.: Das Tier und wir. Eine Beziehungsstudie. Zürich: A. Müller 1990.

141 Christakis, N. A.: Blueprint: Wie unsere Gene das gesellschaftliche Zusammenleben prägen. Frankfurt: S. Fischer 2019.

142 – also jenen Prägungen der Gene, die durch die Lebensstile der Eltern entstehen. Generell entstehen alle biologischen und daher auch mentalen Eigenschaften in Interaktion zwischen dem Genom, dem Epigenom, der sozialen und gesellschaftlichen Einbettung – weil es starke Einflüsse der Umwelt auf Genexpression und Epigenom gibt: Jablonka, E., & Lamb, M. J.: Evolution in four dimensions, revised edition: Genetic, epigenetic, behavioral, and symbolic variation in the history of life. MIT press 2014.

143 Mit „Mindset" sind hier Anlagen und Voreinstellung gemeint, wie man auf die Herausforderungen der Umwelt reagiert, bzw. wie sich die Wechselwirkungen zwischen Individuen und über die Lebenszeit entwickeln: Art und Flexibilität des Fühlens und Denkens im Zurechtfinden mit der öko-sozialen Umwelt. Dieses Mindset ist artspezifisch im Rahmen der „Reaktionsnorm" (also allem, was auf Basis eines bestimmten Genoms in Interaktion mit der Umwelt verwirklichbar ist), die bei Menschen und Hunden vergleichsweise weit und flexibel angelegt ist.

144 Shipman, P.: The Invaders: How humans and their dogs drove Neanderthals to extinction. Harvard: HUP 2015.

145 Wölfe zeigen eine Vielfalt kulturell bedingter Formen des Lebens, beispielsweise als Territoriale und Migranten (mit den großen Rentierherden) auf dem nordamerikanischen Kontinent: z. B: Arnds, P.: Wolves at the door: Migration, dehumanization, Rewilding the world. London, New York: Bloomsbury Publishing 2021.

146 Voland, E.: Soziobiologie: Die Evolution von Kooperation und Konkurrenz. Berlin: Springer 2013.

147 Range, F., Horn, L., Viranyi, Z., & Huber, L.: The absence of reward induces inequity aversion in dogs. Proceedings of the National Academy of Sciences, 106(1), 340–345. 2009.

148 Dunbar, R. I.: Breaking bread: the functions of social eating. Adaptive Human Behavior and Physiology, 3, 198–211. 2017.

149 Brown, D. E.: Human universals, human nature & human culture. Daedalus, 133, 47–54. 2004.

150 Knurren und andere Lautäußerungen, aufgestellte Rückenhaare etc. Wölfe zeigen zwar dasselbe Ausdrucksverhalten wie Hunde, sind aber darin differenzierter, ausdrucksstärker und daher nach ein wenig Training auch sehr gut zu „lesen". Z. B.: Dale, R., Range, F., Stott, L., Kotrschal, K., & Marshall-Pescini, S.: The influence of social relationship on food tolerance in wolves and dogs. Behavioral Ecology and Sociobiology, 71, 1–14. 2017.

151 Dunbar, R. I.: Breaking bread: the functions of social eating. Adaptive Human Behavior and Physiology, 3, 198–211. 2017.

152 Als Affekte bezeichnet man unbewusste Stimmungslagen, während Emotionen bewusst werden. Da Hunde über Bewusstsein verfügen, ist es wahrscheinlich, dass Affekte auch Hunden zumindest teilweise bewusst werden – umgekehrt weiß man ja auch, dass nicht allen Menschen alle ihre Affekte bewusst zugänglich sind. Z. B.: Panksepp, J.: Affective neuroscience: The foundations of human and animal emotions. Oxford: OUP 2004.

153 Darwin, C. R.: The expression of the emotions in man and animals. London: John Murray 1872.

154 Ekman, P. (Ed.): Darwin and facial expression: A century of research in review. Los Altos, CA: Malor books 2006.

155 Mit einiger Wahrscheinlichkeit hat sich das mehr oder weniger komplexe Gefühlsleben der Säugetiere und Vögel aus dem Vermeiden von ungünstigen und dem Verweilen in günstigen Umständen entwickelt. Affekte wirken über akute Reizsituationen hinaus und ermöglichen so dem Individuum, nicht etwa vorschnell Entwarnung zu geben, weswegen sie stammesgeschichtlich sehr alt sind.

156 Z. B: Müller, C. A., Schmitt, K., Barber, A. L., & Huber, L.: Dogs can discriminate emotional expressions of human faces. Current Biology, 25, 601–605. 2015.

157 Julius, H., Beetz, A., Kotrschal, K., Turner, D. C., & Uvnäs-Moberg, K.: Bindung zu Tieren: psychologische und neurobiologische Grundlagen tiergestützter Interventionen. Hogrefe Verlag 2014.

158 John Bowlby wurde 1907 in einer Familie der Londoner Gesellschaft geboren. Der Knabe wurde nicht „verzärtelt", sondern bereits mit sechs Jahren ins Internat abgeschoben, was ihn sehr verletzte und seine Forschungen zur Kind-Mutter-Bindung motivierte. Wichtige Partner und Partnerinnen in dieser Forschung waren unter anderem Mary Ainsworth, Robert Hinde und Harry Harlow. https://de.wikipedia.org/wiki/John_Bowlby; Z. B: Allen, B.: The historical foundations of contemporary attachment theory: From John Bowlby to Mary Ainsworth. In: B. Allen, The science and clinical practice of attachment theory: A guide from infancy to adulthood (S. 13–35). American Psychological Association. https://doi.org/10.1037/0000333-002. 2023.

159 Miyake, A., Friedman, N. P., Emerson, M. J., Witzki, A. H., Howerter, A., & Wager, T. D.: The unity and diversity of executive functions and their contributions to complex „frontal lobe" tasks: A latent variable analysis. Cognitive psychology, 41, 49–100. 2000.

160 Österreich, Deutschland und Schweiz gemeinsam: Beetz, A., Kotrschal, K., Turner, D. C., Hediger, K., Uvnäs-Moberg, K., & Julius, H.: The effect of a real dog, toy dog and friendly person on insecurely attached children during a stressful task: An exploratory study. Anthrozoös, 24, 349–368. 2011.

161 Solomon, J., Beetz, A., Schöberl, I., Gee, N., & Kotrschal, K.: Attachment security in companion dogs: Adaptation of Ainsworth's strange situation and classification procedures to dogs and their human caregivers. Attachment & Human Development, 21, 389–417. 2019.

162 https://de.wikipedia.org/wiki/Mary_Ainsworth

163 Entsprechend der Erfahrung mit einer Malinois-Hündin, die von einer Hundetrainerin aus katastrophalen Verhältnissen gerettet wurde, wo versucht wurde, die gerade mal fünf Monate alte Hündin mit Gewalt „mannscharf" abzurichten. Sie entwickelte sich zu einer wunderbaren, toll trainierten Hündin, die sich aber kaum länger als eine Sekunde konzentrieren konnte – ein deutlicher Hinweis auf schlecht ausgebildete exekutive Funktionen.

164 Kotrschal, K., Schöberl, I., Bauer, B., Thibeaut, A-M. & Wedl, M.: Dyadic relationships and operational performance of male and female owners and their male dogs. Behavioural Processes, 81, 383–391. 2009.

165 Ragatz, L., Fremouw, W., Thomas, T., & McCoy, K.: Vicious dogs: the antisocial behaviors and psychological characteristics of owners. Journal of Forensic Sciences, 54, 699–703. 2009.

166 Und parallel dazu wahrscheinlich bei den diesbezüglich schlecht untersuchten nestflüchtenden Vögeln. Eibl-Eibesfeldt, I.: Wie die Liebe in die Welt kam. Die Entwicklung der persönlichen Eltern-Kind-Beziehung als Sternstunde in der sozialen Evolution. In: Unser Kind – das Kind in uns. Goldegger Dialoge. Tagungsband 1994 Hrsg.: Kulturverein Schloß Goldegg. 11–26. 1994.

167 Bei Säugetieren einschließlich Menschen ein häufiges Muster: Z. B.: Casagrande, B., Pedroso, T., Keren Deringer, L., Pereira, A.D., & H.F. Vogel: Ethological bases of infanticide: a state-of-the-art approach to mammals. Uningá Review, 39, doi.org/10.46311/2178-2571.39.eURJ4539. 2024.

168 Z. B.: Carter, C. S., Kenkel, W. M., MacLean, E. L., Wilson, S. R., Perkeybile, A. M., Yee, J. R., & Kingsbury, M. A.: Is oxytocin „nature's medicine"?. Pharmacological Reviews, 72(4), 829–861. 2020.

169 Curley, J. P., & Keverne, E. B.: Genes, brains and mammalian social bonds. Trends in Ecology & Evolution, 20, 561–567. 2005.

170 Julius, H., Beetz, A., Kotrschal, K., Turner, D. C., & Uvnäs-Moberg, K.: Bindung zu Tieren: psychologische und neurobiologische Grundlagen tiergestützter Interventionen. Hogrefe Verlag 2014.

171 https://de.wikipedia.org/wiki/Pers%C3%B6nlichkeit

172 Zell, E., & Lesick, T. L.: Big five personality traits and performance: A quantitative synthesis of 50+ meta-analyses. Journal of personality, 90(4), 559–573. 2022.

173 Z. B.: Santicchia, F., Wauters, L. A., Dantzer, B., Westrick, S. E., Ferrari, N., Romeo, C., & Martinoli, A.: Relationships between personality traits and the physiological stress response in a wild mammal. Current Zoology, 66, 197–204. 2020.

174 Jablonka, E., & Lamb, M. J.: Evolution in four dimensions, revised edition: Genetic, epigenetic, behavioral, and symbolic variation in the history of life. MIT press 2014.

175 Sulloway, F.: Born to Rebel: Birth Order, Family Dynamics, and Creative Lives. New York: Pantheon Books 1996.

176 Kotrschal, K.: Mensch. Woher wir kommen. Wer wir sind. Wohin wir gehen. Wien: Brandstätter 2019.

177 Solomon, J., Beetz, A., Schöberl, I., Gee, N., & Kotrschal, K.: Attachment security in companion dogs: Adaptation of Ainsworth's strange situation and classification procedures to dogs and their human caregivers. Attachment & Human Development, 21, 389–417. 2019.

178 Kotrschal, K., Scheiber, I.B.R. & Hirschenhauser, K.: Individual Performance in Complex Social Systems: The Greylag Goose Example. In: Animal Behaviour: Evolution and Mechanisms. P. Kappeler (ed.), 121–148. Berlin: Springer 2010.

179 Kocsor, F., Rezneki, R., Juhász, S., & Bereczkei, T.: Preference for facial self-resemblance and attractiveness in human mate choice. Archives of Sexual Behavior, 40, 1263–1270. 2011.

180 Gemeint ist damit jene taxonomische Ordnung der Säugetiere, welche die Hunde-Katzen-Marderartigen etc. enthält, nicht aber Fleischfresser im Gegensatz zu Vegetariern.

181 Reiz-Reaktions-Systeme, die in einer artspezifischen Weise evolutionär angelegt werden, als Verhaltensanpassung an bestimmte Umwelten. Sind im Gegensatz zu bewussten Entscheidungen rasch abrufbar, in ihrer Form kaum durch Lernen modifizierbar, können aber sehr wohl auf Basis von Erfahrung in einem Ausmaß hemm- und kontextspezifisch passend eingesetzt werden. Bewegt sich allerdings in artspezifischen Grenzen. Klassiker und Pionierarbeit dazu: Tinbergen, N.: The Study of Instinct. Lexington, Mass.: Plunkett Lake Press 1951.

182 https://de.wik ipedia.org/wiki/Hans_Selye

183 Z. B.: Dobson, J.: Fears, phobias and anxiety disorders in cats and dogs. VN Times, 10. 2012.

184 Z. B.: Moberg, K. U., & Petersson, M.: Physiological effects induced by stimulation of cutaneous sensory nerves, with a focus on oxytocin. Current Opinion in Behavioral Sciences, 43, 159–166. 2022.

185 Kotrschal, K.: Wolf-Dog-Human: Companionship Based on Common Social Tools. Animals, 13(17), 2729. 2023.

186 Z. B.: Berns, G. S., Brooks, A. M., & Spivak, M.: Scent of the familiar: An fMRI study of canine brain responses to familiar and unfamiliar human and dog odors. Behavioural Processes, 110, 37–46. 2015.

187 Z. B.: Boch, M., Huber, L., & Lamm, C.: Domestic dogs as a comparative model for social neuroscience: Advances and challenges. Neuroscience & Biobehavioral Reviews, 105700. 2024.

188 Goodson, J. L.: The vertebrate social behavior network: evolutionary themes and variations. Hormones and Behavior, 48, 11–22. 2005.

189 O'Connell, L. A., & Hofmann, H. A.: Evolution of a vertebrate social decision-making network. Science, 336, 1154–1157. 2012.

190 Die komplexen Leistungen der sozialen Insekten beruhen auf anderen, relativ einfachen Mechanismen und „Schwarmintelligenz", wenn auch einzelne Honigbienen oder Blattschneiderameisen nicht einfach Reiz-Reaktions-Maschinen sind.

191 Friedman, N. P., & Robbins, T. W.: The role of prefrontal cortex in cognitive control and executive function. Neuropsychopharmacology, 47, 72–89. 2022.

192 Jones, D. T., & Graff-Radford, J.: Executive dysfunction and the prefrontal cortex. CONTINUUM: Lifelong Learning in Neurology, 27, 1586–1601. 2021.

193 Bennett, M. S.: What behavioral abilities emerged at key milestones in human brain evolution? 13 hypotheses on the 600-million-year phylogenetic history of human intelligence. Frontiers in Psychology, 12, 685853. 2021.

194 Vierkant, T.: The tinkering mind: Agency, cognition, and the extended mind. Oxford: OUP 2022.

195 Berlin, I.: The roots of romanticism. Ed. By Henry Hardy. Princeton: PUP 1999.

196 Kotrschal, K.: Mensch. Woher wir kommen. Wer wir sind. Wohin wir gehen. Wien: Brandstätter 2019.

197 https://www.abriefhistoryofintelligence.com/about-author; als bestens informierter Laie am Gebiet der Neurobiologie schaffte er die bis dato umfassendste Synthese zur Evolution des Gehirns der Wirbeltiere und des Menschen: Bennett, M.: A brief history of intelligence. Evolution, AI and the five breakthroughs that made our brain. Boston: Mariner Books 2023.

198 https://en.wikipedia.org/wiki/The_Descent_of_Man,_and_Selection_in_Relation_to_Sex

199 Jene Säugetiere, bei denen die Großhirnrinde aufgrund der Vergrößerung ihrer Fläche in Falten liegt – im Gegensatz zu den „kleinhirnigen Säugetieren“, mit glatter Oberfläche des Großhirns.

200 Dunbar, R.: The Social Brain Hypothesis Thirty Years On: Some Philosophical Pitfalls of Deconstructing Dunbar's Number. Annales Academiae Scientiarum Fennicae, 1, 8–27. 2023.

201 Pepperberg, I. M.: The comparative psychology of intelligence: Some thirty years later. Frontiers in Psychology, 11, 973. 2020.

202 Pilley, J. W., & Hinzmann, H.: Chaser: Unlocking the genius of the dog who knows 1000 words. New York: Simon and Schuster 2014

203 Jardim-Messeder, D., Lambert, K., Noctor, S., Pestana, F. M., de Castro Leal, M. E., Bertelsen, M. F., & Herculano-Houzel, S.: Dogs have the most neurons, though not the largest brain: trade-off between body mass and number of neurons in the cerebral cortex of large carnivoran species. Frontiers in Neuroanatomy, 11, 296229. 2017.

204 Grandin, T. & C. Johnson: Animals Make Us Human: Creating the Best Life for Animals. New York: Houghton-Mifflin Harcourt 2009.

205 Eibl-Eibesfeldt, I.: Wie die Liebe in die Welt kam. Die Entwicklung der persönlichen Eltern-Kind-Beziehung als Sternstunde in der sozialen Evolution. In: Unser Kind – das Kind in uns. Goldegger Dialoge. Tagungsband 1994. Hrsg.: Kulturverein Schloß Goldegg. 11–26. 1994.

206 Versuche, Gott auf naturwissenschaftlicher Basis zu beweisen oder zu widerlegen, sind letztlich immer Kategorie-Irrtümer, z. B.: Dawkins, R.: God als misvatting. NL, Nieuw Amsterdam. 2013.

207 Kotrschal, K.: Mensch. Woher wir kommen. Wer wir sind. Wohin wir gehen. Wien: Brandstätter 2019.

208 https://www.dogster.com/dog-breeds/how-many-dog-breeds-in-the-world

209 Jablonka, E., & Lamb, M. J.: Evolution in four dimensions, revised edition: Genetic, epigenetic, behavioral, and symbolic variation in the history of life. MIT press 2014.

210 Axelsson, E., Ratnakumar, A., Arendt, M. L., Maqbool, K., Webster, M. T., Perloski, M., ... & Lindblad-Toh, K.: The genomic signature of dog domestication reveals adaptation to a starch-rich diet. Nature, 495, 360–364. 2013.

211 Rao, A., Range, F., Kadletz, K., Kotrschal, K., & Marshall-Pescini, S.: Food preferences of similarly raised and kept captive dogs and wolves. PLoS One, 13, e0203165. 2018.

212 Jardim-Messeder, D., Lambert, K., Noctor, S., Pestana, F. M., de Castro Leal, M. E., Bertelsen, M. F., ... & Herculano-Houzel, S.: Dogs have the most neurons, though not the largest brain: trade-off between body mass and number of neurons in the cerebral cortex of large carnivoran species. Frontiers in Neuroanatomy, 11, 296229. 2017.

213 Range, F., & Marshall-Pescini, S.: Wolves and Dogs: Between Myth and Science. Berlin: Springer Nature 2022.

214 https://www.ncbi.nlm.nih.gov/pmc/articles/PMC7116352/

215 https://crufts.org.uk/about-us/

216 Parker, H. G., Dreger, D. L., Rimbault, M., Davis, B. W., Mullen, A. B., Carpintero-Ramirez, G., & Ostrander, E. A.: Genomic analyses reveal the influence of geographic origin, migration, and hybridization on modern dog breed development. Cell reports, 19, 697–708. 2017; Meadows, J. R., Kidd, J. M., Wang, G. D., Parker, H. G., Schall, P. Z., Bianchi, M., ... & Ostrander, E. A.: Genome sequencing of 2000 canids by the Dog10K consortium advances the understanding of demography, genome function and architecture. Genome Biology, 24, 187. 2023.

217 Topál, J. et al. Dog-human relationship affects problem solving behavior in the dog. Anthrozoös, 10, 214–224. 1997; Kujala, M.V., et al. Modulation of dog-owner relationship and dog social and cognitive behavior by owner temperament and dog breed group. Scientific Reports, 13, 14739. 2023.

218 Problematisch wird es, wenn Formwertrichter die Rassestandards extrem auslegen, was u. a. bewirkte, dass etwa die Schnauzen von Mops und vielen andere Rassen immer kürzer und zum „Qualzuchtmerkmal" wurden, weil damit Atmung und Thermoregulation nur mehr eingeschränkt funktionieren. Die Nachkommen solchermaßen hochprämierter Zuchttiere erzielen hohe Preise, womit eine Allianz zwischen Züchter und Richter im Sinne immer extremerer Merkmale entsteht. Und die Halter machen mit, weil Hunde aus Championzucht, sozusagen als „Markenartikel", vermeintlich prestigeträchtig sind. Heute gibt es zunehmend gesetzliche Regeln gegen Qualzucht und die Hundeverbände, etwa der ÖKV in Österreich, bemühen sich um eine vernünftige Auslegung der Standards durch Formwertrichter – bislang mit überschaubarem Erfolg.

219 Wie etwa bei den Eurasiern, wo sich europäische FCI-Zuchtvereine zusammentaten und auf Basis detaillierter Gesundheitsdaten von mittlerweile 30.000 Hunden in einer Datenbank verpaart wird: https://ifez-eurasier.com/en/

220 https://de.wikipedia.org/wiki/Mendelsche_Regeln

221 Oeser, E.: Hund und Mensch. Zürich: Primus 2003.

222 Peer Review = Begutachtung durch Fachkollegen und -kolleginnen. Ernstzunehmende wissenschaftliche Journale lassen zur Publikation eingereichte Manuskripte von Fachkollegen auf Inhalt und formale Anforderungen begutachten. Dies tun auch nationale und internationale Agenturen mit Finanzierungsanträgen für wissenschaftliche Projekte. Dies sichert einerseits den wissenschaftlichen Standard, macht aber auch den wissenschaftlichen Prozess recht konservativ.

223 Z. B. Krause, J. & T. Trappe: Die Reise unserer Gene. Eine Geschichte über uns und unsere Vorfahren. Berlin: Propyläen 2019.

224 Z. B.: Markova, A. K.: Pleistocene mammal faunas of Eastern Europe. Quaternary International, 160, 100–111. 2007.

225 Neandertaler und moderne Menschen trennten sich vor etwa 900.000 Jahren mit der frühen Auswanderung von *Homo erectus* aus Afrika. Im Zuge der viel späteren Auswanderung von *Homo sapiens* aus Afrika vermischte man sich wieder, obwohl man genetisch bereits so unterschiedlich war, dass die Hybride eine geringere Fruchtbarkeit hatten.

226 Shipman, P.: The Invaders: How humans and their dogs drove Neanderthals to extinction. Harvard: HUP 2015.

227 Bocherens, H., Drucker, D. G., Germonpré, M., Lázničková-Galetová, M., Naito, Y. I., Wissing, C., & Oliva, M.: Reconstruction of the Gravettian food-web at Předmostí I using multi-isotopic tracking (13C, 15N, 34S) of bone collagen. Quaternary International, 359, 211–228. 2015.

228 Jäger und Sammler glauben bis heute generell an die Beseeltheit der Natur, an eine duale Welt (die sichtbare und die Welt der Geister), mit Schamanen als Mittler zwischen den Welten. Sie pflegen vor und nach Jagden Rituale, welche die Verwandlung in andere Tiere einschließt.

229 https://de.wikipedia.org/wiki/L%C3%B6wenmensch

230 Z. B.: Lacy, S., & Ocobock, C.: Woman the hunter: The archaeological evidence. American Anthropologist, 126, 19–31. 2024.

231 Wilson, E. O.: Die soziale Eroberung der Erde. Eine biologische Geschichte des Menschen. München: C.H. Beck 2013.

232 Lebewesen bezeichnet man dann als „domestiziert", wenn sie sich auch genetisch von der wildlebenden Stammform unterscheiden. Im Gegensatz sind zahme Wildtiere, wie etwa die Wölfe des Wolfsforschungszentrums (https://www.wolfscience.at/), sozialisiert, nicht aber domestiziert. Tatsächlich domestizierte Wölfe nennt man Hunde.

233 Generell sind etwa 90 % der Säugetierarten promisk, bzw. polygyn (ein Männchen, mehrere Weibchen) und nur selten monogam organisiert, bei den Vögeln ist es umgekehrt. Dies erklärt man sich aus den unterschiedlichen Vermehrungsstrategien, bzw. Jungenfürsorge der beiden Stämme der Wirbeltiere.

234 Habituation bedeutet bloße Gewöhnung, etwa an die Anwesenheit von Menschen, während Sozialisierung bedeutet, dass meist durch frühen Kontakt von Jungtieren mit Menschen diese von ihnen als Sozialpartner angesehen werden. Man kann als Mensch wildlebende Wölfe oder Bären an die eigene Anwesenheit gewöhnen, dies hat aber schon zu Todesfällen geführt. Dies kann im Fall von menschlichem Fehlverhalten, auch durch sozialisierte Wölfe passieren, wie etwa zuletzt 2023 im schwedischen Zoo Kolmarden. Sogar handaufgezogene Rehböcke, Rinder, Pferde, Lamas (etc.) können mit der Geschlechtsreife ziemlich gefährlich werden.

235 Mech, L. D., & Janssens, L. A.: An assessment of current wolf Canis lupus domestication hypotheses based on wolf ecology and behaviour. Mammal Review, 52, 304–314. 2022.

236 Range, F., & Marshall-Pescini, S.: Wolves and Dogs: Between Myth and Science. Berlin: Springer Nature 2022.

237 Wölfinnen und Rudel verteidigen die Welpen in den Wurfhöhlen nicht gegen Menschen, man kann sie daher unbehelligt entnehmen.

238 Z. B.: Ovodov, N. D., Crockford, S. J., Kuzmin, Y. V., Higham, T. F., Hodgins, G. W., & van der Plicht, J.: A 33,000-year-old incipient dog from the Altai Mountains of Siberia: evidence of the earliest domestication disrupted by the Last Glacial Maximum. PloS one, 6, e22821. 2011, vgl: Shipman, P.: The Invaders: How humans and their dogs drove Neanderthals to extinction. Harvard: HUP 2015.

239 Smith, B. P., & Litchfield, C. A.: A review of the relationship between indigenous Australians, dingoes (Canis dingo) and domestic dogs (Canis familiaris). Anthrozoös, 22, 111–128. 2009.

240 Shipman, P.: The Invaders: How humans and their dogs drove Neanderthals to extinction. Harvard: HUP 2015. Mit dem Buchtitel spielt Shipman darauf an, dass *Homo sapiens* die ökologisch invasivste aller auf der Erde lebenden Arten ist – wobei sich durch die Partnerschaft mit Wolf, dann Hund, die Effizienz dieser Eroberung der Erde noch wesentlich erhöhte.

241 Frantz, L. A., Mullin, V. E., Pionnier-Capitan, M., Lebrasseur, O., Ollivier, M., Perri, A., ... & Larson, G.: Genomic and archaeological evidence suggest a dual origin of domestic dogs. Science, 352, 1228–1231. 2016.

242 Das „Silberfuchs-Experiment" von Dimitri Belyaev, in dem, beginnend 1959, bis heute jedes Jahr mit den menschenfreundlichsten Füchsen weitergezüchtet wurde. Heute verhalten sich die meisten Welpen wie hochdomestizierte Hunde, gleichzeitig zeigen sie die Merkmale des „Domestikationssyndroms". Zusammengefasst etwa in Dugatkin, L. A.: The silver fox domestication experiment. Evolution: Education and Outreach, 11, 1–5. 2018.

243 Wilkins, A. S., Wrangham, R. W., & Fitch, W. T.: The „domestication syndrome" in mammals: a unified explanation based on neural crest cell behavior and genetics. Genetics, 197(3), 795–808. 2014.

244 Hare, B., Wobber, V., & Wrangham, R.: The self-domestication hypothesis: evolution of bonobo psychology is due to selection against aggression. Animal Behaviour, 83, 573–585. 2012.

245 https://de.wikipedia.org/wiki/G%C3%B6bekli_Tepe

246 Range, F., & Marshall-Pescini, S.: Wolves and Dogs: Between Myth and Science. Berlin: Springer Nature 2022.

247 Kling, A.: Unter Wölfen. Geschichte der Zivilisation und der Souveränität vom 30-jährigen Krieg bis zur Französischen Revolution. Freiburg: Rombach 2019.

248 Xenophon: Cynegeticus. On hunting with dogs. 370 BC. New York: Biblioness 2017.

249 Kotrschal, K.: Hund-Mensch. Das Geheimnis der Seelenverwandtschaft. Wien: Brandstätter 2016. Kotrschal, K.: Der Wolf und wir. Wie aus ihm unser erstes Haustier wurde. Wien: Brandstätter 2022.

250 Vgl. Gehirn & Geist vom Okt 2023: https://www.spektrum.de/news/verhaltensforschung-ein-gutes-team/2188821

251 Dunbar, R.: The Social Brain Hypothesis Thirty Years On: Some Philosophical Pitfalls of Deconstructing Dunbar's Number. Annales Academiae Scientiarum Fennicae, 1, 8–27. 2023.

252 https://de.wikipedia.org/wiki/Samojede_(Hunderasse)

253 https://play.google.com/store/apps/details?id=com.translate.doggs&hl=de_AT

254 Panksepp, J.: Affective neuroscience: The foundations of human and animal emotions. Oxford: OUP 2004.

255 Z. B.: Topál, J., Byrne, R. W., Miklósi, A., & Csányi, V.: Reproducing human actions and action sequences: „Do as I Do!" in a dog. Animal cognition, 9, 355–367. 2006; Kotrschal, K.: Hund-Mensch. Das Geheimnis der Seelenverwandtschaft. Wien: Brandstätter 2016; Kotrschal, K.: Der Wolf und wir. Wie aus ihm unser erstes Haustier wurde. Wien: Brandstätter 2022.

256 Range, F., & Marshall-Pescini, S.: Wolves and Dogs: Between Myth and Science. Berlin: Springer Nature 2022.

257 Range, F., & Virányi, Z.: Wolves are better imitators of conspecifics than dogs. PLoS One, 9, e86559. 2014.

258 Wilkins, A. S., Wrangham, R. W., & Fitch, W. T.: The „domestication syndrome" in mammals: a unified explanation based on neural crest cell behavior and genetics. Genetics, 197(3), 795–808. 2014.

259 Z. B.: Dale, R., Range, F., Stott, L., Kotrschal, K., & Marshall-Pescini, S.: The influence of social relationship on food tolerance in wolves and dogs. Behavioral Ecology and Sociobiology, 71, 1–14. 2017.

260 Ist nicht direkt willentlich zu beeinflussen, regelt alle körperlichen Funktionen wie Herzschlag, Verdauung und Atmung, die Höhe des Blutdrucks oder die Blasentätigkeit entsprechend der jeweiligen Anforderungen. Es besteht aus dem Sympathikus, der über seiner zum Rückenmark parallel verlaufenden Ganglienkette Erregung aus dem Gehirn an den Körper weitergibt, sowie dem im Wesentlichen beruhigend wirkenden Parasympathikus: https://www.gpoh.de/kinderkrebsinfo/content/erkrankungen/weitere_solide_tumoren/pohneuroblpatinfo120120611/allgemeine_informationen/autonomes_nervensystem_aufbau_und_funktion/index_ger.html

261 Kotrschal, K., Scheiber, I.B.R. & Hirschenhauser, K.: Individual Performance in Complex Social Systems: The Greylag Goose Example. In: Animal Behaviour: Evolution and Mechanisms. P. Kappeler (ed.). 121–148. Berlin: Springer 2010; Kotrschal, K.: The Social Life of Geese: Lessons from a long-term study in an avian model system, the greylag goose. In: Scheiber, I., B. Weiß, J. Hemetsberger & Kotrschal, K. (Hrsg.). The Social Life of Greylag Geese. Patterns Mechanisms and Evolutionary. Cambridge. Cambridge: CUP 2013.

262 Kortekaas, K. & Kotrschal, K.: Social context influences resting physiology in dogs. Animals, 10, 2214; doi:10.3390/ani10122214. 2020; Jean-Joseph, H.G., Kortekaas, K., Range, F. & Kotrschal, K.: Context-specific arousal during resting in wolves and dogs: Effects of domestication? Frontiers in Psychology, doi: 10.3389/fpsyg.2020.568199. 2020.

263 Schöberl, I., Wedl, M., Bauer, B., Day, J., Möstl, E. & Kotrschal, K.: Effects of owner-dog relationship and owner personality on cortisol modulation in human-dog dyads. Anthrozoös, 25, 198–214. 2012.

264 Samson, D. R., Crittenden, A. N., Mabulla, I. A., Mabulla, A. Z., & Nunn, C. L.: Hadza sleep biology: Evidence for flexible sleep-wake patterns in hunter-gatherers. American Journal of Physical Anthropology, 162, 573–582. 2017.

265 Jean-Joseph,H., Dooey, G. & Kotrschal, K.: Diurnal activity patterns of equally socialized and kept wolves, Canis lupus, and dogs, Canis lupus familiaris. Animal Behaviour, 190, 41–52. 2022.

266 Hare, B., Wobber, V., & Wrangham, R.: The self-domestication hypothesis: evolution of bonobo psychology is due to selection against aggression. Animal Behaviour, 83, 573–585. 2012.

267 Z. B: Müller, C. A., Schmitt, K., Barber, A. L., & Huber, L.: Dogs can discriminate emotional expressions of human faces. Current Biology, 25, 601–605. 2015.

268 Freidin, E., Putrino, N., D'Orazio, M., Bentosela, M.: Dogs' Eavesdropping from People's Reactions in Third Party Interactions. PLoS ONE 8(11): e79198. doi:10.1371/journal.pone.0079198. 2013.

269 Marshall-Pescini, S., Passalacqua, C., Ferrario, A., Valsecchi, P., & Prato-Previde, E.: Social eavesdropping in the domestic dog. Animal Behaviour, 81, 1177–1183. 2011.

270 Takaoka, A., Maeda, T., Hori, Y., & Fujita, K.: Do dogs follow behavioral cues from an unreliable human? Animal Cognition, 18, 475–483. 2015.

271 Heberlein, M. T., Turner, D. C., Range, F., & Virányi, Z.: A comparison between wolves, Canis lupus, and dogs, Canis familiaris, in showing behaviour towards humans. Animal Behaviour, 122, 59–66. 2016.

272 Heberlein, M. T., Manser, M. B., & Turner, D. C.: Deceptive-like behaviour in dogs (Canis familiaris). Animal Cognition, 20, 511–520. 2017.

273 Range, F., Horn, L., Viranyi, Z., & Huber, L.: The absence of reward induces inequity aversion in dogs. Proceedings of the National Academy of Sciences, 106, 340–345. 2009.

274 Brosnan, S. F., & De Waal, F. B.: Monkeys reject unequal pay. Nature, 425, 297–299. 2003.

275 Z. B.: https://people.com/6-week-old-boy-killed-by-family-dog-in-crib-8656992

276 Topál, J., Byrne, R. W., Miklósi, A., & Csányi, V.: Reproducing human actions and action sequences: „Do as I Do!" in a dog. Animal cognition, 9, 355–367. 2006.

277 Mittels positiver Verstärkung kann man beinahe alles trainieren, was im Bewegungspotenzial einer Art möglich ist: Heidenreich, B.: An introduction to positive reinforcement training and its benefits. Journal of Exotic Pet Medicine, 16, 19–23. 2007.

278 https://www.bmi.gv.at/magazin/2022_05_06/01_Polizeidiensthunde.aspx

279 Z. B.: https://www.dogaudit.at/tq-pruefung

280 Pilley, J. W., & Hinzmann, H.: Chaser: Unlocking the genius of the dog who knows 1000 words. New York: Simon and Schuster 2014.

281 „Fast mapping": Fugazza, C., Andics, A., Magyari, L., Dror, S., Zempléni, A., & Miklósi, Á.: Rapid learning of object names in dogs. Scientific reports, 11, 1–11. 2012.

282 Eibl-Eibesfeldt, I.: Grundriss der vergleichenden Verhaltensforschung. München: Piper 1999.

283 Schünemann, B., Keller, J., Rakoczy, H., Behne, T., & Bräuer, J.: Dogs distinguish human intentional and unintentional action. Scientific Reports, 11, 14967. 2012.

284 Sexton, C. L., Diogo, R., Subiaul, F., & Bradley, B. J.: Raising an Eye at Facial Muscle Morphology in Canids. Biology, 13, 290. 2024.

285 Leonetti, S., Cimarelli, G., Hersh, T. A., & Ravignani, A.: Why do dogs wag their tails? Biology Letters, 20, 20230407. 2024.

286 Kotrschal, K., V. Bromundt & B. Föger: Faktor Hund. Eine sozio-ökonomische Bestandsaufnahme der Hundehaltung in Österreich. Czernin Verlag, Wien 2004.

287 https://kurier.at/chronik/oesterreich/hundebisse-der-gesetzgeber-tut-sich-schwer-mit-gegenmassnahmen/402616173
288 Dazu gibt es keine wissenschaftlichen Daten.
289 https://de.statista.com/statistik/daten/studie/554329/umfrage/jaehrliche-sterbefaelle-weltweit-infolge-einer-begegnung-mit-tieren-nach-tierart/. Zum Vergleich: Durch Wölfe kommen jährlich weltweit 1–2 Menschen ums Leben: Linnell, J. D., Kovtun, E., & Rouart, I.: Wolf attacks on humans: an update for 2002–2020. Norwegian Institute for Nature Research (NINA). 2021.
290 https://www.petbook.de/wildtiere/die-13-toedlichsten-tiere-der-welt
291 https://en.wikipedia.org/wiki/Indian_vulture_crisis
292 Mota-Rojas, D., Monsalve, S., Lezama-García, K., Mora-Medina, P., Domínguez-Oliva, A., Ramírez-Necoechea, R., & Garcia, R. D. C. M.: Animal abuse as an indicator of domestic violence: One health, one welfare approach. Animals, 12, 977. 2022.
293 https://de.wikipedia.org/wiki/Krambambuli_(Erz%C3%A4hlung)
294 https://www.die-moewe.at/de/article/gewaltfreie_erziehung
295 https://www.peta.de/themen/qualzucht-haustiere/
296 https://www.wildtierschutz-deutschland.de/single-post/2018/02/07/baujagd
297 Aber vgl.: https://bundesjagdgesetz.at/
298 https://www.diepresse.com/728197/es-beginnt-mit-tiere-quaelen-es-endet-mit-menschen-toeten
299 https://www.tierschutzbund.de/tiere-themen/tiernotfaelle/animal-hoarding
300 Bestiality and Zoophilia. Anthrozoös 2005; https://de.wikipedia.org/wiki/Zoophilie
301 https://de.wikipedia.org/wiki/Was_Sie_schon_immer_%C3%BCber_Sex_wissen_wollten,_aber_bisher_nicht_zu_fragen_wagten
302 https://www.stern.de/panorama/verbrechen/hunde-gequaelt-und-sexuell-missbraucht---zoologe-bekennt-sich-schuldig-33863388.html
303 Z. B.: Rothgerber, H.: Carnivorous cats, vegetarian dogs, and the resolution of the vegetarian's dilemma. Anthrozoös, 27(4), 485–498. 2014.
304 https://de.wikipedia.org/wiki/Barf
305 Man findet dazu eine Menge an Beiträgen, wenn man mit den Schlagworten CO_2 und Hund/dog keeping googelt.
306 Z. B.: Davies, M.: Reported Health Benefits of a Vegan Dog Food – A Likert Scale-type Survey of 100 Guardians. bioRxiv 05. 2022.
307 https://www.dge.de/wissenschaft/fachinformationen/flexitarier-die-flexiblen-vegetarier/
308 Der Begriff „Geschöpf" spielt an die biblische Schöpfungsgeschichte an, während der neutralere Begriff „Lebewesen" alles meint, was per Erbmaterial (DNS) reproduziert. Von Geschöpfen zu schreiben, bedeutet aber nicht eine Entscheidung für Gott und gegen Evolution. Das wäre unsinnig, weil aus klaren, wissenschaftstheoretischen Gründen Gott (oder jegliche „höhere" Instanz) naturwissenschaftlich weder nachweisbar noch zu widerlegen ist. Es bleibt jedem unbenommen, hinter der Evolution einen Schöpfergott anzunehmen. Zur hinreichenden Erklärung von Evolution ist dies aber nicht erforderlich. Aber ähnlich dachte ja bereits Immanuel Kant: https://de.wikipedia.org/wiki/Die_Religion_innerhalb_der_Grenzen_der_blo%C3%9Fen_Vernunft
309 Kotrschal, K.: Ist die Menschheit noch zu retten? Gefahren und Chancen unserer Natur. Wien: Residenz Verlag 2020.
310 Kislinger, L. & Kotrschal, K.: Hunters and Gatherers of Pictures: Why Photography Has Become a Human Universal. Frontiers in Psychology, 12, 654474. 2021. doi: 10.3389/fpsyg. 2021.

311 Ich lasse solche KI schon deswegen nicht an meine Texte, weil ich – ganz egoistisch – gerne selbst schreibe.

312 https://play.google.com/store/apps/details?id=com.translate.doggs&hl=de_AT

313 Chira, A. M., Kirby, K., Epperlein, T., & Bräuer, J.: Function predicts how people treat their dogs in a global sample. Scientific Reports, 13, 4954. 2023.

314 Z. B.: https://www.malteser.de/aware/hilfreich/studie-zur-einsamkeit-junge-menschen-besonders-betroffen.html

Bildnachweis

Akintevs - stock.adobe.com: S. 43.
Andreas Arnold / dpa / picturedesk.com: S. 110 o.
Artranq - stock.adobe.com: S. 78.
Austrian Archives / brandstaetter images / picturedesk.com: S. 49.
Bnenin - stock.adobe.com: S. 139.
Christoph Soeder / dpa / picturedesk.com: S. 110 u.
Dogs - stock.adobe.com: S. 114 o.
Elena Medoks / Westend61 / picturedesk.com: S. 40 o.
Gianmaria Gava: Autorenfoto Innenklappe, S. 15, 70.
Hemlep - stock.adobe.com: S. 117. Iris Schöberl: S. 75 o.
Kurt Kotrschal: S. 65, 75 u., 87, 135 o., u.
Lucas Cranach d.Ä. - Hirschjagd des Kurfürsten Friedrich des Weisen. https://commons.wikimedia.org/wiki/File:Lucas_Cranach_d._Ä._019.jpg, „Lucas Cranach d. Ä. 019", als gemeinfrei gekennzeichnet: S. 12 u.
Maria Guagnin: S. 120.
Maria Maar / Westend61 / picturedesk.com: S. 99.
Mashiki - stock.adobe.com: S. 40 u.
Michael Reichel / dpa / picturedesk.com: S. 51 o., u.
Pilleybianchi (https://commons.wikimedia.org/wiki/File:Chaser_the_BC,_snow_full_body.jpg), https://creativecommons.org/licenses/by-sa/4.0/legalcode: S. 31.
Pixel Pine - stock.adobe.com: S. 4, 6, 16, 38, 67, 149, 160.
Prostooleh - stock.adobe.com: S. 54.
Rooobert Bayer: S. 74.
Walter Vorbeck: S. 125, 166.
Wesl90 (https://commons.wikimedia.org/wiki/File:Taro_(black_and_tan,_reu)_-_Chiko_(rood,_reu)_-_Ichigo_(rood,_teef).jpg), „Taro (black and tan, reu) - Chiko (rood, reu) - Ichigo (rood, teef)", https://creativecommons.org/licenses/by-sa/3.0/legalcode: S. 114 u.
Westend61 - stock.adobe.com: Schutzumschlag vorne.
Zzvet - stock.adobe.com: S. 12 o.a

DANKSAGUNG

Wissenschaft ist Zusammenarbeit. Aus den vielen Einzelergebnissen entsteht ein Gesamtbild nur in beständiger Diskussion mit Kolleginnen und Kollegen. Dafür danke ich ganz besonders den Mitbegründerinnen des Wolfsforschungszentrums, Friederike Range und Zsófia Virányi, sowie allen Mitarbeiterinnen der Arbeitsgruppe für Mensch-Tier-Beziehung an der Universität Wien. Danke für die finanzielle und logistische Unterstützung durch den Fonds zur Förderung der wissenschaftlichen Forschung und, in entscheidenden Phasen, durch das Ministerium für Wissenschaft und durch die Länder Ober- und Niederösterreich. Vor allem aber großen Dank an die Universität Wien und die Veterinärmedizinische Uni Wien, die uns gewähren ließen, uns für unsere Forschungsleidenschaft auch noch bezahlten und anderweitig unterstützten. All das ermöglichte eine reiche Ernte an wissenschaftlichen Ergebnissen. Dass daraus gelegentlich auch Bücher entstehen, liegt vor allem immer an der Motivation durch, und der Zusammenarbeit mit den großartigen Kolleginnen und Kollegen vom Brandstätter Verlag. Nicht zuletzt großen Dank auch ihnen.

LIEBE LESER*INNEN,

bleiben wir in Verbindung!
Wir freuen uns auf Ihre Anregungen, Kritik und Wünsche.
leserbrief@brandstaetterverlag.com

Christian Brandstätter Verlag GmbH & Co KG
Wickenburggasse 26, 1080 Wien
Tel: +43 1 512154320

Viele weitere Leseinspirationen und Geschenkideen finden Sie unter
www.brandstaetterverlag.com

1. Auflage, 2024

ISBN: 978-3-7106-0823-0

Grafik: buero blank, Caroline Plank-Bachselten
Lektorat: Christina Mondolfo
Projektleitung: Judith E. Innerhofer
Papier: Salzer EOS 1,5-fach (FSC®- und PEFC-zertifiziert)
Druck: Neografia, Martin-Priekopa (SK)

Wir tragen Verantwortung
Aus diesem Grund haben wir uns auf den Weg gemacht, um unseren Einfluss auf das Klima und auf den Planeten zu minimieren. Anstelle von Kompensationszahlungen, und über die üblichen Umweltlabel hinausgehend, haben wir uns das Ziel gesteckt, den CO_2-Ausstoß auf allen Ebenen signifikant zu verringern – entlang der gesamten Wertschöpfungskette von der Idee bis zum Buch in Ihren Händen. Mehr Informationen finden Sie unter www.brandstaetterverlag.com/nachhaltigkeit

Die weite Reise

Liebe Leserin, lieber Leser,

es ist eine große Freude für mich, dass du dich für mein Buch »Nature Art Journaling für Kinder« entschieden hast. Dieses Buch ist das Ergebnis meiner persönlichen Beobachtungen und meiner langjährigen Erfahrungen als Naturmentorin. Ich freue mich sehr darauf, meine Leidenschaft für die Natur mit dir zu teilen und dich auf eine inspirierende Reise durch die Welt des »Nature Art Journalings« zu begleiten.

In meiner Tätigkeit als Pädagogin in der Natur erlebe ich täglich die magische Welt, die sich vor den staunenden Augen unserer Kinder entfaltet. Das Nature Art Journaling spielt hierbei eine Hauptrolle. Es ist nicht bloß eine Methode, um Beobachtungen festzuhalten; es ist der Schlüssel, um die Verbindung zur Natur zu vertiefen, eine Brücke zwischen der äußeren Welt und unserer inneren Kreativität zu schaffen.

Mit der Liebe zur Natur und zur Kunst, die mir als Tochter eines Zeichners und Illustrators quasi in die Wiege gelegt wurde, entdeckte ich früh die Kraft des Beobachtens und Festhaltens von Naturszenen. Diese Leidenschaft möchte ich nun weitergeben und Kindern die Möglichkeit bieten, durch das Nature Art Journaling ihre ganz eigene Begeisterung und Verbindung zur Natur zu entwickeln.

Die Ergänzung des Wortes »Art« im Titel betont die kreative und künstlerische Dimension des Nature Journalings für Kinder. Durch die Einbeziehung verschiedener Sinne und die Verwendung einer Vielzahl von Materialien und Techniken können Kinder ihre individuelle künstlerische Ausdrucksform entwickeln und die Natur auf eine ganz persönliche Weise erleben und festhalten. Damit wird nicht nur die visuelle Wahrnehmung angesprochen, sondern auch andere Sinne wie das Fühlen, Hören und Riechen, was zu einer ganzheitlichen Erfahrung beiträgt. Dieser Gestaltungsansatz berücksichtigt die kindliche Denkweise mehr als alleiniges Zeichnen in der Natur. Denn so können sie die wahre Vielfalt und Schönheit der Natur erleben und in ihren Werken zum Ausdruck bringen.

Dieses Buch soll mehr als ein Leitfaden oder eine Sammlung von Aktivitäten sein. Es ist eine Einladung, gemeinsam mit Kindern die Natur zu erkunden, ihre Schönheit zu bewundern und ihre Geheimnisse zu lüften. Es ist ein Weg, ihre Kreativität zu entfesseln und ihre Begeisterung für die Umwelt zu wecken.

Das »Nature Scouting« mit spannenden Fragen zu weiteren Naturerkundungen führt durch die einzelnen Kapitel und weckt Begeisterung und Neugier für die Natur. Zusätzlich liefert es kindgerechte Sachinformationen über Pflanzen und Tiere, die zum Weiterforschen und Entdecken anregen.

Durch praktische Tipps, kreative Ideen und spannende Kunstprojekte möchte ich die Kinder ermutigen, neugierig zu sein, Fragen zu stellen und ihre eigenen Antworten zu finden. Es ist mir ein großes Anliegen, sie dazu zu inspirieren, die Welt um sich herum mit offenen Augen und einem offenen Herzen zu betrachten.

Nature Art Journaling für Kinder ist eine Schatzkiste voller Möglichkeiten. Es ist eine Anleitung, um die Kreativität, Beobachtungsgabe und Naturverbundenheit von Kindern zu fördern. Es ist ein Werkzeug, um ihre Liebe zur Natur mit jedem Pinselstrich und mit jeder Farbe erblühen zu lassen.

Ich hoffe von Herzen, dass dieses Buch einen Funken entfacht, der die Fantasie unserer Kinder beflügelt und ihre Liebe zur Natur für immer nährt.

Herzlichst,
Sabine Simeoni

4 Gewöhnlicher
Gundermann

Was ist **Nature Art Journaling?**

»Wenn es darum ginge, große Entdeckungen zu machen oder schöne Bilder zu malen, hätte ich schon längst aufgehört. Es geht darum, aufzugreifen, aufzupassen, wahrzunehmen und zu erforschen. Es geht darum, sich immer wieder daran zu erinnern, dass die Welt, in der wir leben, unendlich reich, komplex, faszinierend und schön ist. Es geht darum, von der Welt zu lernen und das Zugehörigkeitsgefühl zu erneuern.«

Sarah Rabkin

Nature Art Journaling, also das Gestalten eines Naturtagebuchs, ist eines der effektivsten Werkzeuge, um Wissen und Informationen über die Natur zu erlangen. Es ist eine kreative Methode, die Natur zu erkunden und all die wundervollen Dinge aufzuzeichnen, die man während des Aufenthaltes in der Natur entdeckt.

Das Nature Art Journaling gehört zu den Kernroutinen des Naturmentorings und führt zu tiefer Naturverbundenheit. Wie allen Kernroutinen oder Herzensroutinen, wie ich sie gerne bezeichne, liegt die Intention zugrunde, das Gehirn zu mehr Aufmerksamkeit und achtsamer Wahrnehmungsfähigkeit anzuregen.

Jon Young, einer der Begründer der Wildnisbewegung in den USA, hat die Kernroutinen als Herzstück für seine Lerntechniken, die »Art of Mentoring« aus dem Wissensschatz nativer Völker, bezeichnet. Er hat seine Lehrmethoden in dem Buch »Coyote's Guide to Connection to Nature« veröffentlicht.

Naturmentoring ist inspirierend für Mentoren und Mentees gleichermaßen, denn es verwendet keine hierarchischen Strukturen wie im gewöhnlichen Lehrer-Schüler-Verhältnis, sondern stellt ein Miteinander- und Voneinander-Lernen in den Vordergrund. Die Kernroutinen werden immer individuell und kreativ in der Naturverbindung eingesetzt und fließen unbemerkt in den Lernprozess mit ein.

Diese Kernroutinen im Naturmentoring sollen dazu dienen, eine tiefere Verbindung zur Natur herzustellen, Wissen über die natürliche Welt zu erlangen und die Sinne für die Schönheit und Bedeutung der Umwelt zu schärfen:

Die Kernroutinen im Naturmentoring

Danksagung
Dankbarkeitsübungen helfen, eine Verbindung zur Natur herzustellen und sie zu würdigen.

Sitzplatz
Ein ruhiger Ort in der Natur, um sich regelmäßig niederzulassen, um zu beobachten, zu reflektieren und zu meditieren.

Geschichte des Tages
Erzählungen über Erfahrungen und Entdeckungen aus der Natur, um gemeinsam zu lernen und sich inspirieren zu lassen.

Sinne erweitern
Sinnestraining, um die Feinheiten der Natur wahrzunehmen und eine tiefere Verbindung zu ihr aufzubauen.

Fragen stellen und Spuren lesen
Fragen stellen und Spuren in der Natur interpretieren, um mehr über die Tiere und Pflanzen in deiner Umgebung zu erfahren.

Zielloses Herumstreifen
Neue Orte und Verstecke in der Natur entdecken.

Vogelsprache
Die vielfältigen Rufe und Gesänge der Vögel beachten, um Informationen über ihre Anwesenheit und Aktivitäten zu erhalten.

Tierformen
Bewegungen und Verhaltensweisen von Tieren studieren, um von ihrer Weisheit zu lernen und möglicherweise neue Erkenntnisse für das eigene Leben zu gewinnen.

Erstellen einer Landkarte
Beobachtungen und Entdeckungen in einer Naturkarte notieren, um das Wissen über die Umgebung zu vertiefen und sie besser zu verstehen.

Bestimmungsbücher erforschen
Bücher oder Apps, um die Pflanzen und Tiere zu identifizieren, denen du in der Natur begegnest.

Mit dem inneren Auge sehen
Visualisierungsübungen praktizieren, um eine tiefere Verbindung zur Natur herzustellen und intuitives Wissen zu entwickeln.

Naturtagebuch
Persönliche Erfahrungen, Gedanken und Beobachtungen in einem Naturtagebuch festhalten, um die Entwicklung und das Verständnis für die Natur im Laufe der Zeit zu dokumentieren.

Naturhandwerk
Natürliche Materialien nutzen, um handwerkliche Kunstwerke zu schaffen, die die Verbindung zur Natur ausdrücken und feiern.

Der kreative und künstlerische Ausdruck in der Beschäftigung mit einem Naturtagebuch entschleunigt und fördert die Wahrnehmung. Das Skizzieren und Beschreiben der Beobachtungen durch die Jahreszeiten hindurch führt zu einer Ausdehnung der Vorstellungskraft, schärft die fünf Sinne und führt zu einem großen Wissensschatz über Ökologie und Umwelt. Und nicht selten werden verborgene Talente entdeckt und persönliche Gaben gefunden.

Beim Nature Journaling geht es darum, die lebendige Natur in ihrer Vielfältigkeit zu beobachten und zu entdecken. Dabei ist es nicht entscheidend, ob wir unserem Interesse nach Naturentdeckungen in der Landschaft eines unberührten Ortes, in einem Naturschutzgebiet oder in einer Großstadt nachgehen. Jeder Platz bietet Gelegenheiten, um Erfahrungen zu sammeln und Neues zu lernen. Das Gänseblümchen auf einer kleinen Grünfläche im Stadtzentrum hat uns genauso viel zu erzählen wie das Gänseblümchen auf einer Wiese in wilder Naturlandschaft.

Während für uns das Nature Art Journaling eine kreative Möglichkeit ist, die Natur zu erforschen, eine Verbindung zu ihr aufzubauen und die Wichtigkeit für unser Leben zu begreifen, sind Aufzeichnungen für Naturwissenschaftler tägliche berufliche Tätigkeiten.

Gute fundierte wissenschaftliche Arbeit basiert auf einem genauen Studium, Aufzeichnungen, Kartierungen und Listen. Was ein Wissenschaftler nicht notiert oder aufzeichnet, wird nicht in Erinnerung bleiben. Wissenschaftler verwenden heute auch noch gerne Papier und Bleistift, um neben Computern und technischen Geräten sorgfältig zu arbeiten. Vieles, was wir heute über Ökologie, Artenvielfalt und aus der Landschafts- und Naturforschung wissen, verdanken wir sorgfältigen handschriftlichen Aufzeichnungen und Beobachtungen.

Um ein Naturtagebuch zu beginnen oder Kinder dazu anzuleiten, müssen wir keine Wissenschaftler oder Künstler sein. Es gibt so viele verschiedene Arten, sich Aufzeichnungen und Skizzen zu machen, wie es Menschen gibt. Das Allerwichtigste dabei sind Neugierde und Begeisterung!

Eine tiefe Naturverbindung lässt uns erkennen, dass wir ein Teil des lebendigen Kreislaufs der Natur sind, sie schenkt uns die Erfahrung der lebendigen Teilnahme an einem beseelten Ganzen, anstatt die Natur nur als Kulisse zu betrachten. Diese Verbindung zum Leben in uns und um uns kann zu einer Gewohnheit führen, die uns ganz neu auszurichten vermag.

In einer Ausbildungsgruppe mit jungen Erwachsenen entstand die Frage nach der tiefen Naturverbindung in einer gemütlichen Runde am Lagerfeuer. Ich erinnere mich an die verschiedenen Sichtweisen darüber. Damals formulierte ich meine persönliche Naturverbindung als eine seit meiner Kindheit gewachsene Beziehung mit dem natürlichen Leben. Und in unserem Gespräch erforschten wir die unterschiedlichen Zugänge zur Natur, die unvermeidliche Naturromantik und die Natur als Kulisse und als Heilsbringerin in der Pädagogik. Auch gingen wir der Frage nach, ob Naturverbindung erlernbar ist.

Ein tiefes Einlassen auf die natürlichen Prozesse und Rhythmen eröffnet auch einen Zugang zur eigenen inneren Natur. Das Bewusstsein, dass all unsere Handlungen Auswirkungen haben und dass eine zukunftsfähige Lebensweise bedeutet, das Lebendige zu nähren, ergibt einen tiefen Sinn.

Jon Young spricht von den vier Ebenen tiefer Naturverbindung:

Die Ebenen tiefer Naturverbindung

1. Naturinformationen sammeln
Lernen über die Natur
(Bücher, Internet, Dokus ...)

2. Naturerlebnisse
Aktivitäten in der Natur und persönlicher Nutzen sind unmittelbar erfahrbar
(Wandern, Joggen, Radfahren ...)

3. Naturverbindung
Tiefe Zuneigung und emotionale Berührung, Sinneserfahrungen
(Sonnenstrahlen auf der Haut, Schönheit einer Landschaft ...)

4. Tiefe Naturverbindung
Wechselseitige Beziehung zwischen äußerer und innerer Natur, ein Gefühl des Eingebunden-Seins ins Lebensnetzwerk
(Naturmystik, Synchronizität)

Die Reise der Naturverbindung führt also von der bloßen Wissensaneignung über Naturerlebnisse und emotionale Bindung hin zu einer tiefen Verbundenheit, die das Verständnis für die Einheit von Mensch und Natur erweitert. Dies kann zu einem tieferen Bewusstsein und einem achtsamen Umgang mit unserer Umwelt führen.

Weiter erklärt Jon Young das Werkzeug der kulturellen Emergenz, bei dem es darum geht, sich festgefahrene Verhaltensmuster bewusst zu machen und zu verändern. Den Geist leeren, Gedankenmuster auflösen, um in die wertfreie Beobachterhaltung zu kommen. Sobald der Fokus aufgehoben wird, beginnt der Mensch, den Geist in allem zu erkennen. Die ganz eigene Seelenzeit entfaltet sich, und es werden sich Dinge ereignen, die man niemals erwartet hätte.

Die kreative Zeit in der Natur mit Papier und Pinsel ermöglicht es, diesen Zustand zu erlangen; und je öfter sie ins eigene Leben integriert wird, desto schneller gelingt es, in die balsamische Qualität zu kommen, die diese kostbare Routine bereithält.

Die Ideen, Vorschläge und Anregungen in diesem Buch sind so konzipiert, dass durch eine Kombination aus naturkundlichen Beobachtungen, achtsamer Wahrnehmung, Schreiben, Malen und schöpferischem Tun die Verbindung zur natürlichen Welt gefördert und vertieft wird. Dieses Buch soll eine Inspirationsquelle für alle sein, die sich kreativ und künstlerisch mit der Natur verbinden wollen. Ganz abgestimmt auf den persönlichen Prozess und die individuelle Gestaltung, nicht auf ein vorgefertigtes Ergebnis.

Es bietet eine wunderbare Gelegenheit, spielerisch und neugierig die Schönheit und Vielfalt der Natur zu entdecken. In der pädagogischen Arbeit mit Kindern können wir diese Ideen nutzen, um ihre Verbindung zur natürlichen Welt auf eine einzigartige und bereichernde Weise zu fördern.

Nature Art Journaling ist ein lebendiges Werkzeug, das uns in der pädagogischen Arbeit mit Kindern immer wieder neue Möglichkeiten eröffnet, die natürliche Welt zu erforschen und zu erleben.

Wild and Free

Warum Nature Art Journaling für Kinder?

In meiner Kindheit waren Papier, Stifte, Farben und Pinsel allgegenwärtig. Mein Vater war Zeichner und Illustrator, und ich habe viele Stunden in seinem Atelier verbracht. Er selbst, im Krieg geboren, lernte schon von klein auf, wie wertvoll Zeichenmaterialien waren. Sein Vater entdeckte schon sehr früh, wie wichtig es ihm war, sich künstlerisch auszudrücken, und sammelte alles, was er an Papier und Stiften in diesen kargen Zeiten bekommen konnte, um seinen Sohn zu fördern. So bemalte mein Vater schon als Kleinkind Tapeten und Kartonverpackungen mit Bäumen, Tieren und den Kriegsflugzeugen, die er am Himmel beobachtete. Diese Erfahrungen haben ihn für sein Leben geprägt und die liebevolle Unterstützung und Förderung seiner Eltern ihn immer bestärkt, den Weg der Kunst einzuschlagen.

Ich erinnere mich noch gut daran, dass mein Vater immer ein Skizzenbuch, verschiedene Papiere, ein Klemmbrett und Stift in einem Rucksack dabeihatte, wenn wir als Familie unterwegs waren. Und er teilte seine Materialien großzügig mit mir. Heute weiß ich, was wir da taten, im Wald, am See, am Strand oder auf Reisen – wir betrieben Nature Journaling. Diese Erfahrung und Prägung möchte ich weitergeben, um jedes Kind darin zu bestärken, sich kreativ auszudrücken. Deshalb bekommt jedes Kind, das neu in meine Naturkindergruppe kommt, von mir ein Heft mit weißen Seiten, um die Eindrücke und Entdeckungen in der Natur auf gestalterische Art und Weise zu erfassen.

Kinder verfügen über eine natürliche Neugierde, Dinge zu erforschen, und sie schenken mit großer Begeisterung ihre Aufmerksamkeit der künstlerischen Gestaltung. Selbst Kinder, die sich anfangs nicht gerne mit Papier und Pinsel in die Natur begeben, erfahren durch das Nature Journaling einen spielerischen Zugang, um schöpferisch tätig zu werden. Denn sie können sich dabei ohne Einschränkungen regelmäßig künstlerisch und forschend beschäftigen und ihren eigenen Stil entwickeln.

Kurze Notizen, kleine Geschichten und Verse fördern eine gesunde und natürliche Sprachentwicklung. Die Motivation, nach draußen zu gehen, ist mit einer kleinen Aufgabe für das Naturtagebuch leicht erreicht. Zusätzlich werden körperliche Aktivitäten und daraus resultierendes gesundheitliches Wohlbefinden durch frische Luft und schöpferisches Tun gefördert. Und es weckt die Liebe zur Natur!

Mir ist es wichtig, auch im Nature Art Journaling mit Kindern immer einen ganzheitlichen Gestaltungsansatz zu verfolgen. Der Aufenthalt in der Natur und die gemeinsame Freude am Entdecken und Erforschen weckt Begeisterung und Neugierde. Dieses Gefühl motiviert und schafft

ein natürliches Interesse für Natur und Umwelt. Durch aufmerksame Beobachtungen mit allen fünf Sinnen entstehen Inspirationen für die künstlerische Gestaltung im Naturtagebuch. Systeme und Muster in der Natur werden verständlich, Naturkreisläufe erkannt und die allumfassende Verbundenheit des Lebendigen erfahren. Diese Erlebnisse rufen Liebe, Respekt, Achtsamkeit, Wertschätzung und Dankbarkeit hervor.

Gleichzeitig können wir die Interessen der Kinder verfolgen, auf ihre Fragen und Erkenntnisse eingehen und gemeinsam recherchieren, erforschen und lernen. Es werden logisches Denken und kognitive Entwicklung gefördert. Es geht nicht darum, die perfekte Zeichnung eines Baumes aufs Papier zu bringen. Ziel ist es, so viel wie möglich über den Baum zu erfahren.

Mit Naturerkundungen, dem »Nature Scouting«, werden die Kinder dazu ermuntert, weiterzuforschen, sich ganz auf eine Naturbeobachtung einzulassen und ganzheitlich und vertiefend zu lernen.

Im gestalterischen Prozess werden praktische Erfahrungen gesammelt. Die Kinder haben Gelegenheit, mit unterschiedlichen Materialien in einer natürlichen Umgebung zu interagieren. Sie können sich künstlerisch ausprobieren, indem sie mit Händen, Werkzeugen, Materialien und unterschiedlichen fein- und grobmotorischen Abbildungen experimentieren.

Nature Art Journaling mit Kindern führt zu

- Entschleunigung und Begeisterung
- interdisziplinärem Lernen
- Förderung der Kreativität
- Vermittlung von Sachwissen
- Erkennen von Zusammenhängen des Lebens
- Forschen und Experimentieren
- Förderung der Verbindung zur natürlichen Umwelt
- Entwicklung der Wertschätzung der Natur
- Lernen durch Erfahrung
- Verstärkung des Selbstausdrucks und Selbstvertrauens
- Entdeckung neuer Interessen und Fähigkeiten
- Förderung der Feinmotorik und Hand-Auge-Koordination
- Steigerung der Beobachtungsgabe und Detailwahrnehmung
- Stärkung des emotionalen Ausdrucks und der Selbstreflexion
- Erhöhung der physischen Aktivität und des Gesundheitsbewusstseins
- Förderung des Gemeinschaftssinns und sozialer Interaktionen
- Integration von Nachhaltigkeit und Recycling in der Kunstpraxis
- Sensibilisierung für Umweltprobleme und Naturschutzanliegen
- Entwicklung organisatorischer Fähigkeiten beim Gestalten des Journals
- Steigerung der Begeisterung für das Lernen und Entdecken von Naturphänomenen
- Förderung der Resilienz und Stressbewältigung durch Naturerlebnisse
- Verwendung von Naturmaterialien in der Kunst, um die Kreativität zu fördern
- Integration von Pflanzenkunde und Tierbeobachtung in das Journaling
- Förderung der Fantasie und des Geschichtenerzählens mit natürlichen Elementen
- Verbesserung der Beziehung zur eigenen Umgebung und zu lokalen Ökosystemen
- Förderung eines umweltbewussten Lebensstils und nachhaltiger Entscheidungen
- Erweiterung des ästhetischen Empfindens und der Wertschätzung von Schönheit in der Natur

Auswahl an Materialien

- Buch mit weißen Seiten, Ringbuch, Sammelmappe, Papier
- Wasserfarben, Bleistift, Buntstifte, Pinsel, Wassertankpinsel, Radiergummi, Fineliner
- Aquarellfarben, Acrylfarben für Drucke
- Zeichenblock, Klemmbrett, Klammer, Druckwalze, Mörser
- Küchenrolle, dicke Bücher, um Pflanzen zu pressen
- Schnüre
- Washi Tape (aus Japan. Die Kleberollen bestehen aber nicht aus Kunststoff, sondern aus Papier. Das Tape ist deshalb zart, leicht transparent, aber trotzdem sehr widerstandsfähig, hat eine leicht strukturierte Oberfläche und lässt sich leicht wieder abziehen.)
- Papiere in unterschiedlichen Stärken
- gute Bestimmungsbücher
- Lupe
- alte Socke

Werkzeuge, Kunstmaterialien und Farben

Das Nature Journaling gehört neben dem wilden Naturhandwerk zu den Kernroutinen im Naturmentoring, die nicht ohne Werkzeug auskommen.

Fast alle Kernroutinen kommen ohne Hilfsmittel aus und stehen uns immer und überall in der Natur zur Verfügung. Im Naturhandwerk und im Nature Journaling benötigen wir jedoch Werkzeuge und Material. Um auch hier den Aufwand an Anschaffungen und Ausrüstung für das Draußensein so gering wie möglich zu halten, sollten wir uns immer bewusst machen, dass es vor allem auf das kreative Tun ankommt und sowohl Improvisation als auch gutes Handwerkzeug diesen Prozess bestärken können. Hierbei heißt es also gut abzuwägen, was ist nötig und was wäre nur unnötiger Ballast.

Eine sinnvolle Grundausstattung an Arbeitsmaterialien ist notwendig, um bestimmte Arbeiten mit Freude umzusetzen. Für das Naturtagebuch oder andere Ideen für die »Nature Art Kunstwerkstatt« können es wenige natürliche und gut sortierte Werkzeuge sein, die für Kinderhände geeignet sind.

Die hier im Buch beschriebenen Ideen für die »Nature Art Kreativwerkstatt« benötigen oft mehr Materialien und Ausstattungsgegenstände, um auch in der Natur kreativ Spaß zu haben. Dennoch gilt auch hier der Grundsatz: Weniger ist mehr.

Die vorgeschlagenen Materialien sind von mir erprobt und für Kinder geeignet. Selbstverständlich ist eine Auswahl immer so individuell wie jede und jeder von uns, deshalb möchte ich auch dazu ermutigen, selbst auszuprobieren und eigene Ideen und Vorstellungen in die Praxis mit einzubeziehen. Und aus meiner Erfahrung weiß ich auch sehr gut, wie schnell sich viel Material ansammelt, weil gutes Material auch enorm dazu beitragen kann, dass Nature Art Journaling richtig viel Spaß macht.

Tipp 1

Beginne eine erste Zeichnung in deinem neuen Nature Art Journal mit einer Auswahl der wichtigsten Arbeitsmaterialien. Damit verliert sich die Scheu, ein neues Heft zu beginnen.

Tipp 2

Jüngere Kinder zeichnen mit Buntstiften oft lieber, da ihnen das genaue Zeichnen leichter fällt als mit Wasserfarben.
Bitte achte auch unbedingt darauf, Farben zu verwenden, die für Kinder geeignet sind. Manche Farben enthalten giftige Substanzen. Das gilt vor allen Dingen dann, wenn kleine Kinder mitmalen.

Binde dein eigenes Nature Art Journal

Das Buchbinden ist ein traditionsreiches Handwerk, das sich der Herstellung von Büchern und anderen Schriftstücken widmet. Die Geschichte des Buchbindens reicht weit zurück bis zu den Anfängen der Schriftkultur. Die frühesten bekannten gebundenen Bücher stammen aus dem alten Ägypten und datieren auf etwa 2000 v. Chr.

In den Anfängen war das Buchbinden ein aufwendiger Prozess, der von hochqualifizierten Handwerkern ausgeführt wurde. Die Buchbinder waren nicht nur für das Binden der Seiten verantwortlich, sondern oft auch für die Herstellung der Papiere und Pergamente sowie für die Verzierung und Veredelung der Einbände.

Es fühlt sich sehr besonders an, sein eigenes Buch zu binden. Für Kinder ist es ein spannender Prozess. Ich habe schon oft erlebt, dass manche Kinder so begeistert davon sind, dass sie beginnen, sich viele verschiedene Bücher und Hefte zu binden.

Wenn du ein solch besonderes Buch in deinen Händen hältst, dann fällt es oft schwer, es mit Zeichnungen zu befüllen. Deshalb solltest du mit kleinen Heften und mit wenigen Seiten beginnen, bevor du ein dickeres Buch bindest.

simeoni.de/natureartjournaling/buchbinden/

Material

- **Papierseiten in einem Format**
- **festeres Papier wie Tonkarton für den Einband**
- **großes Lineal oder Falzbein**
- **Ahle**
- **1 dickere Nadel**
- **Baumwollgarn oder dünnere Schnur**
- **1 Cuttermesser**
- **Unterlage zum Schneiden**

Anleitung

Lege alle Blätter zu einem Stapel übereinander, darauf dann das Deckblatt. Falze jetzt alle Blätter mittig zu einer Lage. Streiche mit einem festen Lineal oder einem Falzbein die Kanten glatt. Nicht mit der Schere, denn damit könntest du das Papier beschädigen.

Nun markiere auf dem Innenblatt die Löcher. Miss entweder das Innenloch mittig aus und zwei weitere Löcher im gleichen Abstand oder miss zwei Löcher aus. So sind die Abstände der Löcher gleich groß.

Mit einer Ahle stichst du jetzt die Löcher des Blattes vor. Dann lege die vorgestochene Vorlage auf alle Blätter und stich hindurch. Sollte die Blätterschicht zu dick sein, kannst du mit der Vorlage jedes Blatt einzeln durchstechen.

Schneide die dreifache Länge deines Buchrückens an Garn ab, fädele es in die Nadel ein und stich von innen nach außen durch das mittlere Loch und das Deckblatt. Ziehe den Faden so weit durch, dass noch genug zum Verknoten übrig ist.

Als Nächstes stichst du nun von außen nach innen durch eines der beiden äußeren Löcher und ziehst den Faden straff. Nun geht es zurück von innen nach außen durch das andere Loch ganz außen. Den Faden wieder straff ziehen. Den Faden wieder durch das mittlere Loch von außen nach innen stechen und straff ziehen.

Fäden verknoten und abschneiden. Mit ein wenig Übung kannst du einen kleinen Ast oder andere Fundstücke mit einbinden, um deinen Buchrücken zu verzieren.

Wenn du möchtest, kannst du nun die Schnittkante deines Buches noch begradigen, da sie durch das Falzen unterschiedlich aufliegen. Hierzu legst du das Buch auf eine Unterlage und ein stabiles Lineal an der Kante an und ziehst mit einem Cutter am Lineal, ohne viel Druck auszuüben, entlang. Wiederhole das so oft, bis alle Seiten geschnitten sind.

Jetzt kannst du dein selbst gebundenes Naturtagebuch verzieren, bemalen, bedrucken und natürlich beschreiben.

Aus eigener Erfahrung weiß ich, wie schwer es oft ist, ein neues, selbst gebundenes Buch zu beschreiben! Die Befürchtung, bereits die erste Seite zu verunstalten, hält uns oft davon ab. Deshalb beginne ich immer irgendwo im Buch, mit Bleistift kleine Kreise, Wellen und Striche auf einzelnen Seiten zu malen. Das nimmt schon mal die Scheu und dann beginne ich irgendwo im Buch mit dem ersten Eintrag, auch das kann helfen loszulegen.

Material: Ahle, Nadel, Papiere und eventuell Lineal

Die Seiten mit Klebeband oder einer Klammer fixieren

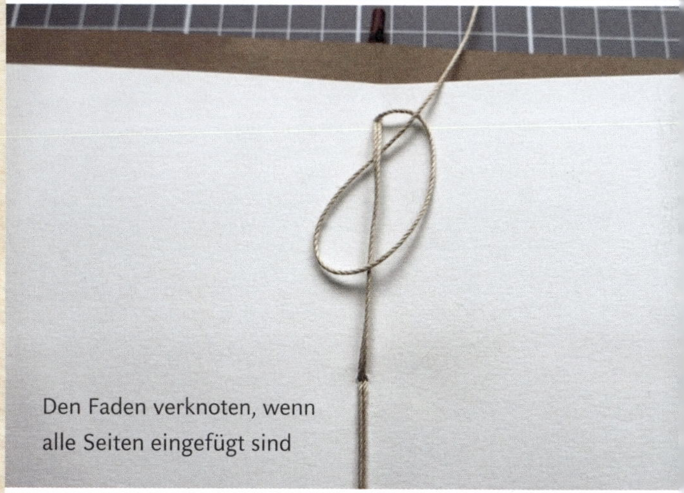

Den Faden verknoten, wenn alle Seiten eingefügt sind

Einteilung der Löcher in der Falzmitte

Mit Nature Art Journaling und Nature Scouting kreativ durch die Jahreszeiten

Techniken und Malweisen

Die bildnerische Gestaltung des Kindes unterliegt einem Entwicklungsprozess, wie alle anderen Entwicklungsbereiche auch. Ebenso wie die Sprachentwicklung eines Kleinkindes, das zuerst brabbelt und lallt, oder das Laufenlernen, welches mit Robben und Krabbeln beginnt, ist das Malen Gesetzmäßigkeiten der kindlichen Entwicklung unterworfen. Jede Entwicklungsphase wird von jedem Kind individuell durchlebt, und so werden Phasen übersprungen oder sind bei manchen Kindern besonders ausgedehnt. Einwirkungen von außen durch Leistungs- oder Zeitdruck wirken sich für das Kind nicht förderlich aus. Sie hemmen eher die gesunde Entfaltung und die angeborene Fähigkeit, mit Papier und Stift Kreativität zu entwickeln.

Mit Anweisungen und Ratschlägen, wie ein Kind malen sollte, werden Erkenntnisse über das Kind verhindert, denn die Bildersprache ist genauso ausdrucksstark wie die Verbalsprache. Eine natürliche Beziehung des Kindes zur fantasievollen Erforschung der es umgebenden und der ihm innewohnenden Natur wird somit unterdrückt. Abgesehen davon werden Kinder dadurch in vielen Lebensbereichen entmutigt, sich kreativ und künstlerisch auszuprobieren.

Im Nature Art Journaling lege ich den Fokus auf die spielerische Förderung der Wahrnehmungsfähigkeit von Kindern, indem wir gemeinsam Formen und Muster in der Natur beobachten, erkennen und beschreiben. Schritt für Schritt entwickeln wir einfache Formen und Muster zu detaillierten, farbenfrohen Kunstwerken. Dieser Ansatz geht weit über das traditionelle Nature Journaling hinaus, da er darauf abzielt, die natürliche künstlerische Kreativität der Kinder zu stärken.

In der Nature Art Kunstwerkstatt biete ich immer wieder kreative Anregungen an, bei denen die Kinder verschiedene Herangehensweisen und Materialien ausprobieren können. Der zentrale Gedanke dabei ist immer die Verbindung zwischen der Natur und einem kreativen, künstlerischen Ausdruck. Zusätzlich dienen die Ideensammlungen für jede Jahreszeit als Inspirationsquelle, um die Kinder für eine tiefere Verbindung zur Natur zu begeistern und zu motivieren, ihren Beobachtungen einen kreativen Ausdruck zu verleihen.

Die Jahreszeiten sind dabei eine wundervolle Hilfe, denn die Natur verändert sich je nach Wetter, Klima und Jahreszyklus und erschafft so immer wieder neue Herangehensweisen für Beobachtungen und Entdeckungen.

Im Jahreszyklus draußen aktiv malen und zeichnen ist nicht immer möglich und erfordert oft spontane Umplanungen oder eine neue Organisation, wenn eine Regelmäßigkeit beibehalten werden soll. Manchmal ist es nötig, sich mit Naturmaterialien in Innenräumen zu treffen

oder Exkursionen sehr kurz zu gestalten. Oft bieten sich Ideen aus der Nature Art Kunstwerkstatt an, deren Umsetzungen einen bestimmten Zeitraum benötigen und die als einzelne Aktivitäten geplant werden können.

In kalten Wintermonaten erstellen die Kinder gerne Skizzen mit Kreiden oder Buntstiften, die wir dann gemeinsam im Redekreis nochmals aufgreifen und besprechen oder damit weiterarbeiten. Viele Kinder malen und zeichnen auch gerne zu Hause weiter und zeigen mir dann ihre fertigen Kunstwerke zu einem späteren Zeitpunkt.

Wer mit Kindern ganzjährig aktiv in der Natur unterwegs sein möchte, braucht eine gewisse Flexibilität und Kreativität, um Begeisterung und Motivation kontinuierlich zu nähren. Deshalb sind weniger Aktivitäten manchmal ein Mehrgewinn an Kreativität.

Nature Scouting – Naturerkundungen

Beim Nature Scouting können die Kinder anhand von Fragen ihre Naturbeobachtungen vertiefen. Ihre Neugierde wird geweckt und gefördert, unwillkürlich tauchen neue Fragen auf, die beantwortet werden wollen.

Das Naturmentoring und die Wildnispädagogik unterscheiden sich von anderen naturpädagogischen Lernmethoden, insbesondere durch die Lehrmethode des Coyote Teachings. Der Begriff »Coyote Teaching« leitet sich von der Fähigkeit des Coyoten ab, Lektionen auf spielerische und clevere Weise zu vermitteln. Es basiert auf den Lernprinzipien, die in traditionellen Kulturen angewendet wurden, um Wissen und Fähigkeiten weiterzugeben. Im Kern geht es beim Coyote Teaching darum, den Lernenden eine aktive Rolle beim Entdecken und Lernen zuzugestehen, anstatt ihnen nur Informationen vorzutragen. Wildnispädagogen setzen Techniken ein, die die Neugier der Teilnehmer wecken, sodass sie Fragen stellen und die Lösungen selbst entdecken wollen. Es wird Wert darauf gelegt, dass die Teilnehmer aktiv in den Lernprozess eingebunden sind und ihre Erfahrungen machen.

Durch vielfältige Fragestellungen ermutige ich die Kinder, aktiv zu lernen, eigene Naturerkundungen zu machen und selbst Antworten zu finden.

Fragen für das Nature Scouting

Beobachtungsfragen

Beobachtungsfragen sind super, um genauer hinzuschauen und alles über Pflanzen und Tiere zu entdecken. Diese Fragen helfen dabei, viele spannende Dinge zu beschreiben.

- Welche Besonderheiten hat diese Pflanze oder dieses Tier?
- Wie siehst, fühlst oder erlebst du die Pflanze oder das Tier mit deinen Augen, Händen oder deinen Sinnen?
- Welche kleinen Details fallen dir besonders auf?
- Wie kannst du die Form, das Verhalten oder die Bewegungen gut aufschreiben oder zeichnen?
- Welche Sinne kannst du nutzen, um noch mehr über die Pflanze oder das Tier zu erfahren und es zu beschreiben?

Bestimmungsfragen

Bestimmungsfragen helfen dabei, das Verständnis der Natur zu vertiefen, die Beobachtungen zu klären und Notizen aufzuschreiben. Sie helfen den kleinen Naturforschern, in das faszinierende Reich der Pflanzen und Tiere einzutauchen.

- Welche Art von Pflanze oder Tier hast du beobachtet, und wo bekommst du mehr Informationen darüber?
- Wie könntest du den Namen dieser Pflanze oder dieses Tiers herausfinden?
- Wie identifizierst du diese Pflanze oder dieses Tier in deinem Naturführer?
- Welche Merkmale und Eigenschaften sind typisch für diese Art und können mir bei der Bestimmung helfen?
- Gibt es besondere Merkmale oder Details, auf die du achten solltest, um diese Art von anderen zu unterscheiden?

Zusammenhangsfragen

Zusammenhangsfragen zeigen uns, wie wichtig es ist, dass jedes Lebewesen und jedes Element seinen Platz im Ökosystem hat, um dieses gesund und unversehrt zu erhalten. Wir lernen, dass alles in der Natur zusammenhängt und einander braucht.

- Welche Beziehungen bestehen zwischen den verschiedenen Tieren, Pflanzen und Elementen der Natur?
- Wie beeinflussen diese Beziehungen das Gleichgewicht und die Gesundheit des ganzen Ökosystems, und wie wirken sich Veränderungen aus?
- Warum sind bestimmte Tiere und Pflanzen voneinander abhängig, und wie helfen sie sich gegenseitig?

Vergleichsfragen

Vergleichsfragen sind wie Detektivarbeit in der Natur! Sie helfen uns dabei, ähnliche Pflanzen, Tiere, Landschaften und Dinge voneinander zu unterscheiden. Mit diesen Fragen lernen wir noch mehr über die Vielfalt der Natur und all die wunderbaren Unterschiede, die sie so einzigartig machen!

- Wie unterscheidet sich diese beobachtete Art von ähnlichen Arten oder Erscheinungen in der Natur?
- Gibt es Unterschiede in Farbe, Form, Muster und Verhalten oder anderen Merkmalen?

Verständnisfragen

Verständnisfragen helfen und hinterfragen Verhaltensweisen, Gewohnheiten und besondere Eigenschaften von Pflanzen und Tieren in der Natur, um sie besser zu verstehen.

- Warum verhält sich diese Pflanze oder dieses Tier auf eine bestimmte Weise?
- Was sind die Gründe für verschiedene Verhaltensweisen?
- Welche Funktion erfüllen bestimmte Merkmale oder Verhaltensweisen, und wie unterstützen diese das Überleben?

Wirkungsfragen

Wirkungsfragen sind wie eine magische Entdeckerbrille, mit denen du noch tiefer in die Natur eintauchen kannst! Sie helfen dir dabei, deine Beobachtungen besser zu verstehen und mehr über die Natur zu erfahren.

- Wie beeinflusst diese Beobachtung dich persönlich?
- Wie fühlst du dich bei deinen Naturbeobachtungen?
- Welche Emotionen, Gedanken oder Erkenntnisse ruft die Beobachtung in dir hervor?

Neugierfragen

Neugierfragen sind wie leuchtende Funken, die die Abenteuerlust entzünden und dazu anregen, noch mehr zu forschen.

- Gibt es etwas, das du noch nicht verstehst oder das deine Augen groß macht vor Staunen?
- Welche Fragen oder Rätsel möchtest du unbedingt weiter erforschen?

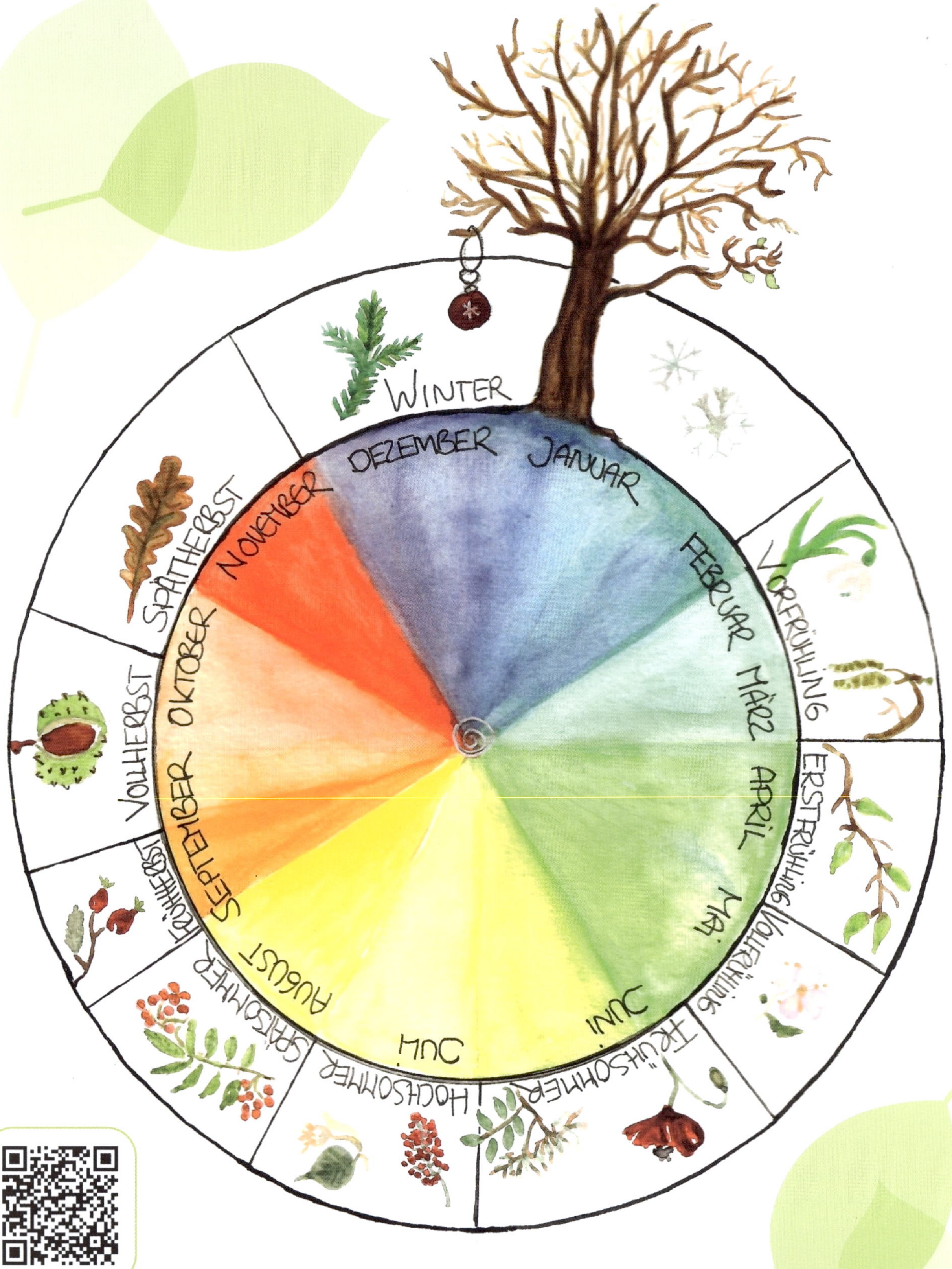

simeoni.de/natureartjournaling/phaenologischerkalender/

Der phänologische Kalender für dein Nature Art Journal

Das Wort *phaíno* kommt aus dem Altgriechischen und bedeutet »ich erscheine«. Die Phänologie befasst sich mit den im Jahreslauf wiederkehrenden Entwicklungserscheinungen in der Natur.

Durch genaue Beobachtungen in der Natur lassen sich natürliche Rhythmen, ökologische Systeme und Wechselwirkungen von Lebewesen, also von Pflanzen und Tieren, erkennen. Das Netz des Lebens wird deutlich, und wir erkennen die gegenseitige Bedingtheit von Leben.

Um unsere Beobachtungen und Aufzeichnungen in einem übersichtlichen und schematischen Rahmen zu führen, bietet sich das Gestalten eines phänologischen Kalenders an. Kinder können damit schnell und einfach im Jahreskreis wesentliche Veränderungen aufzeichnen und datieren. Bereits jüngeren Kindern ist es so möglich, ihre naturkundlichen Beobachtungen zu kartieren und miteinander zu vergleichen.

Für Familien und Kindergruppen kann das eine schöne Gruppenarbeit werden, gemeinsam mit dem phänologischen Kalender zu arbeiten und zusätzlich auch einen Jahresrad-Kalender für alle zu gestalten. Denn viele Augen nehmen mehr wahr als ein Augenpaar!

Die Phänologie der Pflanzen, also deren jahreszeitliche Entwicklung, ergibt sich aus den individuellen Umgebungsbedingungen.

Ein phänologischer Kalender richtet sich nach der Entwicklung von Blüten, Früchten und Blattwerk bestimmter Pflanzen. Er ist außerdem in zehn phänologische Jahreszeiten eingeteilt: Vorfrühling, Erstfrühling, Vollfrühling, Frühsommer, Hochsommer, Spätsommer, Frühherbst, Vollherbst, Spätherbst und Winter. Viele alte Bauernregeln und der traditionelle Bauernkalender richten sich nach der Phänologie der Pflanzen.

Durch den Klimawandel haben sich die zehn phänologischen Jahreszeiten sichtlich und spürbar verschoben. Die Winter werden kürzer und die Sommer länger. Zeigerpflanzen wie die Salweide oder das Schneeglöckchen blühen viel früher, und die Temperaturen steigen rascher an im Frühling.

Die Beschäftigung mit dem phänologischen Kalender kann das Bewusstsein für die Klimaveränderung sensibilisieren und schafft immer wieder Bezug zu Klimaschutz und Naturschutz.

»Dein Journal ist dein Spielplatz, auf dem du ganz du selbst sein darfst, dich ausprobieren und toben sollst.«

Verena Hillgärtner

Malort Natur

Draußen kreativ unterwegs – Motivation und Begeisterung

Wenn ich über die Motivation für meine Arbeit nachdenke, dann ist es die Liebe zur Natur und meine Vision, viele Menschen daran teilhaben zu lassen und sie derart zu begeistern, dass auch sie den innersten Wunsch verspüren, ihre Begeisterung zu teilen. So könnten wir eine Kultur gestalten, die aus vielen Naturkennern besteht. Aus Menschen, die sich Dingen widmen, die dem Leben und der Zukunft dienlich sind. Die selbstverständlich unseren Planeten schützen und sich für Natur, Umwelt und ein friedvolles Miteinander einsetzen. Je früher Kinder in solch eine Welt hineinwachsen, desto natürlicher wird ein Gespür für den Lebenskreislauf, die Natur, in der sie leben, und die Wertschätzung für unser Zuhause, die Erde.

Kinder wollen interagieren, aktiv teilnehmen und dabei selbst erfahren und erforschen. Dafür stellt uns die Natur die ideale Umgebung zur Verfügung. Das Draußensein, ohne die Begrenzung von Wänden, lässt sie ganz nah mit den Elementen in Kontakt kommen. Luft, Wasser, Erde und Feuer schenken vielfältige Sinneserfahrungen, und sie können ganzheitlich den Lebensraum Natur erfahren. Durch die kreative und künstlerische Beschäftigung mit dem Nature Art Journaling vertiefen, verarbeiten und lernen Kinder ihre Erlebnisse in ihren eigenen persönlichen Ausdrucksformen. Und ganz nebenbei stärkt und fördert der regelmäßige Aufenthalt zu jeder Jahreszeit in der Natur eine gesunde und natürliche Entwicklung.

Die Pflanzen machen es uns leicht, die veränderlichen Qualitäten eines Jahreskreises bewusst wahrzunehmen. Für Menschen, die sich noch nicht oder nur wenig mit dem Jahreskreis und den Zyklen der Natur beschäftigen, ist es eine wunderbare Möglichkeit, sich mit einer Pflanze über ein Jahr hinweg anzufreunden. So könnte ein Baum in der nahen Wohnumgebung ein solcher Pflanzenfreund werden. Oder ein Ort, der im Jahreskreis immer wieder besucht wird und dort zu Beobachtungen im Jahreskreis anregt, die dann notiert werden. Es gibt viele Wege, eine Beziehung zur natürlichen Welt zu beginnen.

Die Natur zu begreifen, sie mit allen Sinnen zu erforschen, ist ein angeborenes menschliches Urbedürfnis. Beobachten wir Säuglinge und Kleinkinder, dann wird uns das ganz deutlich. Sie setzen alle ihre Sinne ein, um sich der Welt zu nähern.

Ein Erwachsener verfügt über eine andere Vorstellungskraft als ein Kind, das die Wahrnehmung für Dimensionen, räumliche Vorstellungs-

kraft und abstrakte Formen noch schwer erfassen kann. Objekte und Weiten zu begrenzen und sie haptisch zu erfassen, bevor sie kreativ umgesetzt werden, sind Voraussetzung für einen gelungenen Gestaltungsprozess.

Ein Platz bietet tausend Möglichkeiten für Entdeckungen, Erforschung und kreative Ausdrucksmöglichkeiten. Nature Art Journaling braucht kein weites wildes Land. Ein Garten, ein Stadtpark oder ein Blumenkasten können ein riesiges Spektrum an Natur bieten.

Überfordern wir also unsere Kinder nicht mit zu vielen Aufgaben, zu großen Flächen und abstrakten Entfernungen. Starten wir stattdessen mit einigen wenigen Ideen und Projekten in der aktuellen Jahreszeit und lassen sie diese intensiv erarbeiten und vertiefen.

Meine Erfahrung mit der kreativen Arbeit mit Kindern hat gezeigt, dass sie von den strukturellen Anforderungen in der Schule, einem Überangebot von Freizeitaktivitäten und einer linear getakteten Zeitorganisation sehr gefordert sind. Durch viel Freiraum und lange Zeiträume der Gestaltungsfreiheit erfahren sie eine große Entwicklung in ihrer persönlichen Kreativität.

Berühmte Künstlerinnen und Künstler haben ihre kreativen Schaffensphasen auch keinem strikten Zeitmanagement unterworfen, sondern sich einem Prozess der Inspiration und Verwirklichung hingegeben.

Wenn du zu Hause in der Familie mit deinen Kindern ein Naturtagebuch beginnst oder andere künstlerische Projekte verwirklichen möchtest, ist es sinnvoll, einen festen Platz zu schaffen. Auf diesem Naturkünstlerplatz dürfen angefangene Werke liegen, an denen zur passenden Zeit weitergearbeitet werden kann. An diesem Platz können auch die Naturschätze ausgestellt und das Material aufgehoben werden. Sollte das aus räumlichen Gründen nicht möglich sein, können spezielle Aufbewahrungskisten zweckmäßig sein, die dann gemeinsam hervorgeholt und auch wieder weggeräumt werden. Und für ein Naturtagebuch, etwas Papier und Stifte braucht es keine großen Räume.

»Sketchnotes« oder »Gemalte Notizen« für deine Naturbeobachtungen

Stell dir vor, du sitzt in der Schule, und der Lehrer erklärt dir etwas über Tiere. Anstatt nur Notizen in langweiligen Wörtern zu machen, kannst du deine eigenen »Sketchnotes« erstellen. Das bedeutet, dass du kleine Zeichnungen, Symbole und bunte Schriftarten verwendest, um wichtige Informationen darzustellen. Sketchnotes kann man mit »visuellen Notizen« oder »skizzenhaften Notizen« übersetzen.

Es ist eine ganz besondere Art, Informationen zu visualisieren und festzuhalten. Stell dir vor, du könntest Informationen nicht nur in Worten lesen, sondern auch in bunten Bildern sehen, die alles viel interessanter und leichter verständlich machen. Das ist genau das, was Sketchnotes tun.

Für deine Naturbeobachtungen sind Sketchnotes super, um dir schnell Inhalte und Zusammenhänge zu merken. Das macht Spaß, geht schnell, und dein Gehirn wird doppelt kodiert. Das bedeutet, du kannst dir Dinge besser merken. Zudem erzeugen kleine Bilder Emotionen und regen an, eigene Ideen zu entwickeln, und helfen, auf kreative Weise zu lernen!

Zeige mir dein Naturbuch oder dein Kunstwerk unter diesem Link:

simeoni.de/natureartjournaling/kunstwerke/

Sende mir ein Foto, und ich werde es auf meiner Website veröffentlichen.

Die Welt ist bunt

Farben, Formen und Muster der Natur

Kinder verfügen über eine reiche Fantasie, die sie leicht in die Rolle von Tieren, Pflanzen oder anderen Menschen schlüpfen lässt. Diese großartige Gabe ist ein perfekter Einstieg in das Nature Art Journaling.

Der Planet Erde ist unser Zuhause, und wir alle leben gemeinsam in einer komplexen und bunten Welt. Ebenso vielfältig wie das Leben auf der Welt sind die Wahrnehmungen jedes einzelnen Lebewesens. Und dabei schließe ich Bäume, Pflanzen und Steine nicht aus.

Wenn wir beginnen, mit Kindern hinaus in die Natur zu gehen, sind die meisten erst einmal überwältigt von all den Eindrücken und Entdeckungen. Deshalb ist es wichtig, die Wahrnehmungen einzugrenzen und den Fokus auf bestimmte Dinge zu richten. Dabei ist Fantasie ein tolles Werkzeug, denn Kinder sind fasziniert von der Idee, in andere Rollen zu schlüpfen, und werden mit allen Sinnen zu dem, was sie darstellen möchten.

Formen von Wolken

Wenn Wolken am Himmel ziehen, verändern sie fast augenblicklich ihre Formen. Es ist eine wundervolle Beschäftigung, einen wolkenverhangenen Himmel zu beobachten und immer wieder neue Formen zu finden. Lege dich mit den Kindern auf eine Wiese und mache Wolkenbeobachtungen. Die ziehenden Wolken werden zu Tieren, Gestalten und bekommen immer wieder neue Formen und Farben. Vielleicht fliegen auch Vögel am Himmel oder ein Flugzeug. Anschließend malen wir im Sitzen, am besten mit einem Klemmbrett auf den Knien, mit Kreiden auf einem Papier Wolkenformen. Das entspannte Liegen auf der Erde und der Eindruck der ziehenden Wolken erzeugen meistens einen entspannten Modus, und während des Malens entsteht oft eine kreative Stille.

Tipp

In den Frühlings-, Herbst- und Wintermonaten gibt es die spektakulärsten Wolkenbilder! Leider ist der Erdboden dann oft sehr kalt. Abhilfe schaffen Isomatten unter einem Sitzkissen, Decken und das Sitzen Rücken an Rücken im engen Kreis.

Male Wolkenbilder auf vorgedruckten Bildern mit unterschiedlichen Wolkenformen. Hier sind der Fantasie keine Grenzen gesetzt und die »Wolken-Comics« bringen jede Menge Spaß!

Formen von Bäumen

Ich leite gerne meine Kurse mit einer Unterhaltung zum Thema ein. Ich frage die Kinder, ob sie sich vorstellen können, wie es ist, einen Baum wie Vögel von oben zu betrachten. Wir sehen Bäume immer von unten, und ihre Baumkronen können wir nur aus einer gewissen Entfernung wahrnehmen, aber nie von oben wie die Vögel. Deshalb lade ich die Kinder ein, sich vorzustellen, ein Vogel zu sein und sich in seine Perspektive zu versetzen. Wer die Möglichkeit hat, einen Baumwipfelpfad zu besuchen, sollte unbedingt seine Malsachen dabeihaben.

Formen von Blättern

Ebenso ermuntere ich die Kinder, sich vorzustellen, ein Reh auf der Suche nach leckeren Blättern zu sein. Wie sucht sich ein Reh die Blätter an den Bäumen aus? Und welche Sinne setzt es ein? Wie merkt es sich, welche Blätter es essen kann?

Blütenformen

In den Sommermonaten gehe ich mit den Kindern auf blühende Wiesen, um nach unterschiedlichen Blütenformen Ausschau zu halten. Um sich die einzelnen Farben und Formen der Blüten besser anschauen zu können, breite ich ein weißes Tuch aus, auf dem wir Blüten und Blätter auslegen und so ganz genau betrachten und abzeichnen können.

Farben und Muster in der Natur

Nach den Formen der Bäume, Blätter und Blumen sammeln wir Muster in der Natur. Schnell werden Kinder viele Muster entdecken, denn die Natur ist voller Muster. Angefangen bei den Mustern der Bäume, Blattadern und dem Muster der Anordnung der Blütenblätter, erweitern wir den Blick in die Landschaft.

Muster enthalten ein sich stets wiederholendes Element:

- Linien
- Kreise
- Punkte
- Quadrate
- Rechtecke
- Halbkreise
- Sterne
- Dreiecke
- abstrakte Formen
- Naturmuster
- geometrische Muster
- Zick-Zack-Muster
- Wellen

Suche nach weiteren Mustern in der Landschaft.

Landkarte zeichnen

Mit dem Eulenblick erfassen wir die Landschaft in ihren Formen und Mustern. Für Kinder ist es eine große Herausforderung, die Landschaft in ihrer Weite auf ein kleines Papier zu zeichnen. Deshalb suchen wir gemeinsam markante Linien, Formen und Muster in der Landschaft, die wir dann aufmalen.

Tipp

Kinder lieben Farben, deshalb stelle ich gerne eine Auswahl an bunten Farben zur Verfügung. Beim Formen- und Mustermalen fällt es ihnen aber leichter, wenn sie nur eine Farbe verwenden und erst später ihre Zeichnungen bunt ausmalen.

Pflanzen und Tiere zeichnen

Schau immer zuerst die Form einer Pflanze oder eines Tieres genau an. Beschreibe die äußere Form und zeichne diese auf. Dabei ist es wunderbar, über die Formen zu sprechen und Adjektive dafür zu finden. So arbeiten wir uns gemeinsam bis ins Detail vor. Größere Kinder zeichnen genauer und detailreicher, bei kleineren Kindern reicht es, darüber zu sprechen und sie zu benennen. Mit ein wenig Übung können sie kleinere Unterschiede, wie zum Beispiel die Form eines Blattes, dann auch genauer malen.

Die Beobachtungen können zur Zeichnung notiert oder skizziert werden.

Pflanzenteile, die wir anfassen können, werden zusätzlich mit dem Tast- und Geruchssinn und, falls sie essbar sind, mit dem Geschmackssinn erforscht und beschrieben.

Die Form eines Objekts wird erfasst, beschrieben und dann skizziert. Hilfslinien dienen der Orientierung. Die groben Linien werden verfeinert und die Details gezeichnet. Als letzter Schritt wird die Zeichnung farbig angemalt.

Buntspecht

Während des Beobachtens und Zeichnens entstehen Fragen

Sind die Blüten der Blume gleichmäßig angeordnet?

Wie sieht die Blüte aus?

Ist der Stängel glatt oder behaart, hart oder weich? Wie wachsen die Blätter am Stängel?

Wächst die Blume einzeln oder in der Gruppe?

Ist der Stiel lang oder kurz, dick oder dünn, kantig oder rund?

Hat die Pflanze viele Blätter oder nur wenige?

Welche Farben hat die Pflanze?

Sind die Blätter der Pflanze weich, behaart oder fleischig?

Ist der Baum groß oder kleiner, rund oder oval? Welche Form haben die Blätter? Sind sie gezackt oder gewellt?

Woran erinnert dich ihre Form?

Wie sieht die Rinde des Baumes aus, wie fühlt sie sich an?

Vogelschnabelformen

Wie genau ist die Form des Vogelschnabels?

Ist der Schnabel des Vogels gekrümmt, spitz, ist er lang oder kurz?

Warum hat der Schnabel diese Form?

Ist der Vogel ein Insektenfresser und braucht dafür einen spitzen Schnabel?

Detailzeichnungen in Vergrößerung können die Antwort geben, und die Fragen können in das Naturtagebuch notiert werden.

Tipp

Manchmal fällt es Kindern schwer, sich zu entscheiden, wo sie auf dem Blatt mit ihrer Zeichnung beginnen sollen, um ausreichend Platz für alle Skizzen und Notizen zu haben. Der Transfer ihrer Naturstudie bei größeren Objekten auf das Papier kann durchaus herausfordernd sein und braucht ein wenig Übung. Deshalb ist es gut, sie selbstständig experimentieren zu lassen, damit sie ein Gefühl für Struktur und Größe ihrer Gestaltung bekommen.

Sinnesübung: Der Tagesablauf in Farbe

Menschen sehen Farben oft ganz unterschiedlich und empfinden sie auch oft auf ganz verschiedene Art und Weise. Frage ich eine Gruppe von Menschen nach der Farbe der Sonne, werden sich alle einig sein, sie ist hell und gelb, doch sobald sie die Sonne mit Farben darstellen sollen, werden es viele verschiedene Nuancen von Gelb werden.

Kinder haben ein großes Spektrum an Farbnuancen in ihrer Vorstellung. Ein vier Monate alter Säugling kann bereits das gesamte Farbspektrum seiner Umgebung wahrnehmen. Farben spiegeln auch Stimmungen wider, so wirken helle und warme Farben freundlich und beruhigend, während dunkle und grelle Farben traurig und aggressiv wirken können.

Die Sinnesübung, den Tagesablauf mit Kindern in Farben darzustellen, ist eine meditative Reise und eine Rückschau auf den Tag, die am Ende eines Nature-Art-Journaling-Workshops stehen kann.

Ich teile den Kindern je ein weißes Blatt Papier, einen Pinsel und bunte Wasserfarben aus.

Nun bitte ich sie, ihre Augen zu schließen und führe sie noch einmal durch ihren Tag, beginnend mit dem Zeitpunkt, an dem sie geweckt wurden. Ich frage die Kinder, welche Farbe der Morgen hatte.

Nun beginnen sie am oberen Rand des Papiers mit der ausgewählten Farbe zu zeichnen. So gehen wir den ganzen Tag durch, bis wir in der Gegenwart angekommen sind.

Es ist auch möglich, vorher Linien für die einzelnen Abschnitte des Tages zu ziehen. Größere Kinder können die einzelnen Tagesabschnitte auch mit Aufstehen, Frühstücken, Weg zur Schule etc. beschriften.

Diese Übung gibt Eltern und Pädagogen viel

Aufschluss über das Gefühlsleben eines Kindes während des Tagesablaufs. Wichtig ist dabei, wie immer nicht zu werten oder zu spekulieren, sondern es als Übung für das Kind zu sehen, um sich mit Farben ausdrücken und Tagesereignisse verarbeiten zu lernen.

Der Naturfarben-Kreis

Die bekanntesten Farbkreise stammen von Johann Wolfgang von Goethe und dem Schweizer Maler Johannes Itten. Itten hat mit den drei Grundfarben (Gelb, Rot und Blau) einen Farbkreis gestaltet. Zunächst wurden aus den Grundfarben Orange (aus Gelb und Rot), Grün (aus Gelb und Blau) und Violett (aus Blau und Rot) gemischt; ausgehend von den nun sechs vorhandenen Farben hat er weitere Mischungen erstellt und im Farbkreis wiedergegeben. Goethes Farbkreis basiert auf den Farben Blau, Gelb und Rot, dazu kommen die Komplementärfarben Orange, Violett und Grün.

Komplementärfarben sind diejenigen Farben, die im Farbkreis weit voneinander entfernt liegen, also genau die Farben, die sich gegenüberliegen. In der grundlegendsten Form der Farbtheorie entsprechen Komplementärfarben jeweils einer Primärfarbe und einer Sekundärfarbe, die durch das Mischen der beiden anderen Primärfarben erzeugt wird.

Farbkreise sind äußerst hilfreich bei der Mischung von Farbtönen und der Wahrnehmung von Farbnuancen. Sie finden sich auch immer wieder in der Natur. Wir erstellen einen Farbkreis und vergleichen die Farben mit Materialien aus der Natur, um diese mit unseren Malfarben abzugleichen. Dadurch erweitern wir unser Verständnis für Farbharmonie und -zusammenstellung.

Anleitung Farbkreis

Du kannst einen Farbkreis auf unserer Homepage downloaden oder auch selbst einen Kreis aufmalen. Teile den Kreis in acht oder zwölf Segmente und beginne, die Farben auszumalen. Beginne mit Gelb bis Violett und Blau bis Grün.

Lasse die Zeichnung trocknen und schneide sie anschließend aus. Klebe den Farbkreis auf einen stabilen Karton und schneide diesen auch aus. Nun kannst du nach farblich passendem Pflanzenmaterial Ausschau halten und es mit Holzwäscheklammern auf dem Farbkreis entsprechend der Farbe befestigen.

simeoni.de/natureartjournaling/farbkreis/

Nature Art Journaling im Jahreskreis

Der natürliche Lebens- und Lernkreislauf

Das Werden und Vergehen einer Pflanze lässt sich im Lebensrad sehr anschaulich darstellen und auch auf ein menschliches Leben beziehen. Das Leben einer Pflanze beginnt, gleich einem menschlichen Leben auf dem Lebensrad im **Nordosten**, im Unsichtbaren. Geschützt und gut versorgt mit allem, was ein Samen zum Keimen braucht, bereitet er sich im tiefen Inneren des Erdreichs auf sein Leben vor. Sind die Bedingungen für das Wachstum des Samens günstig, entsteht, noch ganz unbemerkt, ein neues Leben.

Der Zartheit eines Samenkorns ist die große innewohnende Wirkkraft nicht anzusehen, und doch können wir dann oft unverhofft sehen, wenn der Keimling ein feines Blättchen durch die Erde ans Licht entfaltet. Im **Osten** auf dem Lebensrad wird die Pflanze nun sichtbar und beginnt, dem Licht entgegenzuwachsen. Es bilden sich kleine feine Wurzeln, und der Keimling sprießt ins Leben.

Nun bildet der kleine Sprössling sein Wurzelwerk in der Erde aus und strebt gleichzeitig in die Höhe. Im **Südosten** bildet er viele kleine Blätter und Stängel aus, um ganz viel Licht aufzunehmen, zu speichern und Nährstoffe für seine Entwicklung auszubilden. Die Pflanze wächst schnell und kräftig und bildet alles aus, was sie zum Leben braucht.

Und im **Süden** können wir schon die ersten Blüten entdecken, und sie werden bunt und duftend. Es ist nun die Geschlechtsreife der Pflanze erreicht, sie hat alles angelegt, was sie für ihre Fortpflanzung benötigt. Sie lockt Insekten an und verströmt ihre ganze Schönheit.

Nach der Befruchtung wird nun in der Pflanze die ganze Kraft gebündelt, um Früchte auszubilden. Die Schönheit ihrer Blüten und der betörende Duft werden zu wundervollen Früchten, und die Pflanze befindet sich im **Südwesten** mit ihren vollkommenen Gaben.

Im **Westen** zeigt die Pflanze, wo noch unscheinbar Blüten und kleine grüne Triebe waren, ihre reifen Früchte. Sie zeigt ihre Gaben der Welt und verschenkt sich. Die Pflanze hat viele Wege sich zu verschenken.

Das Leben der Pflanze wandert weiter, und im **Nordwesten** bildet sie ihre Wurzeln aus und lässt ihre materielle Form im Außen immer mehr verschwinden. Sie trennt sich von allem, was nicht wesentlich ist, um den langen dunklen Winter überstehen zu können.

Im Winter zieht sich die Pflanze oft völlig zurück und verharrt bis zum Frühling. Der **Norden** steht für den Rückzug der Wachstumskräfte und zugleich für die Vorbereitung der Energien zur neuen materiellen Formwerdung der Pflanze.

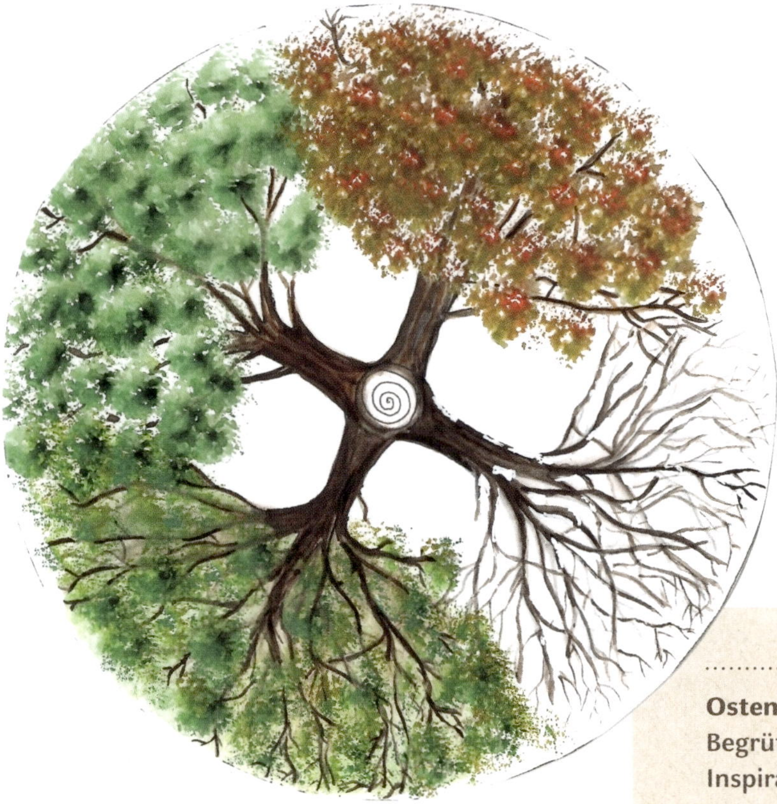

Beim Nature Art Journaling wird der natürliche Lernkreislauf, der sich an dem Lebensrad orientiert, deutlich, denn der Prozess zum fertigen Werk oder der Eintrag im Naturtagebuch durchläuft auch das Kreislaufmodell des Naturmentorings. Dieses Wissen können wir uns zunutze machen und unsere Aufenthalte zum Nature Art Journaling in der Natur danach gestalten.

Osten
Begrüßung, Ankommen, Kreis und Inspiration für den Tag

Südosten
erste Beobachtungen, Wahrnehmungen und Ideen werden notiert

Süden
Zeichnungen und Kunstwerke entstehen

Südwesten
Pause und Reflexion

Westen
Werke werden fertiggestellt, Arbeiten beendet

Nordwesten
Vorstellung der Arbeiten, Ideensammlung für das nächste Treffen

Norden
Abschlusskreis

Naturelemente im Jahreskreis

Luft, Feuer, Wasser und Erde

Die Elementenlehre ist eine uralte Vorstellung, die in vielen alten Kulturen und Traditionen zu finden ist. Sie bietet eine Möglichkeit, die Grundstruktur und das Zusammenspiel der Elemente in der Natur und im Menschen zu verstehen und zu harmonisieren. Jedes Element wird mit bestimmten Eigenschaften und Qualitäten in Verbindung gebracht, die auf das Leben und die Gesundheit des Menschen Einfluss nehmen sollen.

Es ist wichtig anzumerken, dass die Elementenlehre zwar eine reiche Quelle für symbolische Bedeutungen und philosophische Einsichten ist, aber keine wissenschaftlich belegte Theorie darstellt. Dennoch kann sie eine inspirierende und bereichernde Rolle in verschiedenen Lebensbereichen spielen.

Das Element Erde ist für die Verbindung zur Erde, unser Identitätsgefühl und die Fähigkeit, einander zu nähren und zu unterstützen, verantwortlich.

Wasser ist Frieden, Weisheit und Versöhnung.

Der Stein dient zur Erinnerung des Lebensziels, befähigt uns zur Kommunikation und dazu, das, was andere sagen, zu begreifen.

Beim Feuer geht es ums Träumen und darum, dass wir mit uns selbst und den Ahnen verbunden bleiben und unsere Visionen erhalten.

Die Natur unterstützt uns dabei, unserem wahren Selbst treu zu sein und große Veränderungen oder lebensbedrohliche Situationen zu überstehen. Sie bringt uns den Zauber und das Lachen.

Sobonfu Some
Dagara, Burkina Faso

Je nachdem, welcher Bewusstseinsebene unterschiedliche Traditionen angehören, werden die Elemente den vier Himmelsrichtungen zugeordnet. Im europäischen Lebensrad wird das Feuer dem Sommer, das Wasser dem Herbst, die Erde dem Winter und die Luft dem Frühling zugeordnet.

Die Verbindung der Elemente mit den Jahreszeiten und dem Lebenszyklus in der Natur ist eine schöne Möglichkeit, die Wechselwirkung zwischen Mensch und Umwelt zu verstehen und zu erleben.

Nature Art Journaling ist eine kreative Methode, um die Elemente der Natur bewusst wahrzunehmen und in die eigenen künstlerischen Ausdrucksweisen einzubringen. Durch das Beobachten und Studieren der Natur sowie das Einfühlen in die verschiedenen Elemente können Kinder eine tiefere Verbindung zur Natur aufbauen und ihre Wahrnehmungsfähigkeit schärfen.

Die Vorstellung von Naturelementen als Naturwesen in der Welt jüngerer Kinder ist ein wunderbarer Ansatz, um ihre Fantasie zu fördern und ihr Verständnis für die Natur auf spielerische Weise zu erweitern. Geschichten und Märchen können eine Brücke zwischen der Welt der Fantasie und der realen Natur schlagen und so das Verständnis und die Wertschätzung für die Umwelt stärken.

Die Naturelemente dienen als kulturelles Bindeglied, das uns daran erinnert, dass wir ein Teil der Natur sind und in einem ständigen Austausch mit den Elementen stehen. Dieses Bewusstsein kann uns dabei unterstützen, achtsamer und respektvoller mit unserer Umwelt umzugehen und eine harmonische Beziehung zur Natur zu entwickeln.

Fabel von der Sonne und dem Wind

Die leuchtende Sonne und der stürmische Wind stritten sich darüber, wer von ihnen der Stärkere sei.

Der Wind pustete sich auf und sagte: »Ich bin stärker als du! Siehst du den Mann im Mantel? Wetten, ich kann ihn schneller dazu bringen, seinen Mantel auszuziehen als du?«

Die Sonne versteckte sich hinter einer Wolke, und der Wind blies und blies mit allen Kräften. Doch je kräftiger er blies, desto fester hüllte sich der Mann in seinen Mantel. Schließlich ließ der Wind nach und gab auf.

Da kam die Sonne hinter der Wolke hervor und lächelte freundlich auf den Mann hinunter. Der Mann blickte dankbar zur Sonne in den Himmel hinauf und zog sich lächelnd seinen Mantel aus.

Die Sonne aber sagte grinsend zum Wind: »Güte und Freundlichkeit sind immer stärker als Kraft und Wut.«

Naturschätze im Jahreskreis

Das Sammeln liegt in der Natur des Kindseins. Die Hosentaschenschätze eines Kindes sind für sie von besonderer Bedeutung und wertvoll. Kinder verfügen noch über diesen feinen und detaillierten Blick für ungewöhnliche Muster, Farben und Formen in der Natur und entdecken Dinge, die dem fokussierten Blickwinkel der Erwachsenen oft verborgen bleiben.

Aus den Naturschätzen kleine Kunstwerke zu gestalten, ist für Kinder eine besonders schöne Aufgabe, denn ihre Fundstücke sind Schätze, die sie mit ihrem eigenen Blick erforschen. Sie erzählen Geschichten und tragen Erinnerungen in sich. Wenn Kinder Naturschätze in ihr Naturtagebuch malen und mit Fundort, Datum und Beschreibung des Gegenstandes versehen, wurde das Fundstück dankbar geehrt und mit einer großen Wertschätzung bedacht.

Um Naturmaterialien anschließend aufzubewahren, bieten sich Setzkästen, Kisten oder Boxen aus Holz oder Kunststoff an. Das Sammeln von Naturfunden im Jahreskreis wird somit zur Jahresgeschichte, denn sie verknüpfen Orte, Landschaften, Tiere, Dinge und die Erlebnisse des Kindes miteinander.

Wespennest

Einige Beispiele für Naturschätze sind:

- Steine und Muscheln
- Vogelfedern
- Gräser und Äste
- Moose
- Blüten und Blätter
- Zapfen, Nüsse, Kastanien und Eicheln
- Knochen und Tierschädel
- Vogelnester
- Rinden und Zapfen
- usw.

Pinsel und Farben aus Naturmaterialien

Naturpinsel

Kein Pinsel zur Hand? In der Natur findest du alles, was du zum Malen brauchst!

Aus Ästen, Federn und Pflanzenteilen lassen sich mit wenigen Handgriffen ganz leicht Pinsel basteln.

Material

- **Äste vom Holunder**
- **Federn, feste Halme oder Gräser**
- **Schere oder Messer**
- **evtl. Bastelkleber**

Anleitung

Schneide dir Äste vom Holunder zurecht. Holunder eignet sich besonders gut, da die Äste Mark enthalten, in das du die Federn oder Halme ganz leicht hineinstecken kannst.

Federn abschneiden oder Halme zurechtschneiden. In die Äste stecken. Wenn du es stabiler haben möchtest, kannst du die Pinselspitzen mit einem Bastelkleber festkleben.

Wie wäre es, einfach mit Pflanzenteilen zu malen?

Hast du schon mal mit einer Schafgarbe oder einem angespitzten Ast gezeichnet? Hinterlasse Spuren in deinem Naturtagebuch mit unterschiedlichen Pflanzenpinseln!

Naturfarben aus Pflanzen

Auch Farben lassen sich wunderbar aus Pflanzen herstellen. Du kannst mit vielen verschiedenen Pflanzen experimentieren. Aber auch feingemahlene Erde, Kohle oder Gewürze, wie Paprika oder Kurkuma, lassen sich mit ein wenig Wasser zu ganz einfachen Naturfarben rühren. Probiere es aus und lasse dich überraschen!

Materialien

- **reife Holunderbeeren**
- **Schlehen**
- **Johanniskrautblüten**
- **Goldrutenblüten**
- **Erde**
- **Kurkumapulver**
- **Paprikapulver**

- **Mörser**
- **Wasser**
- **Sieb**
- **Schale**
- **evtl. Gummiarabikum und Leinöl**

Anleitung

Mahle den ausgewählten Rohstoff im Mörser fein. Nun gieße die entstandene Flüssigkeit durch ein Sieb in eine Schale. Bei Erde oder Gewürzpulver kannst du, wenn das Material fein genug ist, auch auf das Zerreiben mit dem Mörser verzichten.

Gekochte Schlehen durch ein feines Sieb passieren

Zutaten für eine Naturfarbe aus Walnussblättern und Schalen

Erste Probezeichnungen mit den selbst hergestellten Naturfarben

Bei Pflanzenteilen wie Beeren entsteht bereits flüssige Farbe, die du schon verwenden kannst. Oder du dickst sie mit Gummiarabikum, dem Saft von Akazienbäumen, der wie ein Bindemittel wirkt, ein wenig an. Wenn du kein Gummiarabikum zur Hand hast, kannst du auch Honig verwenden. Leinöl verleiht der Farbe einen schönen Schimmer und lässt die Farbe auf dem Untergrund haften.

Trockene Rohstoffe rührst du vorsichtig mit wenig Wasser zu einem Brei. Auch hier kannst du mit Öl oder Bindemittel experimentieren.

Farben aus Naturmaterialien herzustellen, kann eine wunderbare Bereicherung zum Malen werden. Die Farben können natürlich mit allen Arten von Pinseln oder auch mit den Fingern aufgetragen werden. Experimentiere mit Materialien, die du in der Natur findest. Sei dir dabei aber immer sicher, dass du keine giftigen Pflanzen verwendest.

Tinte oder Malfarben

Tinte ist wie eine Tinte in einem Stift. Sie ist meistens dünn und flüssig. Du benutzt normalerweise Tinte, wenn du etwas schreiben möchtest, wie Buchstaben oder Wörter. Sie trocknet schnell und hinterlässt eine dunkle Linie auf dem Papier. Tinte ist normalerweise nicht so bunt wie Malfarben. Sie kommt oft in Farben wie Schwarz, Blau oder Rot vor.

Malfarben hingegen sind dicker und bunter. Denk an Wasserfarben oder Acrylfarben. Diese Farben sind dickflüssiger als Tinte, und es gibt sie in verschiedenen Farben, wie Rot, Gelb, Blau und viele weitere. Du kannst Malfarben verwenden, um große Flächen zu bemalen oder um bunte Bilder zu malen. Malfarben brauchen ein bisschen länger, um zu trocknen, aber sie erlauben dir, kreativer zu sein und viele verschiedene Farben zu benutzen.

Junger Tintenschopfling

Tintenschopfling im verschlossenen Glas

Tintenschopfling zerfällt nach einigen Tagen und schwarze Tinte entsteht

Tinte aus einem Pilz

Der Tintenschopfling, auch Schopftintling genannt, ist ein Speisepilz, der schon seit der Antike als Rohstoff für Schreibtinte verwendet wurde. Du kannst dir aus einem Tintenschopfling ganz leicht ein Glas Tinte herstellen.

Lege den Pilz einfach in ein Schraubglas und verschließe es. Schon nach wenigen Tagen hat sich der Pilz aufgelöst, und eine schwarze Tinte ist entstanden.

simeoni.de/natureartjournaling/naturfarben/

Notizen, Geschichten und Gedichte

Das Schreiben von Gedichten ist wie ein kreatives Spiel mit Worten. Du kannst einem Kind erklären, dass es seine Gefühle, Gedanken und Ideen in wunderschöne Worte verwandeln kann, die sich reimen oder auch nicht. Gedichte können lustig, traurig oder einfach nur schön sein.

Notizen hingegen sind kurze Nachrichten oder Erinnerungen, die helfen, wichtige Dinge nicht zu vergessen. Du könntest sagen, dass Notizen wie kleine Briefe an dich selbst oder andere sind, um sich an etwas zu erinnern oder Informationen festzuhalten. Sie sind sehr nützlich, um sich an Dinge zu erinnern, die man sonst vergessen könnte.

Kleine Geschichten über Erlebnisse und Eindrücke aus einer Naturbeobachtung, die du erst mündlich mit den Kindern teilst, und sie dann dazu ermutigst, die Geschichte aufzuschreiben und als Bildergeschichte mit kurzen Untertiteln zu zeichnen, vielleicht auch als Sketchnotes, machen viel Spaß.

Um die Kinder dazu zu ermutigen, ein Gedicht über eine Naturbeobachtung zu schreiben, wähle eine Pflanze aus, die dein Interesse weckt oder die du gerne näher kennenlernen möchtest. Es kann eine Blume, ein Baum oder sogar eine Zimmerpflanze sein.

Nimm dir die Zeit, die Pflanze genau zu betrachten und jedes kleine Detail zu beachten.

Frage die Kinder, welche Gefühle oder Eindrücke die Pflanze bei ihnen auslöst. Es kann helfen, wenn du dir vorstellen kannst, wie die Pflanze lebt und welche Rolle sie in der Natur spielt.

Hilf den Kindern dabei, Wörter und Begriffe zu sammeln, die mit der Pflanze in Verbindung stehen. Dies können Eigenschaften, Emotionen oder sogar Vergleiche sein.

Erkläre ihnen, dass Gedichte sich oft reimen und einen bestimmten Rhythmus haben können. Sucht gemeinsam Beispiele für einfache Reime. Dann ermutige die Kinder, ihre Gedanken und Wörter in einem freien Vers oder in Reimform aufzuschreiben. Es muss nicht perfekt sein; es geht darum, kreativ zu sein.

Wer möchte, kann sein Gedicht vorlesen und mit anderen teilen. Dies kann das Selbstbewusstsein stärken und anderen ermöglichen, ihre Sicht auf die Pflanze zu erfahren.

Natürlich können die Kinder ihr Gedicht durch eine Zeichnung oder Illustration ergänzen, die die Pflanze darstellt.

Indem du sie bei jedem Schritt unterstützt und ihnen die Möglichkeit gibst, ihre Fantasie und ihre eigenen Ideen einzubringen, wird das Schreiben des Pflanzengedichts zu einer bereichernden und unterhaltsamen Erfahrung für die Kinder.

Im Wald so grün und wild,
Die Natur, sie strahlt und quillt.
Ein buntes Reich, voll Leben sprüht.
In jedem Winkel wilder Zauber blüht.

Haiku

Manchmal erscheinen Gedichte zu schwierig und anspruchsvoll. Deshalb erzähle ich den Kindern dann gerne von Haikus.

Das Wort »Haiku« stammt aus dem Japanischen und bezeichnet eine bestimmte Art von Gedicht. Haiku (俳句) setzt sich aus den beiden Silben hai (俳) und ku (句) zusammen. Hai bedeutet »Verse« oder »Verseschmied« und ku bedeutet »Strophe« oder »Gedicht«. Haiku heißt also »Verse in Strophen«.

Ein Haiku ist eine besondere Gedichtform aus Japan. Es ist nicht wie die normalen Gedichte, es sind Verse mit einer speziellen Struktur. Ein Haiku besteht aus drei Zeilen. In der ersten Zeile gibt es fünf Silben, in der zweiten Zeile sieben Silben und in der dritten Zeile wieder fünf Silben. Silben sind die Teile eines Wortes, die wir zählen, wenn wir es langsam aussprechen. Ein Haiku beschreibt oft die Natur, die Jahreszeiten oder einfache Szenen des Alltags. Die Worte sind einfach, aber sie können starke Gefühle und Bilder hervorrufen.

Haikus sind auch eine großartige Möglichkeit, um die Schönheit der Welt um uns herum zu entdecken und auszudrücken. Es macht Spaß, sie zu schreiben und auch vorzulesen. Es ist gar nicht so schwer! Deine Fantasie und Kreativität hilft dir. Und es ist auch nicht schlimm, wenn wir die Silbenzahl zu Beginn nicht korrekt einhalten.

Bäume groß und stark (5 Silben)
Blätter flüstern in der Luft (7 Silben)
Freunde der Natur (5 Silben)

Mit einem Haiku kann man Textverständnis, Schreibstil und Silbentrennung üben sowie den Wortschatz erweitern.

Nomen: Baum
Wort beschreiben: groß und stark
Was passiert dann: Blätter fallen im Wind
Was denkst du: Herbst ist da

Elfchen

Das Elfchen ist eine Gedichtform, die noch etwas einfacher für jüngere Kinder ist. Wie der Name schon sagt, besteht das Gedicht aus elf Wörtern:

Baum, hoch und grün, Knospen wie Geschenke, Frühling weckt dich auf.

Elfchen sind eine tolle Übung zur Festigung der Wortarten für Grundschüler, die zudem die Kreativität und Ausdrucksform der Kinder fördert.

simeoni.de/natureartjournaling/naturgedichte/

Star im Ahornbaum

Löwenzahnblüte mit Wildbiene

Bärlauchblüte

Fühlen, riechen, tasten, schmecken und zeichnen – die Natur im Frühling

Der Zartheit eines Samenkorns ist die große ihm innewohnende Wirkkraft nicht anzusehen, und doch können wir dann oft unverhofft sehen, wenn der Keimling ein feines Blättchen durch die Erde ans Licht entfaltet. Im Frühling wird die Pflanze nun sichtbar und beginnt, dem Licht entgegenzuwachsen. Es bilden sich kleine feine Wurzeln, und der Keimling sprießt ins Leben.

Die Stimmung ist voller Neugierde und Vorfreude auf das, was uns im neuen Jahr erwarten wird. Die ersten warmen Sonnenstrahlen und der Gesang der Vögel locken hinaus in die Natur. Der Frühling schenkt neue Energien und Inspirationen, lässt die Träume aus der tiefen Ruhe des dunklen Winters in der materiellen Welt sichtbar werden.

Wir genießen es, uns ohne dicke Kleidungsschichten draußen im Freien aufzuhalten. Wir können uns auf den Erdboden setzen, ohne vorher Sitzkissen und Decken auszulegen. Die Hände werden nicht mehr eisig beim Malen, die Kunstwerkstatt öffnet ihre Türen und Fenster, und wir räumen mit vereinten Kräften Tische und Bänke hinaus in die Sonne.

Jetzt ist die richtige Jahreszeit, mit Kindern Sitzplätze aufzusuchen, die sie im Jahreskreis begleiten können. Größere Kinder suchen sich gerne alleine einen geheimen Platz in der Natur aus, zu dem sie bei jedem Treffen gehen können, um eine Weile dort zu verbringen. Mit kleineren Kindern kannst du gemeinsam einen schönen Ort aussuchen, an dem ihr euch immer wieder für eine Weile aufhaltet.

Die Frühlingsmonate sind spannende Entdeckermonate. Knospen, Blüten, Pflanzen entwickeln sich zu neuem Leben, und die Natur erblüht in bunten Farben und vielfältigen Formen. Tiere spüren ebenso wie wir Menschen die kraftvollen Energien des neuen Jahres. Es ist die beste Jahreszeit, um Wildtiere zu beobachten. Vögel bereiten ihre Hochzeit vor und grenzen laut singend ihr Revier ein. In der Luft summt und brummt es, am Erdboden und auf den Pflanzen krabbelt und kriecht es, und es wird zur reinsten Wonne, mit den Kindern all diese wundervollen und aufregenden Entdeckungen zu teilen und kreativ umzusetzen!

Erlaube dir und deinen Kindern, auch einmal mit einem leeren Blatt Papier nach Hause zu gehen, und genieße einfach das Miteinander auf der Wiese, im Wald und ohne Begrenzung in der freien Landschaft.

All die Erlebnisse in der freien Natur, ohne Aufgabenstellung und nach Ergebnissen zielend, werden sich tief in den Kindern verankern und ihr ganzes Leben abrufbar sein.

Löwenzahn

Nature Art Journaling und geheimer Sitzplatz

Im Naturmentoring ist der Sitzplatz eine kraftvolle Kernroutine. Der Sinn eines geheimen Sitzplatzes ist es, mit dem Ort vertraut zu werden, dort die Pflanzen und Tiere in den unterschiedlichen Jahreszeiten intensiv beobachten zu können, Zeit alleine zu verbringen und sich wohl zu fühlen.

Für das Nature Art Journaling stellt dieser Platz eine Verbindung zu den Beobachtungen und Aufzeichnungen dar. Viele Kinder beobachten an ihrem Platz eine Pflanze, ein Tier oder Spuren, die sie in ihrem Naturtagebuch mit Beiträgen immer wieder ergänzen können. Eine Rederunde nach der Sitzplatzzeit ist deshalb auch immer sehr aufregend für die Kinder.

Kinder, die während der Sitzplatzzeit nicht alleine sein möchten, kommen zu mir an den Gemeinschaftssitzplatz oder haben ihren Platz in Sichtweite zu mir.

Naturverbindung mit Stift und Papier im Frühling

Zwiebelblumen – Geophyten

Frühblüher, die als Erstes mutig, manchmal sogar unter einer dicken Schneedecke ihre bunten Blüten zeigen, nennt man Frühlingsgeophyten. Sie sind besondere Pflanzen, die unter der Erde leben und blühen, insbesondere in Laubwäldern und Gärten.

Sie haben ihre Wurzeln in der Erde verankert und speichern dort Nährstoffe und Wasser für sich. Aber das Besondere an ihnen ist, dass sie auch Teile haben, die über die Erdoberfläche wachsen.

Stell dir vor, Geophyten sind wie Zauberer der Pflanzenwelt. Im Frühling, wenn die Tage länger werden und die Sonne wärmer scheint, verwandeln sich die unscheinbaren Erdbewohner in wunderschöne Blumen. Sie kommen aus ihrem Versteck unter der Erde und recken ihre farbenfrohen Blüten in die Luft.

Einige Geophyten sind wie kleine Zwiebeln und haben eine Schale, die sie schützt. Im Inneren der Zwiebel befindet sich eine Art Energie, die es ihnen ermöglicht, im Frühling zu wachsen und zu blühen. Die Zwiebeln sind wie kleine Schatzkammern, die die Pflanze mit allem versorgen, was sie zum Überleben braucht.

Geophyten gibt es in vielen verschiedenen Farben und Formen. Einige haben schöne lila Blüten, andere leuchten gelb oder orange. Es gibt sogar welche, die wie kleine Sterne aussehen. Manchmal riechen sie auch sehr gut und ziehen Bienen und Schmetterlinge an.

Im Frühling blühen Tulpen in vielen Gärten und Parks. Die Tulpenzwiebel wird im Herbst in die Erde gepflanzt, und im Frühling sprießt sie hervor und zeigt ihre prächtigen Blüten. Aber es gibt noch viele andere Geophyten, wie Narzissen, Krokusse und Hyazinthen, die den Frühling mit ihren bunten Farben verschönern.

Also, Geophyten sind wie kleine Zauberer, die unter der Erde leben und im Frühling ihre magischen Kräfte nutzen, um wunderschöne Blumen zu werden. Wenn du im Frühling bunte Blumen siehst, denk daran, dass da vielleicht ein kleiner Zauberer seine Zauberkräfte entfaltet hat.

Krokus

Kleine Narzissen
(auch Osterglocken genannt)

Nature Scouting

Welche Blume entdeckst du im Garten, im Wald und im Park nach dem Winter als Erstes?

Welche Farbe hat die erste Blüte?

Kommt die Blume alleine aus der Erde oder mit vielen anderen?

Welche Zwiebelblumen kennst du?

Wie unterscheidet sich das Schneeglöckchen vom Märzenbecher?

Wie riechen die Blüten, und wodurch ähneln sich die Frühblüher?

Male sie aus dem Gedächtnis und schlage dann erst in einem Buch nach!

Wie verändern sich die Blumen im Verlauf des Frühlings?

Welche Tiere besuchen die Blumen, wenn sie blühen?

Welche Blumen sind besonders wichtig für Bienen und andere Insekten?

Welche Blume hat den längsten Stängel?

Welche Blume duftet am intensivsten?

Geophyten speichern ihre Energie in der Zwiebel.

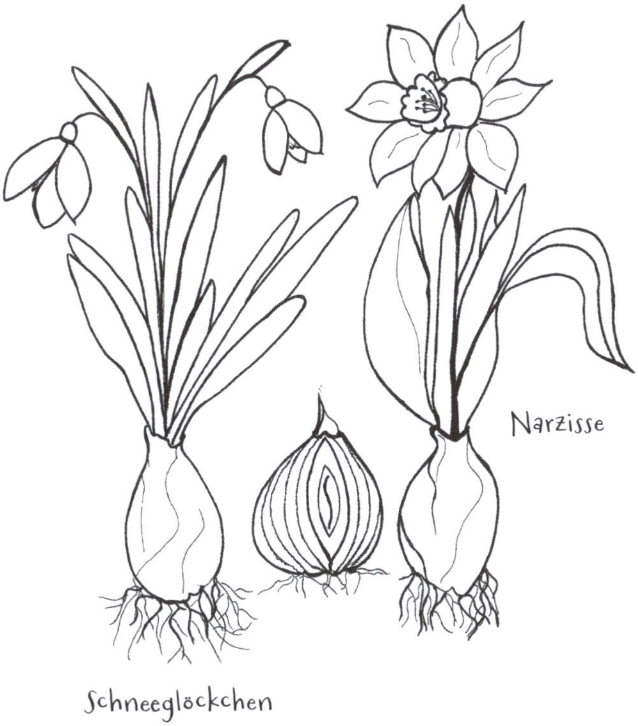

Bärlauch und seine giftigen Doppelgänger

Unsere Wälder verwandeln sich im Frühjahr in ein Meer aus Bärlauch, und der einzigartige Duft nach Knoblauch weckt die Neugierde der Kinder. Da Bärlauch einige giftige Doppelgänger hat, besprechen wir den einzigen genießbaren Geophyten, vergleichen ihn mit seinen giftigen Doppelgängern und machen Zeichnungen in unserem Naturtagebuch. So bleiben alle Unterscheidungsmerkmale für immer im Gedächtnis.

Bärlauch besitzt auch eine Zwiebel als Überdauerungsorgan. Im Herbst bildet der Bärlauch Wurzeln und eine Zwiebel aus, die Nährstoffe und Energie für die nächste Vegetationsperiode speichert. Im Frühling wächst er dann aus dem Boden und bildet seine charakteristischen grünen Blätter. Im Sommer blüht der Bärlauch weiß, bevor er sich wieder in die Erde zurückzieht und die oberirdischen Teile absterben. So erneuert sich der Bärlauch jedes Jahr aufs Neue.

Maiglöckchen

Herbstzeitlose

Bärlauch

Aussehen: Bärlauch hat lange, schmale Blätter, die wie breite Grashalme aussehen. Die Blätter sind dunkelgrün und haben oft eine leicht glänzende Oberfläche. Bärlauch bildet im Frühjahr kleine, weiße Blüten.
Geruch: Bärlauch hat einen starken knoblauchartigen Geruch. Wenn man die Blätter zerreibt, riechen sie nach Knoblauch.

Zwei wichtige Pflanzen, die leicht mit Bärlauch zu verwechseln sind:

Maiglöckchen

Aussehen: Maiglöckchen haben dunkelgrüne, lanzettförmige Blätter und glockenförmige Blüten, die meistens weiß sind. Die Blüten hängen oft an einem stielartigen Blütenstand.
Geruch: Der Duft der Maiglöckchenblüten ist süß und angenehm, aber auch intensiv. Man kann den Duft schon von Weitem wahrnehmen.

Herbstzeitlose

Aussehen: Die Herbstzeitlose hat lange, schmale Blätter, ähnlich wie der Bärlauch, aber im Gegensatz zu diesem sind die Blätter eher dunkelgrün und matt. Die Blüten der Herbstzeitlosen sind rosafarben und sternförmig.
Geruch: Herbstzeitlosen haben keinen auffälligen Geruch.

Naturstudie Bärlauchblatt

Bärlauch

Kindern beizubringen, dass sie niemals Pflanzen essen sollten, es sei denn, sie haben die Erlaubnis eines Erwachsenen, ist lebenswichtig! Ihnen frühzeitig Erkennungs- und Unterscheidungsmerkmale beizubringen und sie aufzufordern, diese einem Erwachsenen zu erklären, macht sie sicher im Umgang mit Wildpflanzen.

Nature Scouting

Wie unterscheiden sich die Blätter von Maiglöckchen, Bärlauch und Herbstzeitlose?

Kannst du anhand der Blätter erkennen, um welche Pflanze es sich handelt, wenn du sie nicht blühen siehst?

Gibt es bestimmte Plätze im Wald oder in der Natur, an denen du den Bärlauch häufiger findest?

Welche Tiere fressen Bärlauchblätter?

Wie riecht Bärlauch?

Wonach riechen Maiglöckchen?

Wann blüht die Herbstzeitlose?

Welche Farbe hat die Blüte der Herbstzeitlose?

Bienen und Wildbienen

Mit dem Frühlingsbeginn im März beginnt es auch in der Luft zu brummen und zu summen. Wärmere Temperaturen und Sonnenschein locken viele Insekten wieder zurück ins Leben. Bienen, Wildbienen und andere Insekten bestäuben nicht nur Wild- und Kulturpflanzen und sichern so Ernten, sondern sind auch Bestandteil einer gesunden Umwelt und Artenvielfalt.

Neben der Honigbiene gibt es in Deutschland fast 600 Wildbienenarten und viele weitere Bestäuberinsekten, wie Schwebfliegen, Wespen und zahlreiche Schmetterlingsarten. Wie unterscheiden sich Wildbienen von Honigbienen? Wildbienen haben eine enorme Vielfalt in Gestalt und Aussehen. Sie existieren in zahlreichen Formen und Farben. Und sie können leicht mit Schwebfliegen oder Wespen verwechselt werden. Die meisten Wildbienen sind pelzig behaart, andere jedoch sind wiederum fast kahl. So kannst du Wildbienen fast ausschließlich an ihrer Lebensweise erkennen. Übrigens zählen zu den Wildbienen auch die gemütlichen Blütenbesucher im flauschigen Pelz, die Hummeln. Drei Arten kannst du leicht am Hinterteil erkennen. Frage dich bei der nächsten Hummel, welche du da vor dir hast! Mit einem scharfen Beobachterblick lernst du die charakteristischen Merkmale erkennen und dein Verständnis für die Natur schärfen.

Während Honigbienen in Staaten zusammenleben, sind Wildbienen eher Einzelgänger. Es gibt nur noch wenige wilde Honigbienen, aber es gibt verwilderte Honigbienenvölker, die jedoch nicht die ursprüngliche Form repräsentieren.

Wenn wir also vom Bienensterben sprechen, bezieht es sich nicht auf die Honigbiene, die zu den Nutztieren der Landwirtschaft gehört und vom Imker betreut wird, sondern auf die mehr als 560 verschiedenen Arten von Wildbienen, die nicht in großen Gemeinschaften leben, sondern sich selbst versorgen.

Hummeln am Hinterteil unterscheiden:

Ackerhummel
gelbbrauner Hintern

Erdhummel
weißer Hintern

Steinhummel
orange-rötlicher Hintern

Was kannst du für die Wildbienen tun?

Es ist sehr wichtig, natürliche Nistplätze für sie zu schaffen. Wildbienen mögen Totholz, Trockenmauern, markhaltige Stängel und Wildbienenhotels als gemütliche Orte zum Leben. Du kannst ihnen auch helfen und frisches Wasser für sie bereitstellen, indem du im Sommer kleine Behälter mit Wasser und Steinen aufstellst, auf denen sie landen können. Denn genau wie wir Menschen haben auch Bienen Durst und brauchen Wasser zum Trinken.

Eine Wildbiene, die du sofort von der Honigbiene unterscheiden kannst, ist die blaue Holzbiene.

Honigbiene

Blaue Holzbiene

- größer als eine Hummel
- glänzt blauschwarz
- Namen hat sie, weil sie kleine Höhlen in morsches Holz bohrt und dort ihre Brut aufzieht
- kräftige Kauwerkzeuge, produziert Sägemehl
- fleißige Bestäuberinnen
- hilft Pflanzen, Früchte und Samen zu produzieren

Nature Scouting

Was ist der Unterschied zwischen Bienen und Wildbienen?

Wo leben Bienen normalerweise? Und wo leben Wildbienen?

Wie sieht eine Honigbiene aus? Wie sieht eine Wildbiene aus?

Was produzieren Honigbienen? Produzieren Wildbienen auch Honig?

Warum sind Bienen und Wildbienen wichtig für uns und die Natur?

Wo bauen Bienen ihre Nester? Und wo bauen Wildbienen ihre Nester?

Wie helfen Bienen und Wildbienen den Pflanzen?

Was können wir tun, um Bienen und Wildbienen zu schützen?

Welche Gemeinsamkeiten zwischen Biene und Wildbiene findest du?

Wo entdeckst du Unterschiede?

Wie können Wildbienen noch aussehen?

Können Wildbienen stechen?

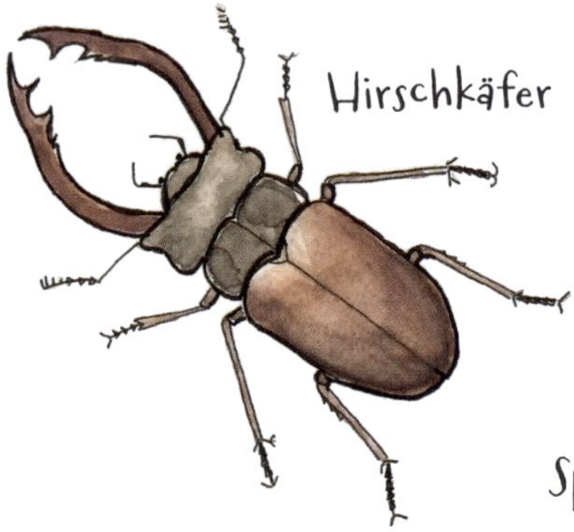

Marienkäfer, Feuerwanzen, Spinnen & Co.

Auf der Erde passiert jetzt etwas ganz Besonderes! Die warmen Sonnenstrahlen wecken die Insekten aus ihrem Winterschlaf, und der aufgewärmte Boden wird wieder lebendig. Insekten sind kleine Tiere mit Flügeln, die aus Kopf, Brust und Hinterleib bestehen.

Manche Menschen mögen Insekten nicht so gerne und finden sie unangenehm oder eklig. Aber eigentlich haben die Insekten eine sehr wichtige Rolle in unserer Welt. Sie sorgen dafür, dass alles im Gleichgewicht bleibt. Bienen, Fliegen, Käfer und Schmetterlinge bestäuben fast alle Pflanzen. Ohne sie wären die Blumenwiesen nicht so bunt, und im Sommer könnten wir keine leckeren Beeren naschen oder im Herbst keinen Apfelkuchen essen. Also sind die Insekten eigentlich ziemlich cool, oder? Sie helfen uns, dass die Natur schön und gesund bleibt.

Spinnen sind keine Insekten, sie gehören zu den Spinnentieren. Sie haben acht Beine, und viele von ihnen bauen Spinnennetze, um ihre Beute zu fangen. Spinnen sind wirklich faszinierende Tiere. Sie sind gute Jäger und halten viele andere Insekten in Schach, die manchmal zu viele werden können. Sie helfen also dabei, das ökologische Gleichgewicht aufrechtzuerhalten.

Obwohl manche Leute Spinnen vielleicht gruselig finden, sind sie eigentlich sehr nützlich. Sie fressen zum Beispiel Mücken, Fliegen und andere Insekten, die uns stören können. Also können wir sagen, dass Spinnen auch ihre wichtige Rolle in der Natur haben und uns helfen, die Welt um uns herum besser zu machen.

Um das Blickfeld jüngerer Kinder einzugrenzen, bietet sich ein Hula-Hoop-Reifen an, den man auf ein Stück Wiese platziert. So können sich die Kinder auf den Bereich konzentrieren und dort nach Insekten suchen, ohne sich auf einer großen Fläche zu verlieren.

Nature Scouting

Gestalte eine spezielle Seite in deinem Naturbuch für Insekten:

Was für Insekten entdeckst du?

Wie viele Beine haben Insekten?

Welche Muster und Formen siehst du an ihnen?

Gibt es Ähnlichkeiten zwischen ihnen?

Welche Insekten haben Flügel?

Was erinnert dich an ihre Muster, Formen und Farben?

Jetzt kannst du sogar neue Insektenarten erfinden! Male sie in dein Naturtagebuch und gib ihnen lustige Namen!

Sobald die Temperaturen milder werden, lockt es die kleinen schwarz-roten Feuerwanzen aus ihren Winterquartieren. Über Duftstoffe, die sie abgeben, finden sie in Gruppen zueinander. Und so beginnen sie auch schon mit der Paarung, indem sie Po an Po kleben. Die geselligen Feuerwanzen knabbern keine Pflanzen an, sie räumen den Pflanzenabfall und tote Insekten weg, deshalb solltest du dich über die fleißigen Insekten freuen. Damit andere Tiere sie nicht so gerne verspeisen, sondern sie einen säuerlichen Geruch ab.

Wer saugt besonders gerne Lindensaft und klebt Po an Po?

Feuerwanze

Feuerwanzen an einer Linde

Nature Scouting

Hast du schon mal bemerkt, dass der Maikäfer ein Herz am Po hat?

Wie viele Jahre verbringt ein Maikäfer als Larve unter der Erde?

Wie viele Glieder hat der Körper einer Ameise?

Warum bringt der Marienkäfer Glück?

Hat die Spinne eine Fadenspule im Bauch?

Kann eine Stubenfliege stechen?

Welchen Nutzen haben Insekten?

Wie viele Füße hat ein Tausendfüßler?

Wie kommunizieren Feuerwanzen?

Halte Ausschau nach einem Lindenbaum. Welche Käfer kannst du entdecken?

Suche dir ein Stück Wiese oder einen Platz an einem Gewässer aus und beobachte, wie viel Lebendigkeit zwischen Gräsern und Pflanzen stattfindet!

Lebenszyklus – von der Raupe zum Schmetterling

Mit den ersten warmen Sonnenstrahlen tanzen auch die ersten Schmetterlinge über die Wiesen. Aber wo waren die Schmetterlinge all die kalten Wintermonate über? Sie klappen ihre Flügel ein und schützen sich mit einem körpereigenen Frostschutzmittel, das bis zu -20 Grad standhält! So überwintern Schmetterlinge in Baumspalten, im Gras, in Häusern oder Höhlen. Wird es im Winter einmal sonnig und warm genug, kommt es sogar vor, dass der Schmetterling seine Flügel öffnet und einen kleinen Ausflug macht. Vielleicht hast du ja Glück und siehst zu Weihnachten einen Schmetterling fliegen?

Schmetterlinge durchleben vier verschiedene Entwicklungsstadien: Ei, Raupe, Puppe und Falter. Vor der Paarung findet eine Balz statt, bei der das Weibchen und das Männchen miteinander spielen.

Die Metamorphose macht den Schmetterling zu einem wichtigen Tier unter den Insekten, denn er dient in unterschiedlichen Entwicklungsstadien dem Ökosystem. Als blätterfressende Raupe, als Bestäuber und als Vogelfutter.

Metamorphose

Weibliche Schmetterlinge legen Eier auf Pflanzen ab, die später auch als Nahrung für die Raupen dienen. Was essen Raupen gerne?

Einige Tage später schlüpfen aus den Eiern Larven. Die Raupe, eine Larvenform, frisst sich nun mit ihrem kräftigen Mundwerkzeug dick und satt.

Wenn die Raupe groß genug geworden ist, spinnt sie um sich einen schützenden Kokon oder eine Puppe, je nach Raupenart. In diesem Stadium werden Körper, Flügel, Augen und Geschlechtsorgan gebildet. Für diesen Prozess werden einige Raupenkörperteile umgebaut oder zersetzt. Nach einigen Monaten, wenn der Umbau beendet ist, schlüpft ein erwachsener Schmetterling. Der Schmetterling ist mit feinsten Härchen bedeckt, die den Flügeln ihre Farben und Muster geben. Viele Schmetterlinge haben einen langen Rüssel, um Nektar aufzunehmen und Wasser zu trinken. Deshalb ist es auch für Schmetterlinge wichtig, dass man ihnen im heißen Sommer eine Wassertränke hinstellt.

Welche Arten entdeckst du im Frühling? Mache dir in deinem Naturtagebuch einige Schmetterlings-Skizzen mit Bleistift. Immer wenn du einen Schmetterling siehst, male ihn farbig aus und schreibe dir Datum und Ort der Sichtung auf.

Weißt du, wie Schmetterlinge sich untereinander verständigen können? – Schmetterlinge kommunizieren über Duftstoffe, die in ihren Flügeln angelegt sind.

Nature Scouting

Was weißt du bereits über Schmetterlinge?

Wie, denkst du, leben Schmetterlinge?

Welche Farben haben Schmetterlinge, und warum, denkst du, sind sie so bunt?

Wo leben Schmetterlinge?

Gibt es besondere Orte, an denen man sie häufig findet?

Wie bewegen sich Schmetterlinge von Blume zu Blume?

Was essen Schmetterlinge?

Wie finden sie ihre Nahrung?

Welche Veränderungen durchlaufen Schmetterlinge im Laufe ihres Lebens?

Weißt du, wie die Verwandlung genannt wird?

Gibt es verschiedene Arten von Schmetterlingen?

Inwiefern sehen sie sich ähnlich, und worin unterscheiden sie sich?

Wie schützen sich Schmetterlinge vor Raubtieren?

Wer sind ihre größten Feinde?

Wie überleben Schmetterlinge in der Natur?

Warum sind Schmetterlinge für die Umwelt wichtig?

Gibt es Arten von Schmetterlingen, die vom Aussterben bedroht sind?

Wie können wir sie schützen?

Schwalbenschwanz

Junge Buchenblätter

Knospen und Blätter von Bäumen

Wer Knospen erkennen und voneinander unterscheiden möchte, muss ganz genau hinschauen! Um den Blick für Knospen zu üben, kannst du schon im Winter immer wieder Knospen von Bäumen und Sträuchern mit einer Lupe betrachten und versuchen, unterschiedliche Arten zu erkennen. Beginne mit einfachen Knospen, die gut voneinander zu unterscheiden sind. Buche, Esche, Eiche, Birke und Linde sind dafür perfekt.

Anfang bis Mitte April werden die Bäume vereinzelt wieder grün. Junge, frische Blätter entfalten sich, und bunte Blüten öffnen sich. Mit die ersten Laubbäume, die ihre zarten grünen Blätter im Frühjahr zeigen, sind Birke und Buche. Sie sind Anzeiger für den Erstfrühling in deinem phänologischen Kalender. Ahorn und Obstbäume, wie Kirsche, Birnen und Pflaumen, beginnen zu blühen.

Im Vollfrühling folgen dann auch Hainbuche und Eiche mit der Laubentfaltung. Die Rosskastanie und der Flieder blühen. Und nun musst du schon ganz genau hinschauen, um in all dem Grün die einzelnen Baumarten auseinanderzuhalten.

Manche Knospen und Blätter von Bäumen sind sogar für uns Menschen essbar und schmecken besonders frisch und lecker! Birkenblätter schmecken anders als die Blätter einer Linde oder Eiche. Sammelt gemeinsam einige frische Blätter und macht gemeinsam eine Geschmacksreise durch den Wald!

Auch die jungen Spitzen von Nadelbäumen schmecken zitronig und frisch – aber aufpassen, denn nicht alle Nadelbäume sind genießbar! Die Eibe ist in allen Teilen giftig und bildet ähnlich wie die Fichte hellgrüne Triebspitzen.

Ahornblätter

Oft gibt es von einer Gattung nochmal unterschiedliche Arten. Schau dir die Blätter der Ahornbäume ganz genau an! Welche unterschiedlichen Merkmale findest du?

Die Blattform ist ähnlich, doch sind die Blätter des Bergahorns fein gezackt und die des Feldahorns gerundet. Es gibt noch eine dritte Ahornart, den Spitzahorn, seine Blätter sind ganz spitz gezackt. Findest du noch andere Unterscheidungsmerkmale? Fühle, taste, schmecke und schau genau hin. Mach dich auf die Suche. Trage alle Unterscheidungsmerkmale in dein Naturtagebuch ein!

Welche Besonderheit erkennst du an allen Ahornbäumen? – An jedem Samen hängt ein Flügel. Ein kleiner Hubschrauber, der beim Herunterfliegen weit vom Stamm wegfliegen kann und somit für die Verbreitung neuer Bäume sorgt.

Ahornblätter

Junge Blätter von Bäumen schmecken zart und frisch.

Junge Ahornblätter

Zum Erforschen der Blätter können viele Sinne eingesetzt werden.

Nature Scouting

Weshalb legen Bäume bereits im Herbst und Winter neue Knospen an?
Im Herbst und Winter wird es für die Bäume draußen kalt, und wenn es weniger Sonnenlicht gibt, bereiten sich die Bäume auf die kalte Zeit vor, in der es schwerer ist, zu wachsen. Deshalb machen sie kleine Schutzpakete namens Knospen. Diese Knospen sind wie kleine Schlafsäcke für die Blätter des Baumes. Im Frühling, wenn es wieder warm wird und die Sonne länger scheint, wachen die Knospen auf, und daraus wachsen neue Blätter und Blumen.

Warum haben manche Knospen einen klebrigen Film?
Der klebrige Schutzfilm mancher Knospen ist ein Harz. Es hält Insekten fern, die dem Baum schaden könnten, und es hilft auch, die Knospe vor Kälte zu schützen. Du kannst es dir wie eine Jacke vorstellen, die die Knospe warm und sicher hält.

Wusstest du, dass in einer Knospe der ganze Baum angelegt ist?
Wissenschaftlerinnen und Wissenschaftler haben sich Knospen unter dem Mikroskop genau angesehen und untersucht und tatsächlich festgestellt, dass sie aufgebaut sind wie ein ganzer Baum. Im Frühling gehen die Knospen auf, es entfalten sich Blätter und Blüten, und es wachsen sogar ganze Zweige.

Wie kannst du die verschiedenen Blattformen unterscheiden?

Fühle die jungen Blätter, was fällt dir auf?

Frühlingsbote Rotmilan – und der Mäusebussard

Während der Mäusebussard den Winter bei uns verbringt, zieht der Rotmilan im Herbst in den warmen Süden nach Frankreich und Portugal. Sobald der Frühling beginnt, kehrt auch der Rotmilan zurück und ist am Himmel kreisend zu beobachten.

Weißt du, wie du ganz leicht erkennen kannst, ob ein Mäusebussard oder ein Rotmilan am Himmel kreist? Der Rotmilan hat einen tief gegabelten Schwanz und einen langsameren und elastischeren Flügelschlag als der Mäusebussard.

Beide Vögel sind Greifvögel. Sie fühlen sich am wohlsten in Landschaften mit Seen oder in Flusstälern und brüten gerne auf Bäumen im Wald. Für die Nahrungssuche sind Felder und Wiesen ideal.

Als Nahrungsquelle dienen dem Rotmilan kleine Säugetiere wie Wühlmäuse und andere Vögel oder Aas. Er ernährt sich aber auch von Abfällen. Der Mäusebussard fängt hauptsächlich Feldmäuse, Kröten und Frösche, aber auch kleinere Vögel.

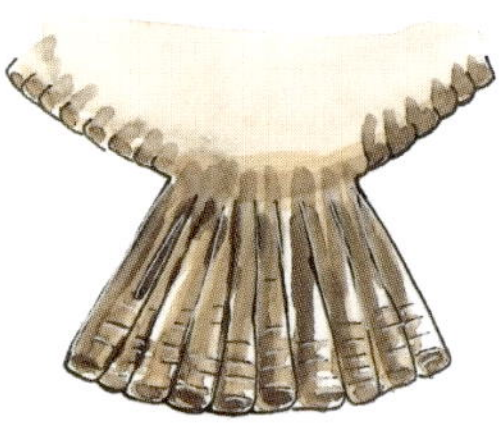

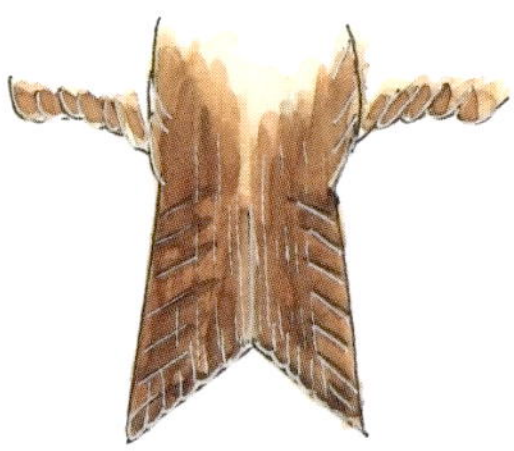

Nature Scouting

Welche Greifvögel kennst du noch?

Wie werden Greifvögel noch bezeichnet?

Welche Form haben Greifvögel mit ausgebreiteten Flügeln?

Können Greifvögel gut sehen?

Wie sieht der Schnabel von Greifvögeln aus?

Versuche, die Bewegungen eines Rotmilans zu imitieren!

Kennst du den Ruf von Rotmilan und Mäusebussard?

Wie unterscheiden sich die Farben ihres Gefieders?

Rotmilan

Mäusebussard

Wildkaninchen und Feldhasen

Ist dir schon mal aufgefallen, dass zur Osterzeit, also im Frühling, viele Hasenartige über die Wiesen und Äcker hoppeln? Oft bleiben sie sehr lange ganz regungslos auf der Wiese hocken und springen erst auf, wenn du kurz vor ihnen angekommen bist. Wenn du genau hinschaust, kannst du auch sehen, wie die Hasen »Haken« schlagen. Damit ist die abrupte Richtungsänderung der Hasenartigen gemeint.

Vielleicht wunderst du dich über den Ausdruck: Hasenartige (wissenschaftlich: Lagomorpha). Kaninchen und Feldhasen werden zur Familie der Hasenartigen gezählt. Als Kaninchen bezeichnet man mehrere Gattungen und Arten aus der Familie der Hasen. Wildkaninchen gehören zu den Kaninchen und mit den Hasen zu den Hasenartigen.

Kannst du Feldhasen und Wildkaninchen voneinander unterscheiden?

Schule deinen Beobachterblick und schaue bei deiner nächsten Begegnung mit einem Hasenartigen ganz genau.

Lausche wie ein Hasenartiger: Hocke dich wie ein Hase in die Wiese und bilde mit den Händen Schaufeln. Halte deine zu Schaufeln geformten Hände an deine Ohren und lausche in alle Richtungen.

Was hast du gehört? Aus welchen Richtungen kommen die Geräusche? Zähle auf!

Mit ihren langen, trichterförmigen Ohren können Hasen hervorragend hören. Ihre Ohren funktionieren wie Schalltrichter und hören die Geräusche aus unterschiedlichsten Richtungen.

- Feldhasen sind groß und schlank und haben lange, kräftige Hinterläufe
- wiegen 4–6 kg
- Feldhasen sind Nestflüchter
- werden mit Fell und sehend geboren
- kommen in einer Erdmulde, einer »Sasse«, zur Welt
- sind Einzelgänger
- haben kürzeres, braunes Fell

Wildkaninchen

- Wildkaninchen sind kleiner, wirken gedrungener
- wiegen nur 2 kg
- Ohren sind viel kürzer als die der Feldhasen
- erscheinen niedlicher
- Wildkaninchen sind Nesthocker
- kommen nackt und blind in einem Erdbau zur Welt
- leben in Kolonien
- längeres, der Jahreszeit angepasstes, braunes bis graues Fell

Hasenartige sind keine Nagetiere, denn sie können mit ihren Vorderpfoten nicht greifen! Sie besitzen im Gegensatz zu Nagetieren ein zusätzliches kleines Zahnpaar dicht hinter den oberen Nagezähnen.

simeoni.de/natureartjournaling/fruehling/

Feldhase

Nature Scouting

Wildkaninchen oder Feldhase?

Welche Farbe hat das Fell?

Wie groß sind die Ohren?

Wie groß ist der Körper?

Was frisst der Feldhase?

Können Feldhasen schwimmen?

Wie tief graben Wildkaninchen unterirdische Erdhöhlen?

Wie warnt das Wildkaninchen vor Gefahren?

Frühlings-Element Luft

Himmelsrichtungen, Winde und Federn

Im Frühling können wir das Element Luft oft durch kühle Winde wahrnehmen, wenn die Sonne schon warme Strahlen auf die Erde schickt, doch immer wieder frische Böen das Gefühl vermitteln, es ist noch nicht warm draußen. Oft kommen die Kinder bei diesen Witterungen im Frühjahr schnell ins Schwitzen, wenn sie Kopfbedeckungen und Schals tragen. Auch werden manchmal die Sonnenstrahlen unterschätzt, und am Abend sind Wangen und Stirn sichtbar gerötet. Trotzdem ist es ein Vergnügen, endlich bei milden Temperaturen draußen auf der Wiese zu sitzen und sich keine Gedanken über warme Kleidung oder kalte Finger mehr machen zu müssen. So können wir das Element Luft mit unseren Sinnen erkunden und erleben.

Der Norden, Süden, Osten und Westen sind die vier Himmelsrichtungen. Sie sind wichtig, um sich zu orientieren, und haben mit dem Lauf der Sonne zu tun. Es gibt auch Nebenhimmelsrichtungen, die zwischen den Haupthimmelsrichtungen liegen. Zum Beispiel liegt der Nordosten zwischen Norden und Osten, und der Südosten liegt zwischen Osten und Süden. Schon unsere Vorfahren haben erkannt, dass die Sonne morgens im Osten aufgeht, mittags im Süden steht und abends im Westen untergeht. Die Himmelsrichtungen helfen den Menschen, sich zu orientieren.

Wie können wir mit Kindern Himmelsrichtungen bestimmen und die Orientierung im Gelände üben?

Ein Kompass ist ein großartiges Werkzeug, um Kindern die Himmelsrichtungen beizubringen. Sie interessieren sich immer sehr dafür, wie der Kompass funktioniert, und ich zeige ihnen, wie man ihn benutzt, um die vier Haupthimmelsrichtungen zu bestimmen. Auch die Sonne kann als natürlicher Kompass dienen. Ich zeige den Kindern, wie man die Position der Sonne verwendet, um die Himmelsrichtungen zu bestimmen. Zum Beispiel steht die Sonne mittags im Süden und morgens im Osten.

Eine Karte aus dem Rucksack zu holen, erweckt bei vielen Kindern auch Interesse, denn sie wachsen heute mit Navigationsgeräten auf und kommen selten mit Karten aus Papier in Kontakt. Ich erkläre ihnen an einfachen Beispielen, wie man Karten liest und interpretiert. Ich zeige, wie man auf einer Karte die Himmelsrichtungen identifiziert und wie man mithilfe von Symbolen und Legenden den Weg finden kann.

Wir spielen Orientierungsspiele, die die Orientierungsfähigkeiten der Kinder fördern. Zum Beispiel machen wir eine Schatzsuche, bei der die Kinder Hinweisen folgen müssen, die zu einem bestimmten Ziel führen.

Im Naturmentoring verwende ich gerne die Methode der sogenannten »Songlines«, um Kindern Orientierung zu geben. Songlines sind Lieder und Geschichten der indigenen Aborigines in Australien, die von der Schöpfung der Welt erzählen und den Menschen helfen, sich im Land zurechtzufinden. In diesen Liedern werden Berge, Flüsse und andere Orte beschrieben. Die Aborigines singen und erzählen diese Lieder, um eine Verbindung zu ihrem Land und ihrer Geschichte herzustellen. Die Songlines dienen als eine Art Karte und erzählen von den Abenteuern ihrer Vorfahren. Sie sind von großer Bedeutung, um Nahrung und Wasser zu finden und um gemeinsam zu feiern.

Die Vorstellung der Himmelsrichtungen ist für Kinder oft zu abstrakt, denn ihre Welt liegt direkt vor ihnen. Sie sehen nur das, was sich in ihrem Blickfeld befindet. Deshalb erzähle ich den Kindern gerne Geschichten über die Landschaft, in der wir uns bewegen. Wir geben den Orten Namen und teilen an verschiedenen Plätzen Geschichten mit ihnen. Auf diese Weise navigieren wir durch die Natur mithilfe von Referenzpunkten wie Bäumen, Bergen, Flüssen und Steinen. Gelegentlich lasse ich sie dann den Rückweg eigenständig finden, und sie erzählen mir die Geschichten erneut. Durch diese Methode merken sich die Kinder erstaunlich gut die Pfade, Wege und Landschaftsstrukturen. Die Himmelsrichtungen werden dadurch spielerisch verinnerlicht. Wenn wir dann eine Landkarte in unserem Naturtagebuch erstellen, wissen die Kinder sofort, wo sich Osten, Süden, Westen und Norden befinden.

Wie ein Vogel das Element Luft für sich nutzt

Im Herbst fliegen viele Vögel in den Süden zum Überwintern, und im Frühjahr kehren sie wieder zurück zu uns. Mittlerweile steht fest, dass die Zugvögel zum Navigieren das Magnetfeld der Erde benutzen. Die Tiere können zum einen die Stärke des Erdmagnetfeldes und zum anderen dessen Ausrichtung erfassen.

Warum können Vögel fliegen? Das können sie zum einen, weil ihr Körperbau an das Fliegen angepasst ist, und zum anderen aufgrund ihres Verhaltens. Ein Vogel hat einen stromlinienförmigen Körper, wodurch er beim Fliegen einen geringen Luftwiderstand hat. Zudem besitzen Vögel leichte Knochen, die innen hohl sind, einen leichten Schnabel, statt eines schweren Gebisses und eine Lunge mit Luftsäcken. Der Stoffwechsel eines Vogels funktioniert schnell und effizient, wodurch er zu sehr energieintensiven Aktivitäten in der Lage ist.

Hast du schon mal einen Mäusebussard oder einen Rotmilan im Segelflug beobachtet? Diese besondere Art des Fliegens nutzen die Vögel, um in aufsteigender, warmer Luft zu gleiten. Sie breiten ihre Flügel waagerecht aus und benutzen sie wie ein Segel, ohne aktiven Flügelschlag.

Die Flügel sind so geformt, dass bei starker Luftbewegung mit der stärker gekrümmten Oberseite der Flügel ein Auftrieb erzeugt wird. Deshalb starten sie gerne gegen den Wind.

Federn sind ein schönes Symbol für das Element Luft. In den Sommermonaten, wenn die Mauserzeiten der Greifvögel beginnen, findet man unter großen Bäumen oft schöne Vogelfedern. Ich kann es gut verstehen, wenn Kinder begeistert von einem solchen Fund sind und die Federn als Schatz mit nach Hause nehmen. Ich selbst bin auch immer fasziniert von diesen wunderschönen Geschenken der Gefiederten, und überlege mir sorgsam, ob ich die Federn in der Natur liegen lassen oder mitnehmen soll. Denn Vögel verwenden Federn auch gerne für den Nestbau.

Wenn Kinder Federn finden, ist es für sie ein Geschenk der Vogelwelt und stellt auch eine Verbindung zu den Tieren her. Deshalb ist es immer eine Frage der Perspektive, ob Federn mitgenommen werden dürfen. Und es ist auch eine große Geste der Wertschätzung, gefundene Federn zu ehren und sie respektvoll zu hüten.

Fliegender Silberreiher

Nature Scouting

Erfinde Songlines für deine täglichen Wege.

Beobachte Blätter im Wind.

Beobachte, wie der Wind um Gebäude, Bäume oder Berge wirbelt.

Lass dir den Wind um die Ohren pusten.

Zeichne den Wind.

Wo kannst du Luft hören?

Beobachte Vögel, die den Wind für sich zum Auftrieb nutzen.

Puste Farbe durch einen Strohhalm aufs Papier.

Beobachte und zeichne fliegende Pusteblumen-Schirmchen.

Zeichne mit zwei Stiften Luftströmungen.

Lass einen Drachen steigen und beobachte, wie er von den Windströmungen getragen wird.

Kreiere Windspiele aus verschiedenen Materialien und hänge sie draußen auf, um die Windrichtung und -geschwindigkeit zu beobachten.

Lass Papierflieger in die Luft steigen. Beobachte, wie die Flugbahnen von der Luftströmung beeinflusst werden.

Mache Seifenblasen und beobachte, wie der Wind sie mit sich trägt und verändert.

Falls in deiner Nähe Windkraftanlagen stehen, besuche sie und lerne, wie der Wind in erneuerbare Energie umgewandelt wird.

Achte auf Wolkenformationen und wie der Wind sie am Himmel bewegt.

Lasse Luftballons in die Luft aufsteigen und verfolge ihre Flugbahnen.

Halte in deinem Naturtagebuch fest, wie der Wind sich auf die Umgebung auswirkt.

Diese Aktivitäten helfen dir dabei, die Faszination des Elements Luft und die Bedeutung von Luftströmungen in der Natur besser zu verstehen.

Nature Art Kunstwerkstatt im Frühling

Mit den Farben der Blüten und Blätter drucken

Es ist immer wieder erstaunlich, wie viel Farbstoff Pflanzen enthalten und welche Farbnuancen entstehen. Aber wie können wir die Farbe der Pflanze gewinnen? Es gibt viele Möglichkeiten, dies zu erforschen. Viel Spaß macht es, mit einem Hammer bunte Abdrücke von unterschiedlichen Pflanzen auf Papier oder Stoff zu bringen. Die Methode ist einfach und auch für jüngere Kinder eine tolle kreative Beschäftigung.

Material

- **frische Blüten, Blätter**
- **Naturtagebuch oder Papier**
- **Transparentpapier**
- **Hammer, am besten mit Gummi**
- **Stoffreste**

Anleitung

Lege die Blüten mit der Innenseite auf das Papier. Decke vorsichtig das Transparentpapier darüber und beginne dann gleichmäßig mit dem Hammer zu »drucken«.

Wenn du in dein Naturtagebuch druckst, lege unbedingt ein festes Papier unter das Blatt, das du bedrucken willst, denn die Hammerschläge drücken sich sonst auf alle folgenden Seiten durch!

Besonders intensiv werden die Farben von dunklen Blüten und Blättern. Entferne anschließend das Transparentpapier sowie die Blüten- und Blattreste und lasse den Druck noch etwas trocknen.

Um dir die Namen der Blüten zu merken, könntest du sie auch noch beschriften und notieren, was du alles über die Blüten herausgefunden hast.

Fundort, Duft, Name etc. Sind die Blüten essbar? Woran erinnern dich die Blüten?

Oder du kreierst mit den Blütenstempeln ein Kunstwerk und ordnest die verschiedenen Blüten besonders an oder malst noch etwas dazu.

Genauso lassen sich Blüten und Blätter auf Stoffe drucken. Du kannst so T-Shirts, Decken, Girlanden wunderschön gestalten.

Gänseblümchen-Fußabdruck

Wusstest du, dass es heißt: Wenn du dich mit einem Fuß auf sieben Gänseblümchen stellen kannst, ist es Frühling?

Material

- **Papier**
- **Wasserfarben oder Acrylfarben**
- **weiße Deckfarbe**
- **wasserfester Stift**
- **Pinsel**
- **7 Gänseblümchen**

Anleitung

Lege dir alle Materialien bereit. Nun probiere erstmal aus, ob du tatsächlich sieben Gänseblümchen unter deinen Fuß bekommst. Suche dir das Schönste und größte Gänseblümchen aus und lege es zu deinem Arbeitsplatz.

Lege dir ein Papier, Tonkarton oder dein Naturtagebuch, wenn es die Größe deines Fußes hat, zurecht. Wenn du Papier benutzt, achte auf einen flachen Untergrund, der nicht nachgibt, damit dein Fußabdruck gleichmäßig wird.

Male deine Fußsohle nun mit Farbe gleichmäßig an und drucke sie auf das vorbereitete Papier.

Während der Abdruck trocknet, kannst du dir deinen Fuß genau ansehen, und es könnte ein Gespräch über den ökologischen Fußabdruck* entstehen – was er bedeutet und was wir alle dafür tun können.

Aber auch das Gänseblümchen mit seiner enormen Widerstandsfähigkeit in der Natur ist ein schönes Thema, um mit Kindern zu philosophieren.

Nachdem dein Fußabdruck vollständig getrocknet ist, nimm das Gänseblümchen zur Hand und bemale es mit weißer Farbe oder tauche es in weiße Farbe. Bevor du die sieben Abdrucke auf deinen Fußabdruck machst, prüfe, dass nicht zu viel Farbe am Gänseblümchen ist, denn sonst verwischt der Druck leicht.

Wenn die sieben Gänseblümchendrucke getrocknet sind, übermale mit einem Pinsel und gelber Farbe die Blüte in der Mitte der weißen Zungenblüten.

Ist der Fußabdruck getrocknet, füge Notizen hinzu oder schneide ihn aus und erstelle eine Collage. Hier habt ihr Kinder selbst immer die besten Einfälle!

* Der ökologische Fußabdruck beschreibt die Größe der Fläche, die auf der Erde benötigt wird, um alle Ressourcen für eine Person bereitzustellen.

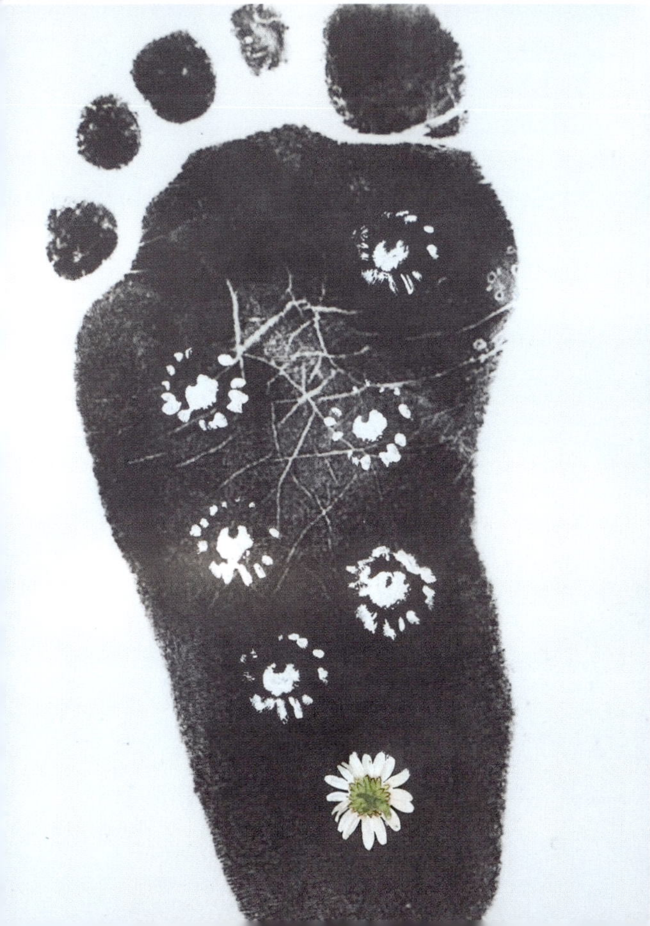

Blumenpresse To-go

Wer mit Kindern in der Natur unterwegs ist, schätzt die unkomplizierten und simplen Dinge. Blumenpressen aus Holz oder das Trocknen und Pressen von Pflanzen in dicken Büchern ist eine wunderbare Sache, und wenn die Kinder Freude am Pflanzensammeln und Bestimmen gefunden haben, werden solche praktischen Hilfsmittel sowieso irgendwann angeschafft. Was aber wirklich toll ist, ist eine Blumenpresse To-go im Rucksack dabeizuhaben. Diese einfachste Art, Pflanzen vor Ort sofort zu pressen, ist für Kinderhände ideal, denn nicht selten schaffen es blühende Pflanzen im Beutel nicht unbeschädigt bis nach Hause, und dann ist die Enttäuschung groß. Deshalb werden besonders hübsche Exemplare vor Ort in die Blumenpresse To-go gelegt, fixiert und können so, bis sie getrocknet sind, zu Hause aufbewahrt werden.

Material

- **fester Karton oder Pappdeckel**
- **Einmachgummis**
- **Küchenpapier**

Anleitung

Schneide dir zu Hause aus Kartons in der gewünschten Größe immer je zwei Kartons zu. Das Küchenpapier ebenfalls in der Größe zurechtschneiden und zwei Lagen zwischen die Kartons legen und mit zwei Gummis fixieren.

Draußen öffnest du die vorbereitete Blumenpresse, wenn du eine Pflanze gefunden hast, und legst sie zwischen Küchenpapier und Kartons, fixierst sie mit Gummis und ab in den Rucksack zum Heimtransport.

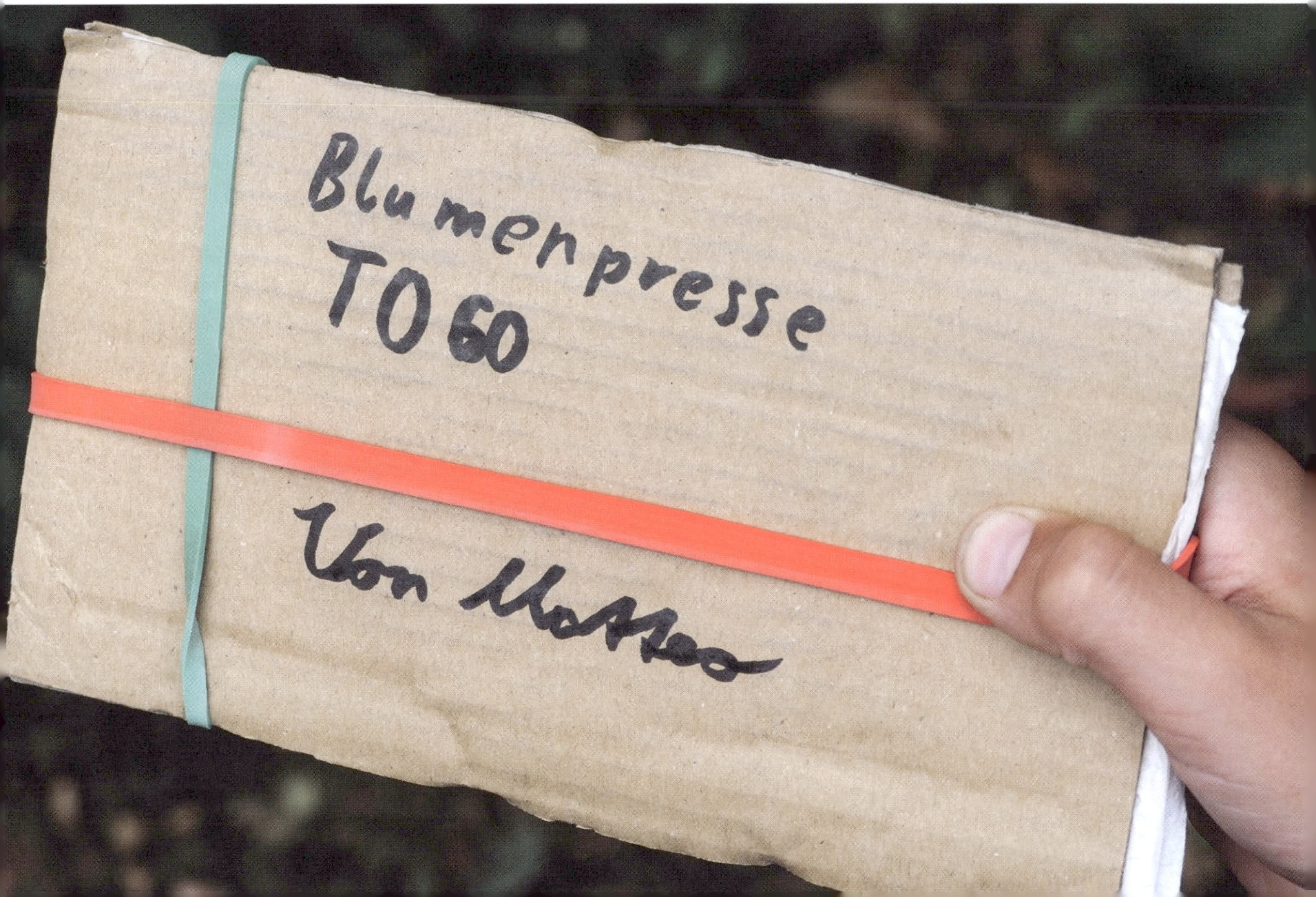
Blumenpresse
TO GO
Von Matteo

Wiesenkräuter-Herbarium

Die ersten Ausflüge im Frühling in die Natur sind meistens voller Entdeckungen und spannender Erlebnisse. Auf der Wiese gibt es viele junge Pflanzen und erste bunte Blüten. Später im Jahr haben sich die Natur und die Pflanzen bereits verändert, und wir erkennen die ersten Frühlingsblüher und Wiesenkräuter kaum wieder. Deshalb lege ich mit Kindern im Frühling ein kleines Wiesenkräuter-Herbarium an, in dem wir später im Jahr oder nächstes Jahr im Frühling nachlesen können, was wir alles gefunden haben.

Sinnvoll ist es, dabei immer ein gutes Bestimmungsbuch im Rucksack zu haben, um gemeinsam nachzuschlagen, um welche Pflanzen es sich handelt und ob sie auch wirklich ungiftig sind. Erst dann können die Pflanzen vorsichtig geerntet werden.

Bedenke, dass die Pflanzen erst getrocknet werden müssen. Deshalb lohnt es sich, schon bald im Frühjahr damit zu beginnen, erste Pflanzen zu sammeln und zu trocknen. Dafür gehen wir immer wieder an denselben Platz auf einer Wiese und können so gleichzeitig in unserem Naturtagebuch festhalten, welche Pflanzenarten Woche für Woche neu dazukommen. Mit der Blumenpresse To-go kannst du die Pflanzen vor Ort schon pressen und auch gleich auf dem Karton beschriften.

Das Wiesenkräuter-Herbarium sollte nicht mehr als zehn verschiedene Pflanzen enthalten. Für jüngere Kinder sind fünf Pflanzen ausreichend.

Material

- **festes Papier, Tonkarton oder Ähnliches**
- **Locher**
- **Schnur**
- **1 kleiner dünner Ast**
- **evtl. Säge**
- **Stifte**
- **5–10 Wiesenkräuter**
- **Transparentpapier**

Anleitung

Schneide die Seiten deines Herbariums auf das gleiche Format zu. Für das Deckblatt kannst du ein andersfarbiges Papier verwenden oder auch ein festeres Material. Nun kannst du entweder mit einem Locher arbeiten und die Seiten anschließend aufeinanderlegen und mit einer Schnur oder einem Heftstreifen zusammenhalten. Eine andere Möglichkeit, dein Herbarium zu binden, wird im Kapitel »Binde dein eigenes Nature Art Journal« ausführlich beschrieben (siehe Seite 20).

Die einzelnen Seiten kannst du entweder immer nach dem gleichen Schema gestalten, oder du lässt sie frei, klebst erst deine getrockneten Pflanzen ein und gestaltest danach individuell nach deinen Ideen.

Für ein Herbarium, das dir auch als Nachschlagewerk dient, ist es praktisch, nach einem Schema vorzugehen, um später leichter eine Übersicht über die gesammelten Informationen der jeweiligen Pflanze zu haben:

Name, botanischer Name, Pflanzenfamilie, Standort, Fundort, Funddatum.

Die genaue Beschriftung der Pflanzen gehört auch zum Nature Journaling.

Ein Herbarium lässt sich auch mit Blättern von Bäumen anlegen.

Binde das Herbarium mit einer Schnur und füge den Ast als Buchrücken in deine Bindung mit ein. Achte dabei darauf, nicht zu eng zu binden, damit sich die Buchseiten gut aufschlagen lassen. Getrocknete Pflanzenteile sind empfindlich und bröseln schnell, deshalb kannst du auf die fertige Herbarium-Seite ein Transparentpapier kleben. So sind deine Pflanzen geschützt.

Heftstreifen kannst du aus deinen alten Schnellheftern, die du nicht mehr verwendest, herausschneiden und für neue eigene Hefte wiederverwenden.

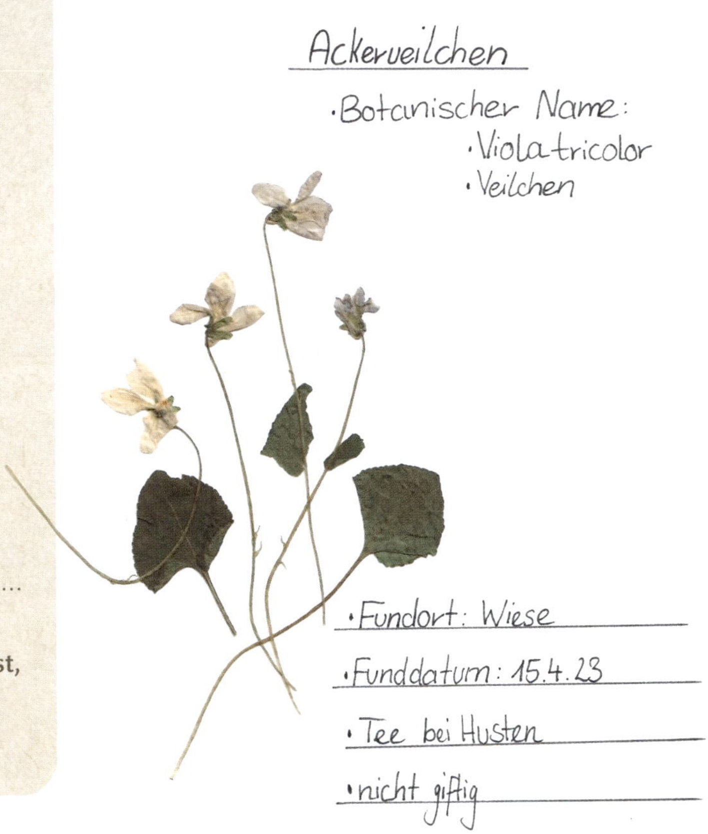

Frühlings-Ideensammlung

- Was und wen hörst du im Frühling?
- Traust du dich schon, barfuß über die Wiese zu laufen?
- Lausche dem fröhlichen Gezwitscher der Vögel, dem Summen der Bienen und dem Rascheln der Blätter im Wind.
- Kannst du den Frühling riechen? Atme den süßen Duft der blühenden Blumen, das frische Grün der Wiesen und den sanften Hauch von Regen ein.
- Wie lange scheint die Sonne? Beobachte, wie die Sonnenstrahlen länger und wärmer werden, während sich der Frühling entfaltet.
- Welches ist die erste Blüte, die du entdeckst? Halte Ausschau nach den zarten Blüten, die mutig aus dem noch kalten Boden hervorlugen.
- Male etwas Stacheliges. Eine Distel mit ihren spitzen Blättern, oder findest du etwas anderes Stacheliges?
- Welche Wildtiere bauen jetzt Nester? Beobachte Eichhörnchen, die geschäftig ihre Nester in den Baumwipfeln bauen, und Vögel, die emsig ihre Brutstätten gestalten.
- Welche Zugvögel kommen zurück? Freue dich über das Gezwitscher der zurückkehrenden Schwalben, die den Frühling ankündigen.
- Beobachte, wie der Löwenzahn zur Pusteblume wird.
- Woran erkennst du eine Wespe? Achte auf die schwarz-gelben Streifen und den schlanken Körper einer Wespe sowie ihre markante Flugweise.
- Zeichne mit der anderen Hand. Fordere dich selbst heraus und zeichne mit deiner nicht dominanten Hand, um deiner Kreativität einen neuen Ansatz zu geben.
- Wie sehen junge Blätter an Bäumen aus? Beachte die zarten, hellgrünen Blätter, die sich langsam entfalten und den Baum mit Leben füllen.

- Kannst du ein Gewitter zeichnen? Male dunkle Wolken, Blitze und Regen, der in dicken Tropfen vom Himmel fällt.
- Hast du schon einmal den Gesang einer Nachtigall gehört? Beschreibe oder zeichne die Melodie, die sie in den Frühlingsnächten singt.
- Welche Geräusche machen Regentropfen, wenn sie auf Blätter oder in Pfützen fallen? Versuche, diese Geräusche in einer Beschreibung oder Zeichnung einzufangen.
- Welche Tiere erwachen aus dem Winterschlaf?
- Male und beschreibe Tiere, wie Dachse oder Igel, die nach dem Winter aus ihrem Schlaf erwachen und ihre Umgebung erkunden.
- Welche Farben dominieren in der Natur während des Frühlings? Beschreibe oder male die verschiedenen Grüntöne der Blätter, das leuchtende Gelb der Forsythien oder das zarte Rosa der Kirschblüten.
- Welche Gerüche verbindet man typischerweise mit dem Frühling? Schreibe eine Liste von frühlingshaften Düften, wie frisch gemähtes Gras, blühende Blumen oder der Duft von Regen.
- Wie sieht eine typische Frühlingslandschaft in deiner Umgebung aus?
- Male und beschreibe die blühenden Bäume, grünen Wiesen und fließenden Bäche, die den Frühling in deiner Region repräsentieren.
- Wie fühlt sich die Frühlingsluft auf deiner Haut an? Beschreibe die sanfte Brise und die wärmenden Sonnenstrahlen, die dich im Frühling umgeben.
- Was macht den Frühling für dich besonders? Beschreibe oder male die Dinge, die den Frühling zu deiner Lieblingsjahreszeit machen und dich glücklich und inspiriert fühlen lassen.

simeoni.de/natureartjournaling/fruehlingsideen/

Malen mit Naturfarben auf einer Tierhaut

Kleiner Wiesenknopf

Fühlen, riechen, tasten, schmecken und zeichnen – **die Natur im Sommer**

Der Mai öffnet das Tor zum Sommer. Die leuchtend gelben Löwenzahnblumen auf den Wiesen verwandeln sich zu Pusteblumen, die Bäume tragen grüne Blätterkleider, und die zarten Obstbaumblüten erzählen von süßen Früchten.

Anfang Mai werden die ersten Wiesen bereits gemäht, und somit verschwinden auch die wilden Frühlingsblumen. Auf unseren Malexpeditionen durch Wiesen und in Wäldern haben wir vor Jahren einmal ein junges Rehkitz entdeckt, abgelegt von seiner Mutter. Die Kinder waren begeistert und besorgt zugleich, denn das arme hilflose Kitz lag doch völlig ausgeliefert und eigentlich ohne Schutz in der Wiese. Einige Kinder begleiteten dann mit viel Motivation die örtlichen Jäger beim Absuchen der Wiesen vor der ersten Mahd und konnten so tatsächlich einigen Tieren das Leben retten.

In den Wäldern kringeln sich die Farne auf und breiten ihre dunkelgrünen riesigen Wedel aus. Der Waldboden ist noch von frischem Grün bedeckt, und die Feuchtigkeit der Regenfälle des Frühjahrs lockt viele Reptilien ins Sonnenlicht.

Im Frühling haben wir noch sehnsüchtig auf blühende Blumen, bunte Schmetterlinge, grüne Blätter an den Bäumen, reife Früchte und unbeschwerte Draußenzeit gewartet. Im Sommer ist plötzlich die Fülle so überwältigend, dass wir uns vor Entdeckungen und Motiven nicht entscheiden können, was wir in unser Nature Art Journal zeichnen und schreiben möchten.

Und doch erzählen die zunehmenden Temperaturen und der beginnende Hochsommer im Juli von verblühenden Pflanzen und Trockenheit. Erste verfärbte Blätter liegen auf dem trockenen Erdboden, und wir suchen kühlende Plätze im Wald und unter Bäumen.

Wasserstellen für Vögel und Insekten locken die Tiere in unsere Nähe.

Es fällt leicht, lange Naturaufenthalte mit Pflanzen- und Tierbeobachtungen zu genießen. Das ziellose Umherstreifen mit den Kindern ist dabei ebenso wertvoll wie gezielte Beobachtungen.

Sowohl Gemütlichkeit und Entspannung als auch Leichtigkeit, Spiel und Beweglichkeit begleiten die Aufenthalte in der Natur. Die langen warmen Tage und das Licht des Sommers lassen die Zeitplanung variieren, und neue Beobachtungen in den frühen Abendstunden bescheren spannende Erlebnisse in der Natur.

Wir hantieren mit Wasser und verschiedenen Farben und verbringen Tage mit Papier und Pinsel draußen in der Natur. Und plötzlich sind sie da, die unvergesslichen Augenblicke, wenn eine Libelle ihre Flugrichtung abrupt ändert, ein Looping schlägt und auf deinem Naturtagebuch landet und dich neugierig anblickt. Wir sammeln diese Momente der tiefen Naturverbindung, wenn für wenige Augenblicke die Welt stillsteht, für immer in unseren Herzen.

Mohn im Getreidefeld

Getreide entdecken mit allen Sinnen

Nature Art Journaling und zielloses Umherstreifen

»Wandering«, das ziellose Umherstreifen, ist in der Wildnispädagogik eine starke Routine, um sich mit der Natur zu verbinden. Umherwandern ohne vorgegebenes Ziel bricht die Gewohnheitsmuster auf und öffnet die Achtsamkeit und Wahrnehmung für das, was die Natur uns lehren möchte. Das Alltagstempo wird automatisch verlangsamt, und das Umherstreifen in der Gruppe lässt Kinder ein besonderes Gefühl der Verbundenheit, der Gemeinschaft erfahren. Indem Intuition und Neugier die Führung übernehmen, wächst seelische Stärke und Selbstwirksamkeit bei den Kindern.

Ich lege regelmäßig mit den Kindern eine kreative Pause ein, und wir zeichnen Entdeckungen und Beobachtungen in unsere Naturtagebücher. Dabei sollte man nicht vergessen, das Datum, das Wetter und den Ort zu notieren.

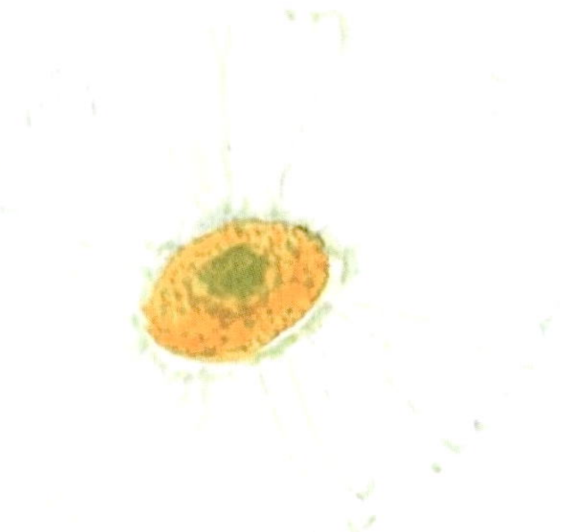

Naturverbindung mit Stift und Papier im Sommer

Sommer auf der Wiese

Sommerblumen

Plötzlich blühen die Wiesen in leuchtenden Farben. Das sonnige Gelb des Löwenzahns weicht den gelben Blüten des Hahnenfußes, und bei genauerem Hinsehen entdeckt man eine Vielzahl weiterer Blumen im hohen Gras. Das rosa Wiesenschaumkraut verblüht allmählich, während die ersten Margeriten ihre Blüten öffnen.

Ein Kind bemerkte einmal: »Margeriten sehen aus wie riesige Gänseblümchen.« Diese Beobachtung veranlasste uns, genauer zu forschen, und tatsächlich entdeckten wir den Grund für diese Ähnlichkeit. Die Margeriten gehören ebenfalls zur Familie der Korbblütler und ähneln daher dem viel kleineren Gänseblümchen. In unserem Naturtagebuch zeichneten wir sowohl Gänseblümchen als auch Margeriten und stellten dabei einige Unterschiede fest. Achte genau darauf und suche nach den Merkmalen, die sie voneinander unterscheiden!

Margerite und Gänseblümchen

Wildrosenblüte

Wenn die Temperaturen steigen und sonnige warme Tage anbrechen, öffnen sich die Blütenknospen der Wildrosen und verströmen einen einzigartigen Duft. Die Hundsrose zeichnet sich durch zartrosa Blüten aus und trägt im Herbst rote Früchte, die als Hagebutten bekannt sind. Sie ist eine weit verbreitete Wildrose, die häufig in Hecken anzutreffen ist und daher auch Heckenrose genannt wird. Beim Berühren ihrer zarten Blüten fallen diese meist sofort ab. Die Dornen der Hundsrose sind kräftig. Manchmal sind eigenartige, buschige Gebilde an den Rosen zu finden, die wie Gewebewucherungen aussehen. Diese Gebilde werden »Schlafäpfel« oder »Rosenäpfel« genannt und dienen als Herberge für viele kleine Larven. Die Larven entwickeln sich aus Eiern, die die Rosengallwespe durch zahlreiche Stiche in die Pflanze ablegt.

Nature Scouting

Welche Sommerblumen kennst du noch?

Welche Farben haben sie?

Wie viele unterschiedliche Blütenformen findest du?

Wie viele unterschiedliche Düfte kannst du entdecken?

Beobachte eine Sommerblume einige Tage lang und schau, wie sie an unterschiedlichen Tageszeiten, bei Regen oder im Sonnenschein aussieht.

Erkennst du Unterschiede zwischen wilden Sommerblumen und gepflanzten Blumen in Gärten und Parks?

Wiesenkräuter

Nicht nur bunte Wiesenblumen sind jetzt in ihrer vollen Kraft, auch viele heilkräftige Kräuter wachsen auf den Wiesen. Um sie zu entdecken, müssen wir genau hinschauen, denn sie fallen oft nicht durch knallige Farben auf. Und trotzdem lassen sie sich entdecken, und manchmal weckt es unser Erstaunen, wenn wir wie Detektive zwischen den vielen Gräsern nach unterschiedlichen Pflanzen Ausschau halten.

Spitzwegerich

Der Spitzwegerich mit seinen lanzettartigen, spitzen Blättern ist das Notfallpflaster der Natur. Bei kleinen Verletzungen, Stichen oder nach Brennnesselkontakt lindern zerriebene Blätter durch ihre heilkräftigen Inhaltsstoffe sofort. Zudem enthält er noch viele andere Inhaltsstoffe, die dem menschlichen Körper guttun. Der Spitzwegerich schmeckt gut im Salat oder als Gemüse, und seine langen, kantigen Blütenstängel lassen sich für verschiedene Flechtarbeiten verwenden. Seine Blüten sind besonders schön, aber unscheinbar, und die hübschen Pollen sind bei vielen Insekten beliebt. Überlege dir, welche Wegerich-Art es noch gibt? Hast du eine Idee? Mache dich auf die Suche.

- lanzettartige, spitze Blätter
- kantiger Blütenstängel
- grünlich-weiße Blüte mit 4 Kelchblättern und feinen Staubblättern

Johanniskraut

- aufrechte, verzweigte Stängel, oft rot gefärbt
- Blätter wachsen paarweise am Stängel, sind oval und haben durchscheinende Pünktchen
- sternförmig angeordnete, leuchtend gelbe Blüten mit vielen Staubblättern

Viele Legenden ranken sich um das Johanniskraut, und meistens kommt der Teufel mit ins Spiel, der es vor Wut durchlöchert haben soll, weil es für ihn unerträglich viele heilsame Kräfte enthält. Oder die Legende von Johannes dem Täufer, in der er sein Blut bei seiner Hinrichtung auf eine gelbe Blüte des Johanniskrauts tropfte und ihr so den roten Farbstoff verlieh.

Das Johanniskraut blüht, wenn die Sonne ihren höchsten Stand erreicht hat. Das ist zur Sommersonnenwende am 21. Juni. Der Hochsommer beginnt Ende Juni und dauert bis Ende Juli.

Es gibt verschiedene Johanniskrautarten, das Tüpfel-Johanniskraut kannst du einfach erkennen, indem du die Blätter gegen das Licht hältst, dann scheinen die vielen kleinen Öldrüsen hindurch, die wie Nadelstiche aussehen.

Der rote Farbstoff, der austritt, wenn du die Blüten zwischen deinen Fingern zerreibst, ist das heilsame Hypericum, das auch das Johanniskrautöl rot färbt. Manche Menschen sagen, dass Johanniskraut helfen kann, wenn man sich nicht so glücklich fühlt. Es kann dazu beitragen, die Stimmung zu verbessern, und einem dabei helfen, sich besser zu fühlen. Schaue dir das Johanniskraut genau an und rieche auch daran. Male die zarten Blüten in dein Naturtagebuch und male mit der Farbe des Johanniskrauts die roten Tupfen.

Eine Anleitung, um Pflanzenfarbe herzustellen, findest du auf Seite 49 im Kapitel »Naturfarben aus Pflanzen«.

Johanniskraut

Brennnessel

Spitzwegerich

Brennnessel

Es erfordert Mut, wenn du dich der Brennnessel nähern willst. Denn sie ist wehrhaft und kann schmerzende Erinnerungen hinterlassen. So kannst du sie aus sicherer Entfernung abzeichnen oder mit Handschuhen pflücken und dann in eine Vase stellen. Da die Brennnessel jedoch eine besondere und noch dazu heilkräftige Pflanze ist, möchte ich dich ermutigen, dich ihr behutsam zu nähern und sie genau zu studieren.

- Brennnesselblätter dreiecksförmig und mit winzigen Brennhaaren bedeckt
- unterschiedliche Wuchsgröße
- grüne, runde Samenstände
- weibliche Samen bilden »Nüsschen«, männliche Pflanzen besitzen Pollen

Die grünen Pflanzenteile sind mit Brennhaaren besetzt. Ihre oft vierkantigen Stängel sind verzweigt oder unverzweigt, aufrecht, aufsteigend oder ausgebreitet. Die Brennhaare wirken als Schutzmechanismus gegen Fressfeinde und sind meistens auf der Blattoberseite vorhanden. Deshalb lassen sich Brennnesseln pflücken, indem du von unten nach oben streichst. Aber Achtung, auch das ist nicht ganz sicher. Deshalb lass dir von jemandem, der mit Brennnesseln vertraut ist, verschiedene Methoden zeigen oder ziehe Handschuhe an. Brennnesseln sind gesund und essbar. Du kannst sie in heißem Fett wie Chips backen oder als Gemüse zubereiten. Ab Juli sind die Brennnesselsamen bei weiblichen Brennnesselpflanzen reif zum Sammeln. Sie hängen vollgepackt nach unten und werden auch »Nüsschen« genannt. Probiere sie!

Raupen und Schmetterlinge lieben die Brennnessel auch, deshalb sollten sie nicht entfernt werden.

Wenn du dich mit Brennnesseln beschäftigst, dann halte Ausschau nach Raupen, die gerne auf den Blättern in der Sonne sitzen. Fast an allen Blättern findest du Fraßspuren einzelner Insekten. Und verbrennen sich die Insekten nicht an den Brennnesseln? Sie haben tatsächlich eine kluge Strategie entwickelt und fressen sich um die Brennhaare herum. Und das Gift dringt nicht aus der Spitze, wenn das Haar unten an der Wurzel angefressen wird.

Nature Scouting

Welche Kräuter kennst du noch?

Welche Küchenkräuter kennst du?

Wie duften Kräuter?

Welche Kräuter kennst du als Tee?

Gibt es Kräuter, die bei Krankheiten helfen können?

Welche Insekten mögen Kräuter?

Fressen Tiere auch Kräuter?

Grashüpfer und Heuschrecken

Heuschrecke

Bist du schon mal im Sommer durch eine Wiese gelaufen? Hast du dabei bemerkt, wie es um deine Füße herum springt? Kleine grüne Heuschrecken flüchten vor deinen Tritten in alle Richtungen. Heuschrecken haben ein Erschütterungsorgan und spüren schon lange, bevor du bei ihnen bist, dass sich da etwas nähert, schrecken auf und springen davon.

Ab Juni kannst du die ersten Heuschrecken sehen und hören. Der August ist der Sommermonat der Heuschrecken, und sie sind bis in den Oktober hinein aktiv. Kurzfühlerschrecken und Langfühlerschrecken werden als Heuschrecken bezeichnet. Besonders gut erkennst du sie an den großen Hinterbeinen. Auf der ganzen Welt gibt es insgesamt 28 000 unterschiedliche Heuschreckenarten. In Deutschland gibt es etwa 80 Arten, und unsere größte heimische Heuschrecke ist das Heupferd. Hast du schon mal eines genau angesehen? Es heißt so, weil sein Kopf tatsächlich von der Seite aussieht wie der eines Pferdes.

Grashüpfer gehören zur Unterkategorie der Heuschrecken und werden auch als Grillen bezeichnet. Diese haben besonders lange Fühler. Ihre Flügel liegen im Ruhezustand flach übereinander.

Heuschrecken sind ausgesprochene Morgenmuffel und beginnen erst mittags zu singen und das dann bis in die Nacht hinein. Bei den Heuschrecken können nur die Männchen singen, und das tun sie laut und ausdauernd, indem sie ihre Vorderflügel aneinanderreiben. Es ist also kein richtiges Singen. Je höher die Temperaturen steigen, desto lauter machen sie sich bemerkbar Nun hören die Heuschreckenweibchen mit ihren Vorderbeinen, an denen sich die Hörorgane befinden, den Heuschreckenmännern zu, und wenn es ihnen gefällt, paaren sie sich. Mit ihrem Legestachel legt die Heuschreckenfrau etwa 100 Eier in die Erde, und dort kann es bis zu zwei Jahre dauern, bis Larven schlüpfen. Diese häuten sich dann so oft, bis sie wie ausgewachsene Heuschrecken aussehen.

Heuschrecken essen kein Heu, sie sind Insektenjäger und fangen diese mit ihren Vorderbeinen. Für Ameisen, Vögel, Spinnen und Fledermäuse sind Heuschrecken ein Leckerbissen. Und manche Menschen mögen sie auch und sprechen vom Nahrungsmittel der Zukunft. Angeblich sollen sie nach Walnüssen schmecken. Was meinst du – lecker oder igitt?

Brauner Grashüpfer

Heuschrecke

- langer, schlanker Körper
- insgesamt 6 Beine mit kräftigen Hinterbeinen
- durchsichtige Flügel
- lange Flügel
- Fühler wie Antennen

Weizen und Ackerwinde

Auf dem Kornfeld

Im Hochsommer beginnt auch die Zeit der Getreideernte. Die reife Gerste ist die erste Getreidesorte, die geerntet wird. Später folgen Roggen, Hafer und Weizen. Das sind wichtige Getreidesorten, die zu verschiedenen Nahrungsmitteln verarbeitet werden. Während der Getreideernte im Hochsommer arbeiten Landwirte mit speziellen Maschinen, um die reifen Ähren zu schneiden. Danach werden die Körner herausgelöst und für die Weiterverarbeitung gesammelt. Diese Erntezeit ist entscheidend für die Versorgung mit verschiedenen Getreideprodukten, die einen wichtigen Teil unserer Ernährung ausmachen.

Die Getreideernte im Hochsommer hat auch Auswirkungen auf die Tierwelt. Viele Tiere finden in den abgeernteten Feldern weniger Versteckmöglichkeiten, was ihre Jagd- und Lebensbedingungen beeinflussen kann. Zugleich können Felder nach der Ernte auch für einige Tiere eine reichhaltige Nahrungsquelle darstellen, wenn übriggebliebene Körner oder Insekten an der Oberfläche verfügbar sind. Es ist also eine Zeit, in der sich das Ökosystem in landwirtschaftlichen Gebieten dynamisch verändert.

Nature Scouting

Welche Getreidesorten kennst du noch?

Kannst du die verschiedenen Getreidesorten voneinander unterscheiden?

Welche Nahrungsmittel werden aus Getreide hergestellt?

Welche Tiere ernähren sich von Getreide?

Kennst du Tiere, die im Getreidefeld leben?

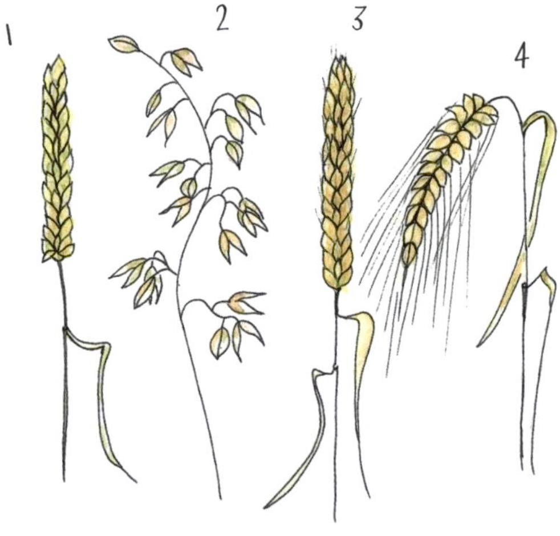

1 Weizen ohne Grannen, mit rundlichen Körnern
2 Hafer mit lockeren Ähren und einzelnen Körnern
3 Roggen mit kürzeren Grannen und vierkantigen Ähren
4 Gerste mit langen Grannen und ovalen Körnern

Mohn

Die zarte Ackerblume Klatschmohn leuchtet ab Mai rot auf Getreidefeldern, an Wegrändern und in Wildgärten. Sie möchte sanft behandelt werden, sonst verliert sie sofort ihre feinen Blütenblätter. Seinen Namen hat der Klatschmohn, weil seine Blätter im Wind aneinanderklatschen. Die Sommerblumen machen Insekten glücklich, sind für Menschen aber nicht essbar. Aus den noch geschlossenen Blütenknospen und den bereits abgeblühten Mohnkapseln lassen sich kleine Prinzessinnen basteln. Übrigens ist nicht alles Klatschmohn, was du da draußen findest! Es gibt noch Saatmohn und Sandmohn und noch einige andere Arten. Saatmohn, Sandmohn und Klatschmohn sind aber die Arten, die du am häufigsten findest. Unterscheiden kannst du die Mohnarten an den Samenkapseln, wenn die Blüten abgefallen sind.

- langer, dünner, aber kräftiger Stängel mit Haaren
- rote Blüten wie Seidenpapier
- in der Mitte viele kleine schwarze Pünktchen
- Mohnkapsel mit Zacken und gefüllt mit kleinen schwarzen Samenkörnern

Nature Scouting

Welche Blumenarten findest du noch in Getreidefeldern?

Welche Wildtiere leben in Getreidefeldern?

Wann werden Getreidefelder abgemäht?

Kannst du eine Reihenfolge der Getreideernten beobachten?

Was wird aus Getreide hergestellt?

Dem Lindenduft auf der Spur

Die Blüte der Lindenbäume markiert den Hochsommer. Als Erstes blüht die Sommerlinde, und etwas später beginnt auch die Winterlinde mit ihrer Blüte. Der liebliche Duft der Lindenblüten lockt nicht nur Menschen an, um in ihrer Nähe zu verweilen, für Insekten sind Lindenblüten eine hervorragende Nahrungsquelle.

Seit einigen Jahren werden immer wieder tote Hummeln unter blühenden Linden gefunden. Lange haben Wissenschaftlerinnen und Wissenschaftler über die Ursache gerätselt. Nun sind sie sich einig, dass die Hummeln völlig entkräftet und verhungert sterben. Hummeln legen nämlich, anders als Bienen, kaum Nahrungsvorräte an. Hauptgrund für das Hummelsterben ist Nektarmangel im Hochsommer, ausgelöst durch immer weniger Wildpflanzen in Gärten und Grünanlagen. Linden stellen die letzten großen Nektarquellen in der Vegetationsperiode dar, wenn die meisten Pflanzen verblüht sind. So bieten die Linden das letzte Buffet des Jahres an, was natürlich nicht nur das Hummelvolk bemerkt hat, und so fliegen noch viele andere Insekten die Linden an. Leider bietet somit der Ertrag nicht mehr genug Nährwert, und die Tiere sterben entkräftet am Baum. Hinzu kommt noch, dass Hummeln große Nachahmer sind und nur bekannte Blüten anfliegen, auch wenn diese keinen Nektar mehr bieten.

Die Lösung wäre also, schon vor der Lindenblüte eine ausreichende Vielfalt an Nährblüten anzubieten, damit die Hummeln unterschiedliche Nahrungsquellen kennenlernen und sich nicht zu sehr auf Linden spezialisieren.

Da die gemütlichen Hummeln andere Hummeln gerne imitieren, kannst du sie mit einem selbstgebastelten Hummel-Modell zu anderen nektarreichen Blüten locken.

Lindenblätter sind herzförmig

Nature Scouting

Wie kannst du die Sommerlinde von der Winterlinde unterscheiden?

Wonach duften Lindenblüten?

Wo werden Lindenbäume besonders gerne gepflanzt?

Welche Form haben Lindenblätter?

Wie sehen die Lindenblüten aus?

Linde mit geschlossenen Blüten

Linde mit offenen Blüten

Urzeitpflanzen und Urtiere: Farne und Schnecken

Farne sind lebende Fossilien der Erde. Sie leben bereits Millionen von Jahren in schattigen und feuchten Wäldern. Die geheimnisvolle Waldpflanze, die jung noch eingewickelt ist und sich dann langsam im Frühsommer entfaltet und so ihre wundervollen grünen Wedel preisgibt, ist eine über 300 Millionen Jahre alte Urpflanze auf unserem Planeten. Farne besitzen keine Samen, sondern Sporen. Zusammen mit Schachtelhalmen und Bärlapppflanzen bildeten Baumfarne früher riesige Wälder. Der Adlerfarn ist bei uns weit verbreitet und rollt seine großen grünen Wedel im Frühjahr auf, nachdem er wie eine Schnecke zusammengerollt aus der Erde gekommen ist.

Als Kind hatte ich ein kleines Bilderbuch mit schönen Zeichnungen. Es erzählt vom Zwergenvolk, zarten Feen und guten Zauberern. Die Zwergenfamilien lebten in kleinen Häusern, umgeben von Farnen, und die Schnecke war die Postbotin. Ich liebte diese Bilder und träumte mich immer wieder in diese magische Zauberwelt.

Heute noch denke ich an die Zwerge und Feen und die Postbotin, die nie pünktlich ins Zwergendorf kam, wenn ich Farne sehe. Heute weiß ich auch, weshalb die Schneckenpostbotin nie pünktlich im Dorf angekommen ist. Schnecken mögen keine Farne und machen immer einen großen Bogen um diese Pflanzen. Trotzdem haben sie mit ihrem Schneckenhaus eine gewisse Ähnlichkeit mit der Urpflanze, sie leben schon seit 500 Millionen Jahren auf der Erde, viel länger als Reptilien, Amphibien, Säugetiere und Menschen. So sind Schnecken Urbewohner des Planeten Erde. Farn ist für Menschen und Tiere giftig, wird aber trotzdem von einigen Wildtieren gefressen. Hasen, Kaninchen und Hirsche knabbern hin und wieder an den Wedeln. Und manche Farnarten werden in der Heilkunde verwendet.

Nature Scouting

Welche Arten von Farnen kennst du?

Wie groß können Farne werden?

Wo wachsen Farne am liebsten?

Ein Farn rollt sich auf.

Überlege dir, welche Pflanzenfresser vor vielen Jahren gelebt haben. Ob Farne wohl ihr Lieblingsessen war oder nur eine kleine Beilage?

Die Entwicklung von Farnen lässt sich ab dem Frühjahr bis in den Sommer im Wald über einen längeren Zeitraum gut beobachten. Es bietet sich an, immer wieder Farne aufzusuchen und neue Erkenntnisse im Naturtagebuch zu notieren und Zeichnungen zu ergänzen.

Ein Druck mit Farnwedeln, wie auf Seite 123 beschrieben, verleiht der Beschäftigung mit dieser spannenden Urzeitpflanze, den Wahrnehmungen und Beobachtungen, noch auf einer anderen kreativen Ebene Ausdruck.

Schnecken

Da sich Schnecken überall dort, wo es feucht und dunkel ist, wohlfühlen, sind sie gerne im Wald bei Totholz, unter Laub oder Gräsern zu finden. Schnecken sind tolle Beobachtungsobjekte, denn sie sind langsam unterwegs und können so genauestens studiert werden.

Tipp

Mit einem Lineal und einer Uhr kannst du ganz leicht ihr Fortkommen in einer Minute messen!

Nature Scouting

Was frisst eine Schnecke?

Haben alle Schnecken ihr Haus dabei?

Wie viele unterschiedliche Schnecken findest du?

Welche Schneckenhausformen kennst du?

Hat die Schnecke einen Muskel, um bei Gefahr schnell in ihr Schneckenhaus zurückzukriechen?

Welche kunstvollen Spiralen kennst du? Male sie in verschiedenen Größen und Formen.

Schlafen Schnecken?

Wie schnell ist das Schneckentempo?

Amphibien und Reptilien

Amphibien

Amphibien, die auch Lurche genannt werden, waren die ersten Wirbeltiere, die auf dem Land lebten. Sie sind wechselwarme Tiere, deren Körpertemperatur von ihrer Umgebung abhängt. Ihre Jungen bringen sie aber im Wasser zur Welt.

Zu den Amphibien gehören Froschlurche, also Frösche, Kröten und Unken, sowie Molche und Salamander. Diese sind im Frühjahr und Herbst auf Achse, zur Amphibienwanderung. Sie wandern zu ihren Laichgründen, in denen sie sich selbst von der Kaulquappe zu Frosch oder Kröte gewandelt haben, um ihre Eier dort abzulegen.

Im Sommer können wir an Teichen, Tümpeln und Seen Frösche laut quaken hören. Dieses Froschkonzert veranstalten meist männliche Frösche, um ihr Revier zu markieren und um Froschweibchen anzulocken. Dies nennt man Anzeigerufe zur Paarungszeit.

Vielleicht hast du die Möglichkeit, Frösche zu beobachten und ihren Konzerten zu lauschen. Um im Frühjahr Erdkröten zu beobachten, kannst du in feuchten Waldgebieten Ausschau halten.

Feuersalamander

Nature Scouting

Warum quaken Frösche vor allem in der Nacht?

Wozu braucht der Frosch Schallblasen?

Hat die Erdkröte auch Schallblasen?

Auf wessen Speiseplan stehen Frösche?

Wie findest du Frösche? Niedlich oder glitschig?

Die Umrisse der Tiere werden erfasst und gemalt.

Eidechse mit Beute

Ringelnatter

Reptilien

Reptilien sind Kriechtiere, wie Schlangen und Eidechsen, und leben überwiegend auf dem Land, wo auch ihre Jungen aufwachsen.

Schlangenbegegnungen kommen oft unerwartet, denn Schlangen leben im Verborgenen und sind äußerst schüchtern. In unseren Regionen gibt es Ringelnattern und Kreuzottern.

Eidechsen lassen sich schon eher entdecken, wenn sie sich zum Beispiel auf einem Stein sonnen.

Da Blindschleichen sehr genügsam sind, findest du sie öfters in Parks, Wiesen und Gärten. Sie haben viele Fressfeinde, unter anderem Vögel, Marder, Fuchs und Igel, deshalb können sie mit einem Trick ihren Schwanz abfallen lassen und brechen entzwei. An welches Tier erinnert dich diese Methode, um seinen Fressfeinden zu entkommen?

Genau, an die Eidechse. Was denkst du, ist die Blindschleiche eine Schlange oder eine Echse?

Einen großen Feind hat die Blindschleiche außerdem noch: den Menschen. Er zerstört ihren Lebensraum mit intensiver Land- und Forstwirtschaft, durch das Ausbringen von Pestiziden und Schneckenkorn. Deshalb gilt die Schleiche als gefährdet.

Wenn du einen Garten besitzt, kannst du mit Holzstapeln, Trockenmauern, einfachen Steinhaufen und einem Kompost einen Lebensraum für sie schaffen.

Nature Scouting

Wie können Eidechsen ihren Schwanz einfach abwerfen?

Wächst der dann wieder nach?

Ist die Blindschleiche blind?

Wie groß ist die Blindschleiche?

Was frisst die Blindschleiche?

Welche Giftschlangen kennst du, die bei uns leben?

In welchen Ländern gibt es gefährliche Schlangen?

Was löst der Anblick einer Schlange in dir aus?

Straßentauben

Tauben

Sie leben in den Wäldern, in Parks und Gärten, immer in Menschennähe. Tauben haben einen schlechten Ruf, werden oft als die Ratten der Lüfte bezeichnet und als dreckige Vögel.

Wenn wir uns aufmachen, um Tauben zu beobachten, erzählen mir viele Kinder, dass der Großvater Tauben gezüchtet hat. Heute leben Tauben als verwilderte Kulturfolger in der Nähe des Menschen und prägen in vielen Städten das Bild auf Plätzen. Die verwilderten Zuchttauben haben sich den Menschen angepasst, ernähren sich von Brotkrumen und anderen Essensresten und werden oft als lästige Vögel empfunden. Taube und Mensch verbindet jedoch eine lange Geschichte, und man vermutet, dass sie zu den ersten Haustieren zählte, als die Menschen noch in Höhlen lebten. Tauben sind clever und keineswegs dreckige Tiere, sie stammen von Felsentauben ab.

Bei uns gibt es vier verschiedene Arten von Tauben:

- **Ringeltauben,** erkennbar an ihrem großen weißen Halsfleck.
- Die **Türkentaube** hat einen schwarzen Nackenring.
- Die **Straßentauben** erkennst du leicht an ihrem metallisch schimmernden Farbglanz am Hals.
- Die kleinste Taube, die **Turteltaube,** hat rotbraunes Gefieder.

Tauben kannst du also fast überall finden und beobachten. Ihre Nester lassen sich auch leicht erkennen, denn sie sind sehr unordentlich aus Zweigen gebaut.

Straßentauben versammeln sich gerne auf Plätzen.

Die Friedenstaube

Noah entsendet von der Arche eine weiße Taube. Diese kehrt mit einem Olivenzweig im Schnabel zur Arche zurück. Ihre Rückkehr symbolisiert den Frieden. Sie fungiert in der Erzählung als Überbringer der frohen Botschaft, dass die Sintflut überstanden und Gott nicht mehr zornig ist. So ist die Taube mit einem Olivenzweig zu einem Symbol für Frieden geworden.

Nature Scouting

Wo leben Tauben?

Womit bauen Tauben ihre Nester?

Leben Tauben das ganze Jahr über bei uns, oder sind sie Zugvögel?

Welche Farben haben Tauben?

Welche Feinde haben Tauben?

Was fressen Tauben noch außer Körner?

Wie sieht der Schnabel einer Taube aus?

Wusstest du, dass Tauben, anders als viele Vögel, mit ihrem Schnabel Wasser aufsaugen können, ohne den Kopf zu heben?

Warum haben Tauben einen Kropf? Der Kropf ist eine Art Vorratskammer, in der sie Körnerreste sammeln. Und mit ihrem Kropf können sie außerdem Kropfmilch für ihren Nachwuchs produzieren. Das können sonst nur noch Hühner, Enten und Flamingos.

simeoni.de/natureartjournaling/sommer/

Sommer-Element Feuer

Im Hochsommer, wenn die Sonne heiß und strahlend am Himmel leuchtet, die Wiesen gelb und trocken geworden sind und die Hitze in der Luft flimmert, sind wir dem Element Feuer sehr nahe. Das Element Feuer ist dem Süden zugeordnet, und wir können für einige Wochen das Leben in südlichen Ländern nachempfinden. Die Tage sind lange hell, und die Nächte kühlen kaum ab. Das Leben findet draußen statt.

Die Kinder halten sich gerne im Wald oder am Wasser auf, denn dort gibt es im Schatten oder im kühlen Nass ein wenig Abkühlung.

Wenn die Sonne ihren Höchststand erreicht hat, wird das Sonnwendfeuer entzündet, und wenn wir den Hochsommer feiern, nimmt die Sonne wieder ab. Zur Sonnenwende ist die Nacht am kürzesten und der Tag am längsten. Zu Ehren der Sonnenkraft haben die Menschen traditionell große Feuer entzündet und ausgelassen gefeiert.

Aufgrund der Klimaerwärmung werden in vielen Gegenden im Sommer wegen Waldbrandgefahr große Feuer untersagt, und alte Traditionen müssen neu überdacht werden. Die großen Sonnwendfeuer werden verkleinert, in sicheren Stahlkonstruktionen abgebrannt oder fallen ganz aus. Aus der Faszination Feuer wird die Angst vor vernichtenden Flammen.

Noch bevor Menschen selbst ein Feuer entfachen konnten, war das Element ein wertvolles Gut und wurde, wenn es bei Waldbränden glühende Kohlen gab, sorgsam gehütet. Als der Mensch Feuer mit wenigen Mitteln, wie Holz, Zunder und durch Reibung, selbst erzeugen konnte, war das ein wichtiger Schritt in der Menschheitsgeschichte.

Feuer wurde zum einzigen der vier Elemente, welches der Mensch selbst in wenigen Augenblicken erschaffen kann. Feuer brachte Wärme in Höhlen, Licht in der Dunkelheit und Schutz vor Wildtieren. Fleisch konnte erhitzt und haltbar gemacht werden. Techniken, wie Tonbrennen und Schmelzen von Erzen, beeinflussten maßgeblich die Entwicklung des Menschen.

Die Welt des Feuers ist voller Faszination und Geheimnisse. Lasst uns neugierig bleiben und gemeinsam immer mehr über dieses kraftvolle Element erfahren!

Glühwürmchen

Hast du schon mal Glühwürmchen in der Nacht leuchten gesehen?

Die leuchtenden Käfer schwärmen von Juni bis September aus und machen sich auf Partnersuche. Sie verständigen sich mithilfe des Lichtes. Die Weibchen suchen mit dem Leuchten nach einem Männchen, um sich zu paaren. Danach legen sie ihre Eier ab, und daraus schlüpfen Larven.

Warum können Glühwürmchen leuchten? Brennt etwa der Po?

Das Licht, das sie erzeugen, entsteht durch chemische Stoffe im Körper der Käfer. Diese Stoffe beginnen zu leuchten, wenn sie mit Sauerstoff in Verbindung kommen.

Mit schwarzem Papier, gelber Farbe und weißer Kreide lassen sich Glühwürmchen zeichnen, auch wenn wir draußen keine entdecken.

Für kleinere Kinder lasse ich den gelben Po mit Fingermalfarbe auftupfen und male anschließend gemeinsam mit ihnen mit weißer Kreide die Flügel auf.

Nature Scouting

Wann ist es im Sommer am heißesten? Macht eine kleine Umfrage unter euren Freunden und notiert die Ergebnisse.

Miss die Temperaturen zu unterschiedlichen Tageszeiten und notiere sie in deinem Naturtagebuch.

Male einen Vulkan und die glühende Lava, die daraus fließt.

Ist es in der Wüste immer heiß? Erfahre mehr über Wüsten und die Hitze, die dort herrscht.

Welche verschiedenen Arten gibt es, Feuer zu erzeugen? Forscht gemeinsam nach verschiedenen Methoden.

Schaue dir die Flammen eines Feuers genau an und entdecke, wie viele Farben du darin erkennen kannst.

Macht Feuer Geräusche?

Wie fühlt sich Hitze auf deiner Haut an?

Wann und wo geht die Sonne auf?

Wann und wo geht die Sonne unter?

Warum leuchten Mond und Sterne?

Kann Feuer auf Schnee brennen?

Suche die kräftigsten Farben des Sommers und male sie auf ein Blatt Papier.

Nature Art Kunstwerkstatt im Sommer

Collage mit Bildern und Pflanzenteilen

Das Erstellen und Gestalten von Collagen ist eine schöne und kreative Gemeinschaftsarbeit, die nach einem Naturaufenthalt die gesammelten Beobachtungen und Eindrücke mit verschiedenen Medien aufs Papier bringt. Die Möglichkeit, ein großes Plakat als Collage gemeinsam zu gestalten, setzt voraus, dass es einen Platz gibt, an dem mehrere Kinder mit Farbe, Pinsel, Kleber, Schere und Zeitungen hantieren können. Oft verzichte ich ganz auf Scheren und lasse die Kinder Abbildungen und Fotografien aus den Illustrierten reißen. Bei kleineren Kindern ist dabei etwas Unterstützung nötig, damit die ausgesuchten Motive nicht versehentlich zerrissen werden.

Um eine große Auswahl an Fotos bereitzustellen, sammle ich Zeitschriften, Kataloge und Bilder mit Naturaufnahmen. Pflanzen sammeln die Kinder entweder selbst, oder wir verwenden vorbereitete gepresste Pflanzen.

Ein Thema vorzugeben ist sinnvoll, denn so können sich die Kinder vor dem Tun austauschen, und jedes Kind kann sich überlegen, was es auf die Collage anbringen möchte. Gute Themengebiete sind Wald, Wiese, Wasser, Acker oder auch Müll in der Natur, Naturschutz und für größere Kinder Ökosysteme und ihre Verbindung zur Natur. Der Fantasie sind dabei keine Grenzen gesetzt, und manchmal sind es gerade die abstrakten Collagen, die besonders viel über die Natur aussagen.

Material

- **Kataloge, Zeitschriften, Fotos**
- **Plakatkarton oder Tonkarton, Leinwände oder Pappkarton**
- **Acrylfarben, Fingerfarben, Kreiden**
- **Pinsel in verschiedenen Stärken**
- **Bleistifte und Fasermaler**
- **Bastelleim oder Acrylbinder**
- **evtl. Schere**
- **getrocknete oder frische Pflanzenteile**

Anleitung

Fotos, Zeitungsausschnitte, Papierstreifen usw. werden auf einen Untergrund geklebt. Zeichnungen mit unterschiedlichen Farben, weitere Papiere und Naturmaterialien gestalten ein Gesamtbild.

Die
weite
Reise

Malen mit Fingerabdrücken und Strichen

Während im Nature Art Journal genauere Zeichnungen gemacht werden, Details der Beobachtungen beschrieben und notiert werden, widmen sich die Abbildungen der Nature Art Kunstwerkstatt mehr der schöpferischen und künstlerischen Umsetzung der Eindrücke und Wahrnehmungen in der Natur.

Wir ziehen also los und lassen uns von einem Naturgegenstand, einer Pflanze oder einem Baum, einem Insekt oder einem Vogel inspirieren. Nach einiger Zeit der Beobachtung, und wenn die Kinder ihre Eindrücke gesammelt haben, malen wir mit Fingerfarben Formen der gesehenen Dinge aus dem Gedächtnis. Mit einem Faserstift werden die Zeichnungen verfeinert und Details hervorgehoben.

Diese Aktion ist sehr gut für gemischte Altersgruppen und kleine Kinder geeignet.

Material

- **Papier**
- **Fingerfarben**
- **Fasermaler**

Anleitung

Ein vorgegebenes Thema macht es jüngeren Kindern einfacher, sich auf Naturentdeckungen zu konzentrieren. Deshalb sind eine begrenzte Fläche und die Vorgabe eines Naturgegenstands sinnvoll.

Die Kinder bekommen dabei Zeit, sich zu orientieren und wahrzunehmen. Eine kleine Geschichte zum Thema motiviert zusätzlich.

Farndruck im Naturtagebuch

Farne sind faszinierende Pflanzen und wachsen in Wäldern zahlreich. Sie begegnen uns im Laufe des Jahreskreises immer wieder und sind toll zum Drucken geeignet.

Und wenn die Kinder erst einmal das Drucken von Pflanzen begeistert, dann lassen sich noch viele andere Pflanzen finden, die für den Pflanzendruck mit Farbe geeignet sind. Das ist eine wunderbare Möglichkeit, mit Kindern zu experimentieren.

Farne stehen unter Naturschutz! Aber es gibt auch Farne, die in Gärten oder Parks kultiviert wurden. Fragt dort nach Exemplaren für die Pflanzendruckerei.

Material

- **Acrylfarbe**
- **Unterlage aus Silikon oder Plastik**
- **evtl. Zeitungen zum Abdecken**
- **Gummiwalzen**
- **Farne in verschiedenen Größen**
- **Naturtagebuch und Papier**

Anleitung

Einige Tropfen Farbe auf die Silikonmatte geben und mit der Gummiwalze verteilen. Dann den Farnwedel auflegen und mit der Gummiwalze einige Male vollständig anwalzen.

Nun vorsichtig den Farn von der Silikonplatte lösen und auf das Papier legen. Mit einem zweiten Papier gleichmäßig mit flachen Handflächen andrücken.

Papier und Farn behutsam ablösen. Den Druck trocknen lassen.

Sonnendruck mit Aquarellfarben

Sonnige und warme Sommertage laden dazu ein, mit den Kindern Kunst und Experimente zu machen. Sonnendrucke sind dafür spannende Projekte in der Kunstwerkstatt Natur.

Im Handel gibt es Solarpapier zu kaufen, das mit UV-Licht photochemisch reagiert. Cyanotypie oder Eisenblaudruck entsteht, weil das Papier mit einer Lösung aus Zitronensäure, Eisen und rotem Blutlaugensalz beschichtet ist. Wenn gesammelte Objekte auf das lichtempfindliche Solarpapier gelegt werden, entsteht eine Belichtung durch die Sonneneinstrahlung. Die fertigen Drucke erscheinen vor blauem Hintergrund.

Schöne bunte Pflanzendrucke lassen sich ganz leicht auch ohne spezielles Solarpapier herstellen.

Material

- **Aquarellpapier**
- **Aquarellfarben**
- **dicke Pinsel**
- **Wasser**
- **evtl. Washi-Tape**
- **Pflanzenteile**
- **Fineliner**

Anleitung

Suche Pflanzenteile, die gut zum Auflegen geeignet sind, z. B. weiche Blätter, Blüten oder Gräser. Bevor du beginnst, überlege dir, wo du deine Naturmaterialien ungefähr auf dem Papier platzieren möchtest.

Lege dir alle Materialien bereit und beginne nun, den Rand deines Papiers mit Washi-Tape abzukleben. Das wirkt hinterher besonders hübsch, wenn dein Druck einen Rahmen hat.

Beim Sonnendruck solltest du zügig arbeiten, da die Farbe schnell trocknet und dadurch der Druck sonst nicht gleichmäßig wird.

Nun feuchte dein Papier gut durch. Falls du in deinem Naturtagebuch arbeitest, lege zur Sicherheit noch ein Blatt Papier zwischen die Seiten, damit nichts durchweicht.

Trage sofort die Farben auf, die du dir für deinen Sonnendruck vorstellst. Und lege deine ausgesuchten Pflanzenteile auf.

Jetzt arbeitet die Sonne für dich. Durch die Einstrahlung fließt die Farbe an den Rand der aufgelegten Pflanzenteile. Schon nach kurzer Zeit ist dein Papier durchgetrocknet, und du kannst die Pflanzen entfernen. Entstanden sind wunderschöne Kunstwerke. Entferne noch das Washi-Tape, und wenn es dir gefällt, kannst du die Konturen noch mit einem Fineliner nachfahren oder andere Zeichnungen auf deinen Sonnendruck machen.

Suncatcher

Ein tolles Upcycling-Kunstprojekt ist das Basteln eines »Suncatchers«: Pflanzenbilder, die von beiden Seiten in Folie gelegt werden und dann an Fensterscheiben aufgehängt werden können. Wenn Sonnenstrahlen auf die Pflanzen scheinen, entstehen wunderschöne Lichteffekte.

Um Suncatcher zu basteln, benötigen wir Folie. Entweder lasse ich die Kinder von Joghurtbechern transparente Plastikdeckel sammeln oder alte Klarsichtfolien, die nicht milchig sind, mitbringen. Die Blüten, Gräser und Pflanzenteile können entweder frisch oder getrocknet verwendet werden. Für jüngere Kinder ist die getrocknete Variante einfacher zu handhaben.

Material

- **je 2 transparente Deckel von Joghurtbechern oder 2 Klarsichtfolien**
- **Pflanzen, frisch oder getrocknet**
- **wasserfester Stift**
- **Bastelleim**
- **Schere**
- **Locher oder Lochbohrer**
- **Schnur**

Anleitung

Je nach Größe der Suncatcher suchen sich die Kinder Pflanzen aus.

Eine Folie wird vor sich hingelegt und mit dem Naturmaterial bestückt. Bei Klarsichtfolie setze ich vorher einen Rahmen mit permanentem Folienstift, der am Schluss ausgeschnitten wird und die Größe vorgibt.

Nachdem alle Teile angeordnet sind, wird am Rand Bastelleim aufgetragen und die zweite Schicht Folie aufgeklebt.

Alles gut trocknen lassen. Gegebenenfalls zurechtschneiden und für die Aufhängung mit einem Locher oder Lochbohrer ein kleines Loch oberhalb anbringen. Schnur durchfädeln und aufhängen.

simeoni.de/natureartjournaling/kunstwerkstattsommer/

Sommer-Ideensammlung

Lausche dem fröhlichen Gezwitscher der Vögel, dem Summen der Bienen und dem Rascheln der Blätter im sanften Sommerwind.

Kannst du den Sommer riechen? Atme den süßen Duft der blühenden Blumen, das frische Grün der Wiesen ein.

Wie lange scheint die Sonne? Beobachte, wie die Sonnenstrahlen länger und intensiver werden, während die Temperaturen steigen.

Welche Blüten entdeckst du neu?

Welche Sommerblumen blühen in deiner Umgebung? Male und beschreibe die verschiedenen Arten von Blumen, die du in voller Pracht entdeckst.

Halte Ausschau nach den prächtigen Sonnenblumen, die stolz ihre goldenen Köpfe dem strahlenden Himmel entgegenstrecken.

Male etwas Erfrischendes.

Welche Tiere tummeln sich jetzt im Wasser?

Beobachte Libellen, die über glitzernden Teichen schweben, und Fische, die munter im klaren Wasser schwimmen.

Beobachte, wie die Rose in voller Blüte steht. Achte auf die Entwicklung der Rose von der zarten Knospe zur prachtvollen Blüte und wie ihr betörender Duft die Luft erfüllt.

Woran erkennst du eine Biene? Achte auf ihre schwarz-gelben Streifen und den geschäftigen Flug einer Biene, während sie emsig Nektar sammelt.

Wie sehen reife Früchte an Bäumen aus? Beachte die prallen, saftigen Früchte, die an den Bäumen hängen und den Sommer mit ihrer Fülle symbolisieren.

Kannst du einen Sonnentag zeichnen?

Hast du schon einmal das Zirpen der Grillen gehört? Beschreibe oder zeichne das rhythmische Zirpen, das die Grillen an lauen Sommernächten erzeugen.

Welche Geräusche machen Wellen, wenn sie ans Ufer rollen? Versuche, diese Geräusche in einer Beschreibung oder Zeichnung einzufangen.

Welche Tiere sind besonders aktiv im Sommer? Male und beschreibe Tiere, wie Schmetterlinge oder Libellen, die durch die Luft tanzen und die warmen Sonnenstrahlen genießen.

Sammle die Farben des Sommers und male sie in dein Nature Art Journal.

Welche Gerüche verbindet man typischerweise mit dem Sommer? Schreibe eine Liste sommerlicher Düfte, wie frisch gemähtes Gras, blühende Rosen oder der Duft von Sonnencreme.

simeoni.de/natureartjournaling/sommerideen/

Welche Tiere kann man im Sommer beim Schwimmen beobachten? Male und beschreibe Enten oder Gänse, die im klaren Wasser planschen und sich im heißen Sommer abkühlen.

Wie sieht eine typische Sommerlandschaft in deiner Umgebung aus? Male und beschreibe die blühenden Blumenwiesen, schattenspendenden Bäume und glitzernden Seen, die den Sommer in deiner Region repräsentieren.

Wie fühlt sich die Sommerluft auf deiner Haut an? Beschreibe die sanfte Brise, die dich erfrischt, und die warmen Sonnenstrahlen, die deine Haut kitzeln.

Was gehört nicht in die Natur? Halte Ausschau nach Dingen, die in der Natur fehl am Platz sind, wie Plastikabfälle oder Abgase, und denke darüber nach, wie wir die Natur schützen können.

Wie sieht der Sternenhimmel aus? Betrachte den klaren Nachthimmel und beobachte die funkelnden Sterne, die wie Diamanten am schwarzen Samt des Himmels glitzern.

Zeichne dein Lieblingseis. Male ein köstliches Eis in deinen Lieblingsgeschmacksrichtungen und verleihe ihm mit Farben und Details einen erfrischenden Look.

Entdecke ein vertrocknetes Blatt oder eine welke Blume und zeichne es, um die Vergänglichkeit und Schönheit der Natur festzuhalten.

Fordere dich selbst heraus, indem du versuchst, mit verbundenen Augen zu zeichnen, und lasse deine Sinne und Intuition deine Kreativität lenken.

Welche Kräuter sind essbar? Erkunde essbare Kräuter, wie Minze oder Rosmarin, und lerne ihre unterschiedlichen Aromen und Verwendungsmöglichkeiten in der Küche kennen.

Kannst du Hitze zeichnen? Male das Gefühl von Hitze und Sonnenschein mit leuchtenden Farben, flirrenden Linien und strahlenden Formen, um die sommerliche Wärme visuell darzustellen.

Beobachte die interessanten Schatten, die von Bäumen, Pflanzen oder anderen Objekten geworfen werden, und versuche, ihre Formen und Muster einzufangen.

Male mit Kohleresten von einem abgekühlten Lagerfeuer. Halte so die Erinnerung an gemütliche Sommerabende im Freien fest.

Suche Fraßspuren von Tieren. Gehe auf Entdeckungsreise und suche nach Spuren von Tieren, wie angeknabberten Blättern oder Fußabdrücken, und lerne mehr über ihre Anwesenheit in der Natur.

Was macht den Sommer für dich besonders? Schreibe oder male die Dinge, die den Sommer zu deiner Lieblingsjahreszeit machen und dich glücklich und inspiriert fühlen lassen!

Eichhörnchen

Fühlen, riechen, tasten, schmecken und zeichnen – die Natur im Herbst

Leise kündigt sich der Herbst an und erzählt von Veränderung. Die letzten warmen Tage des Septembers fühlen sich noch nach Sommer an, doch langsam verändert sich die Natur. Die einst prallen und bunten Früchte platzen auf und fallen zu Boden.

Bei zunehmend kühleren Temperaturen verfärben die Blätter an den Bäumen allmählich, und luftige Böen lassen sie zur Erde tanzen. Entdecke kunstvolle Muster und Farben auf den Herbstblättern und lass dich zum Malen und Basteln inspirieren. Raschelndes Laub auf dem Waldboden und herabgefallene Nüsse, Eicheln, Bucheckern und Kastanien lassen die Hosentaschenschätze wachsen.

Die noch warmen und sonnigen Tage des Herbstes und das sanfte Licht erlauben es uns, noch viele Stunden täglich mit unseren Zeichenutensilien draußen umherzustreifen. Frühmorgens sind unzählige Spinnweben auf den Wiesen zu entdecken, während die Frühnebel winzige Wasserperlen auf den zarten Fäden hinterlassen. Viele Zugvögel versammeln sich, um ihre weite Reise in den Süden zu beginnen, und die Wildtiere bereiten sich auf den bevorstehenden Winter vor.

Wenn die Temperaturen sinken, finden die Treffen um die frühe Nachmittagszeit statt, um noch warme Sonnenstrahlen und goldenes Herbstlicht einzusammeln. Die regelmäßigen Treffen bereiten uns so gut auf die kommenden Wintermonate vor, weil der Körper Sonnenwärme speichert. Doch bereits im November können die Tage schon dunkel und grau werden, und nicht nur die Tiere beginnen, sich Winterverstecke zu suchen, auch wir schauen uns nach geeigneten Plätzen für unser Draußensein um. Wir können es den Tieren nachmachen und uns auch ein Nest aus Ästen, Hölzern und Laub bauen, in das wir uns zurückziehen, um zu malen. Das »Laub-und-Äste-Atelier« kann über die kalten Herbst- und Wintermonate ein kuscheliges Nest sein.

Nature Art Journaling und die Geschichte des Tages

»Storytelling« oder sich Geschichten zu erzählen ist eine aufregende und unterhaltsame Möglichkeit, Naturerlebnisse mit anderen Kindern zu teilen. Jedes Kind kann von seinen Abenteuern und Entdeckungen erzählen, sei es das Beobachten von Tieren, das Sammeln von interessanten Steinen oder das Entdecken von geheimen Verstecken in der Natur.

Diese Kernroutine ermöglicht es den Kindern, in einer freundlichen Runde zusammenzukommen, ihre gemalten Beobachtungen im Naturtagebuch zu zeigen und damit ihre Erzählungen zu unterstreichen. Damit inspirieren sie sich gegenseitig und lernen voneinander. Es stärkt ihre sozialen Fähigkeiten und schafft eine Verbundenheit untereinander, während sie ihre aufregenden Naturgeschichten miteinander teilen.

Naturverbindung mit Stift und Papier im Herbst

Eichhörnchen und Igel

Im Herbst verfärben sich die Blätter der Bäume und fallen zu Boden. Der Herbst ist eine gute Zeit, um Eichhörnchen und Igel bei ihren Wintervorbereitungen zu beobachten. Eichhörnchen und Igel nutzen das Laub, um ihre Nester oder Unterschlüpfe für den Winter zu bauen.

Eichhörnchen huschen um diese Jahreszeit ganztags geschäftig umher, um energiereiche Nüsse, Samen und Pilze zu sammeln und zu vergraben. Sie haben ausgeprägte Gedächtnisfähigkeiten und können oft Hunderte von Verstecken erinnern und wiederfinden. Gleichzeitig pflanzen sie Bäume, wenn sie ihr Nahrungsversteck vergessen und dort Bucheckern oder Haselnüsse keimen. Deshalb fressen sie sich im Herbst auch keinen Winterspeck an, denn sie halten keinen Winterschlaf und sind weiterhin aktiv.

Manchmal plündern die süßen Baumkobolde auch Nester mit Jungvögeln, was ihnen offensichtlich nicht so übel genommen wird wie vielen anderen Wildtieren.

Sie sind Akrobaten der Bäume und können in rasantem Tempo in Höhen klettern und springen. Der buschige Schwanz dient dabei als Ruder,

Nature Scouting

Leben Eichhörnchen bevorzugt in Nadel- oder in Laubwäldern?

Welche Feinde hat das Eichhörnchen?

Wie heißt das Nest der Eichhörnchen?

Steuer- und Balancehilfe, während sie geschäftig auf Ästen und Zweigen zwischen Bäumen unterwegs sind. Und der Schwanz übernimmt zudem eine wichtige Aufgabe der Kommunikation mit Artgenossen. Eine besondere Eigenschaft ist die Aufgabe des buschigen Schwanzes, für Thermoregulation zu sorgen, denn er kann ein zusammengerolltes, liegendes Eichhörnchen komplett bedecken und wärmen.

Auch in Parkanlagen und Gärten halten sich Eichhörnchen gerne auf. Du kannst sie häufig bei ihren Kletterkünsten in Bäumen beobachten.

Igel wirst du eher seltener sehen, da sie nachtaktiv sind. Dennoch kannst du mit deinem Beobachterblick ihre Spuren, wie zum Beispiel Stacheln oder Kot, finden.

Ihr abgerundeter Körper, mit kurzen Beinen, Kopf und Schwanz, ist von Stacheln bedeckt. Diese Stacheln sind eigentlich modifizierte Haare und dienen als Schutzmechanismus gegen Fressfeinde. Ein ausgewachsener Igel hat etwa 6000 Stacheln! Bei Bedrohung spannt er Tausende kleine Muskeln an und stellt sein Stachelkleid auf.

Der Igel kann sehr gut klettern, schwimmen und graben. Wenn er bedroht ist, rollt er sich zu einer stacheligen Kugel zusammen, um sich zu schützen.

Igel sind anpassungsfähige Tiere und leben in verschiedenen Lebensräumen, darunter Wälder, Graslandschaften, Gärten und städtische Gebiete. Sie bevorzugen jedoch Gebiete mit ausreichendem Deckungsmaterial, wie Laubhaufen, dichtem Gebüsch oder hohem Gras.

Sie sind Allesfresser und ernähren sich hauptsächlich von Insekten, Schnecken, Würmern und anderen wirbellosen Tieren. Sie fressen jedoch auch Früchte, Pilze, kleine Wirbeltiere und sogar Aas.

Igel können im Herbst auch auf Wanderschaft gehen, um einen geeigneten Platz für ihren Winterschlaf zu finden. Sie legen manchmal längere Strecken zurück, um einen sicheren und geschützten Ort zu finden, wie Laubhaufen und Nistkästen.

Sie fressen sich Winterspeck an, bevor sie ihr Winterquartier beziehen und Winterschlaf halten.

Nature Scouting

Wie kannst du Igeln über den Winter helfen?

Was möchtest du noch über den Igel erfahren? Wo könntest du Informationen dazu bekommen?

Stoppelfelder und Feldhamster

Ab Mitte Juli beginnen die ersten Getreideernten und dauern bis in den Herbst hinein an. Die Kornfelder werden zu Stoppelfeldern, und das Landschaftsbild verändert sich.

In meiner Kindheit auf dem Land gab es in dieser Jahreszeit immer einen Wettbewerb auf dem Stoppelfeld. Wir zogen unsere Schuhe aus und machten Wettläufe über die Felder. Um am schnellsten und unbeschadet ans Ziel zu kommen, dachten wir uns spezielle Lauftechniken aus. Dafür hielten wir uns viel auf den abgedroschenen Feldern auf. An diesen Tagen sind uns auch öfter Feldhamster begegnet, die uns neugierig anschauten, wenn sie unsere nackten Füße über dem unterirdischen Erdbau bemerkten.

Feldhamster sind nämlich großartige Architekten und bauen im Frühjahr einen Sommerbau unter dem Acker und beginnen im Herbst mit der Anlage eines Winterbaus. Ihre unterirdischen Bauten sind bis zu zwei Meter tief.

Feldhamster sind Nagetiere und halten ab Oktober Winterschlaf. In dieser Zeit zehren sie von ihren Nahrungsvorräten. Eine innere Jahresuhr weckt die Feldhamster im Frühjahr wieder auf, denn in ihren tiefen Erdbauten bemerken die Tiere nicht, dass die Tage wieder länger werden.

Mit ihrem farbenprächtigen Fell und den dicken Backen, in denen sie Vorräte hamstern, sehen sie sehr putzig aus, und es ist kaum vorstellbar, dass sie lange Zeit als Schädlinge gejagt wurden. Mittlerweile gehören sie zu den gefährdetsten Säugetierarten und werden wieder geschützt. Feldhamster tragen zur Fruchtbarkeit der Böden bei, denn kein anderes Tier durchwühlt und vermischt so tief unter der Erde die Böden.

Nature Scouting

Finde heraus, was der Feldhamster außer Getreidekörnern noch frisst.

Welche Feinde hat der Feldhamster?

Welches Lebewesen lebt auch größtenteils unterirdisch und gräbt Gänge und Tunnel?

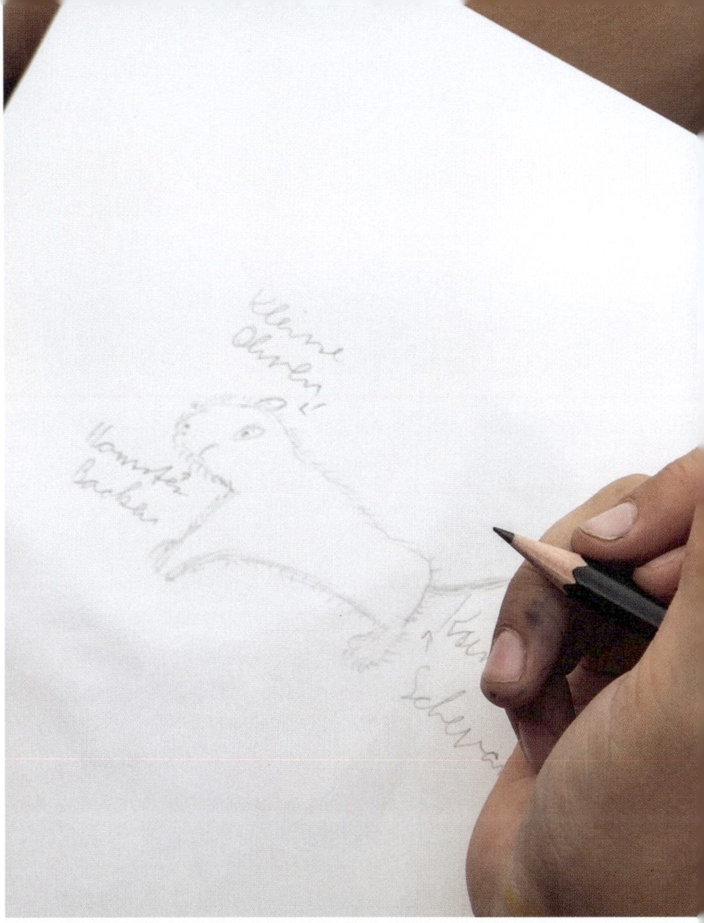
Kleine Ohren
Hamster Backen

Blattseite abschneiden,
aufkleben und nachzeichnen

Laubbäume im Herbst

Im Herbst, wenn der Sommer vorbei ist und es kühler wird, passiert etwas ganz Besonderes mit den Bäumen, die ihre Blätter verlieren. Diese Bäume nennen wir Laubbäume, weil sie Blätter haben, die im Sommer grün sind und im Herbst ihre Farbe ändern.

Wenn der Herbst kommt, merken die Bäume, dass es weniger Sonnenlicht gibt und dass es auch kälter wird. Sie wissen, dass es schwierig wird, Wasser und Nährstoffe aus dem Boden aufzunehmen, weil es bald Winter sein wird und der Boden gefroren sein kann. Um sich auf den Winter vorzubereiten, entscheiden sich die Bäume, ihre Blätter loszuwerden. Aber bevor sie das tun, verändern sie ihre Farbe.

Manche Bäume entscheiden sich bereits in trockenen Sommermonaten, ihre Blätter fallen zu lassen, weil sie nicht mehr genug Nährstoffe und Wasser aus der Erde bekommen können.

Weißt du, warum die Blätter im Sommer grün sind? Das liegt daran, dass sie eine grüne Farbe namens Chlorophyll haben, das ihnen hilft, Sonnenlicht in Nahrung für den Baum umzuwandeln.

Aber im Herbst wird das Chlorophyll weniger, weil es nicht mehr genug Sonnenlicht gibt. Und wenn das passiert, kannst du all die anderen schönen Farben sehen, die die Blätter haben – Rot, Orange, Gelb und Braun. Das macht den Herbst zu einer so schönen Jahreszeit, weil die Bäume wie ein großes buntes Gemälde aussehen!

Nach einer Weile, wenn die Blätter ihre Farben gezeigt haben, beginnen sie sich langsam von den Ästen zu lösen. Der Wind hilft ihnen dabei. Wenn sie endlich auf den Boden fallen, kannst du sie sammeln, pressen und in dein Naturtagebuch kleben. Sie bemalen oder mit ihnen basteln.

Und weißt du was, im Frühling, sobald es wieder wärmer wird und mehr Sonnenlicht da ist, wachsen neue Blätter an den Bäumen, und alles wird wieder grün! So beginnt der Kreislauf von Neuem.

Laubbäume im Herbst sind also etwas ganz Besonderes, weil sie uns zeigen, wie wunderschön die Natur sein kann und wie sie sich auf die Veränderungen der Jahreszeiten vorbereitet.

Haselnüsse

Eichel

Ahornblätter

Eichenblätter

In den Gärten und Parks wird Herbstlaub vielerorts beseitigt, doch die Wälder zeigen uns auf geniale Weise, wie klug die Natur funktioniert.

Sie betreiben Recycling mit Laub als Mulch, der mit der Zeit verrottet und den Boden mit Humus anreichert und den Bodenlebewesen als Nahrung dient.

Gleichzeitig schützt die Mulchschicht vor Wind und Wetter und somit vor Erosion. Mulch hält die Feuchtigkeit im Boden, und der Gießaufwand wird weniger. Außerdem hält er auch noch Unkraut zurück. Ideal wäre es, das Laub mit Grasschnitt zu vermischen.

Frostschutz aus dicken Laubhaufen ist ein wunderbar warmer Wintermantel für Kräuter wie Rosmarin und andere empfindliche Pflanzen.

Nicht nur Igel lieben ein gemütliches Heim aus einer dicken Laubschicht, auch andere Tiere freuen sich über ein kuscheliges Winterquartier.

Und zu viel Laub kann es gar nicht geben, denn Laub eignet sich auch hervorragend für einen nährstoffreichen Kompost und zum Nachmulchen im Frühjahr.

Nature Scouting

Beobachte, welche Baumart als Erstes beginnt, ihre Blätter zu verfärben.

Und welcher Baum wird als Erster kahl?

Notiere deine Beobachtungen in deinem Naturtagebuch, um im nächsten Jahr zu vergleichen.

Vergleiche das Laub mit alten Laubblättern auf der Erde. Was fällt dir auf?

Beobachte verschiedene Stadien der Verfärbung der Blätter am Baum und lege dir eine Sammlung an.

Früchte und Nüsse von Bäumen und Sträuchern

Im Herbst erreicht die Erntezeit noch einmal einen Höhepunkt. Jetzt werden auch Äpfel, Birnen, Pflaumen, Walnüsse und Maronen geerntet. Das Licht wird golden und die Tage immer kürzer. Die Blätter an Bäumen und Sträuchern färben sich intensiver oder fallen schon ab. Die ersten Kürbisse sind reif, und der Mais wird geerntet. Bis in den Oktober dauert die Erntezeit an, und zum Erntedankfest füllen die schönsten Früchte, Gemüse, Kürbisse und Nüsse den Erntekorb.

Äpfel

Hast du schon einmal in einen Apfel gebissen, den du gerade frisch vom Baum gepflückt hast? Die Schale des Apfels ist essbar, und unter ihr befinden sich die meisten Vitamine.

Male ein Bild in deinem Nature Art Journal, bevor du ihn isst! Versuche, die unterschiedlichen Rot- und Grüntöne zu malen.

Äpfel sind eine der beliebtesten und weitverbreitetsten Obstsorten der Welt. Die domestizierte Form des Apfelbaums stammt von wilden Apfelbäumen ab, die in Zentralasien wuchsen. Die Äpfel, die wir heute essen, sind eine Kulturform, die alle von der gleichen Art stammen, denn es gibt auch wilde Äpfel, die sich nicht zum Verzehr eignen.

Obstbäume, insbesondere alte und traditionelle Sorten, tragen zur Erhaltung der biologischen Vielfalt bei. Die Pflege und der Anbau von verschiedenen Obstsorten schützt einheimische Arten und bewahrt genetische Ressourcen.

Obstbäume spielen eine wichtige Rolle im Ökosystem. Sie bieten Lebensraum und Nahrung für verschiedene Tiere und Insekten und tragen somit zum Erhalt der Artenvielfalt bei. Zudem können sie den Boden verbessern und Erosion verhindern. Die Obstbaumpflege trägt zur Erhaltung und Aufrechterhaltung dieser traditionellen Kulturlandschaften bei. Streuobstwiesen prägen oft die Landschaft und sind Teil des kulturellen Erbes vieler Regionen.

Und Äpfel sind gesund. »An apple a day keeps the doctor away« heißt es in einem englischen Sprichwort.

In meinem kleinen Apfel, da sieht es lustig aus: Es sind darin fünf Stübchen grad wie in einem Haus.

In jedem Stübchen wohnen zwei Kernchen schwarz und fein, die liegen drin und träumen vom lieben Sonnenschein.

Sie träumen auch noch weiter gar einen schönen Traum, wie sie einst werden hängen am lieben Weihnachtsbaum.

Kindervers

Nature Scouting

Welche Apfelfarben kennst du?

Wie riecht ein Apfel?

Kennst du Apfelsorten beim Namen?

Was kann man aus Äpfeln alles machen?

Wie sieht das Kerngehäuse eines Apfels aus?

Welche Tiere essen gerne Äpfel?

Welche Tiere leben gerne auf Streuobstwiesen mit alten Apfelbäumen?

In welchen Märchen spielt ein Apfel eine wichtige Rolle?

Welche anderen Früchte sind mit Äpfeln verwandt oder ähneln ihnen?

Was passiert, wenn ein Apfel zu lange liegt und nicht gegessen wird?

Kann man aus Äpfeln auch Getränke herstellen?

Kann man aus Apfelschalen oder Apfelkernen auch etwas Nützliches machen?

Walnüsse

Wildlebende Tiere sind auf Nahrungsquellen in der Natur angewiesen. Neben Eicheln, Haselnüssen und Kastanien sammeln sie auch Walnüsse. Eichelhäher, Meise, Specht, Eichhörnchen, Mäuse und Siebenschläfer essen gerne Walnüsse. Sie vergraben die Walnüsse für ihren Wintervorrat, und weil nicht alle wiedergefunden werden, wachsen häufig wilde Walnussbäume.
Auch Krähen sammeln diese gesunden Nüsse. Vielleicht hast du schon einmal eine Krähe beobachtet, die eine Walnuss auf die Straße legt, wartet, bis ein Auto darüberrollt und sich danach genüsslich ans Fressen macht?

Ein einziger Walnussbaum kann bis zu 150 Kilogramm Nüsse produzieren! Walnüsse sind sehr gesund und nahrhaft. Da sich die Walnüsse zusätzlich in einer grünen Schale befinden, die viel Gerbsäure enthält, färben sich die Finger beim Schälen schwarz. Deshalb ist es ratsam, Handschuhe mitzunehmen, wenn du Walnüsse genauer erforschen möchtest. Frisch geerntete Walnüsse werden erst zum Trocknen in die Sonne gelegt und so lagerfähig gemacht.

Nature Scouting

Wie viele Schalen umhüllen eine Walnuss?

An welches menschliche Organ erinnert dich das Aussehen der Walnüsse?

Hast du schon mal an einem Walnussbaum gerochen?

Schau dir die Blätter des Walnussbaums genau an, welche Form haben sie?

Kennst du noch andere Tiere, die gerne Walnüsse essen?

Wie beeinflusst die Vorliebe dieser Tiere für Walnüsse die Verbreitung und Vermehrung der Walnussbäume?

Warum sind Walnüsse gesund?

Wie werden Walnüsse geerntet? Gibt es spezielle Techniken oder Werkzeuge, die dabei helfen?

Maronen

Wie kleine stachelige Igel liegen im Herbst die Maronen unter dem Baum und warten auf mutige Sammlerinnen und Sammler. Erst im Oktober, wenn sie vollständig ausgereift sind, öffnen sich die stacheligen Hüllen, und jeweils drei Früchte kommen zum Vorschein. Nun holen sich verschiedene Wildtiere die leckeren braunen Früchte.

Esskastanien, wie die Maronen auch genannt werden, sind übrigens nicht mit der Rosskastanie verwandt, denn abgesehen von ähnlichen Früchten und stacheligen Schalen haben sie wenig gemeinsam. Esskastanien sind nämlich mit Buchen und Eichen verwandt, und die Rosskastanie gehört wie der Ahorn zu den Seifenbaumgewächsen. Rosskastanien sind für uns auch nicht essbar.

Maronenbäume (Castanea sativa) können bis zu 500 Jahre alt und bis zu 30 Meter hoch werden. Sie werden manchmal als »Bäume des Klimawandels« bezeichnet, weil sie in bestimmten Regionen als widerstandsfähiger gegenüber den Auswirkungen des Klimawandels angesehen werden. Es gibt mehrere Gründe, warum Maronenbäume als klimaresistenter gelten.

Maronenbäume haben eine besonders hohe Dürretoleranz im Vergleich zu einigen anderen Baumarten. Sie können in Regionen wachsen, in denen andere Bäume möglicherweise unter Trockenheit leiden würden. Maronenbäume sind relativ anpassungsfähig an unterschiedliche klimatische Bedingungen und können in einer Vielzahl von Böden und Höhenlagen gedeihen. Zudem spielen sie eine wichtige Rolle bei der Absorption von Kohlendioxid (CO_2) aus der Atmosphäre. Maronenbäume sind in der Lage, CO_2 zu speichern und so zur Verringerung des Treibhauseffekts beizutragen.

Maronenbäume bieten Lebensraum für verschiedene Tier- und Pflanzenarten und tragen so zur Förderung der Biodiversität in den Ökosystemen bei, in denen sie wachsen. Eichhörnchen, Mäuse und andere Kleinsäuger nutzen die Maronenbäume für Nahrung und als Lebensraum. Die Baumhöhlen bieten ihnen Schutz und Unterschlupf. Verschiedene Vogelarten nutzen die Maronenbäume als Brutplätze und für die Nahrungssuche. Dazu gehören Spechte, Eulen, Kleiber, Meisen und andere Singvögel. Maronenbäume ziehen verschiedene Insektenarten an, darunter Bienen, Schmetterlinge und Käfer, die sie für Nahrung und Bestäubung nutzen. Zudem sind sie für Wildtiere, wie Rehe, Wildschweine und andere Waldbewohner, wichtig, da sie in ihren Lebensräumen eine Nahrungsquelle darstellen.

Nature Scouting

Wo wachsen Esskastanienbäume?

Welche Farbe haben die Kastanienhüllen?

Wie sehen ihre Blätter aus?

Welche verschiedenen Möglichkeiten gibt es, Maronen zu kochen oder zuzubereiten?

Gibt es in der Natur auch wild wachsende Esskastanienbäume?

Wie wichtig sind Esskastanien für die Umwelt und die Tierwelt?

Welche Verwendung haben Rosskastanien in der Vergangenheit gehabt (z. B. zur Herstellung von Seife oder Waschmittel)?

Wie sehen Rosskastanienbäume aus?

Welche Merkmale haben sie?

Wo wachsen Rosskastanienbäume?

Welche Tiere leben in oder von Rosskastanienbäumen?

Wie unterscheiden sich Esskastanien von Rosskastanien?

Fliegenpilz

Baumpilz

Pilze

Ein Pilz ist ein besonderes Lebewesen, das anders aussieht als die Pflanzen, die wir normalerweise sehen. Er sieht aus wie ein kleiner Schirm oder ein Hut, manchmal auch wie ein kleiner Ball oder eine Flasche. Pilze sind meistens bunt mit vielen verschiedenen Farben.

Pilze sind weder Tiere noch Pflanzen, sie sind etwas ganz Besonderes. Sie gehören zu einer eigenen Gruppe von Lebewesen, die »Pilze« genannt werden.

Was wir vom Pilz sehen, ist nur ein Teil des gesamten Lebewesens. Bei Großpilzen sehen wir nämlich oft nur den Fruchtkörper, der für die Vermehrung da ist. Der eigentliche Pilz ist ein feines, meist fast unsichtbares Geflecht im Boden. Pilze brauchen, anders als Pflanzen, kein Sonnenlicht zum Wachsen.

Bäume und Pilze leben in einer Gemeinschaft im Wald und sorgen füreinander. Pilze leben im Boden des Waldes und helfen den Bäumen und Pflanzen zu wachsen. Sie haben die wichtige Aufgabe, Nährstoffe und Wasser aus dem Boden aufzunehmen, die sie an die Bäume im Wald abgeben. Im Gegenzug bekommen sie von den Bäumen wichtige Kohlenhydrate, die sie zum Leben brauchen. Des Weiteren filtern sie Schadstoffe aus dem Boden.

Andere Pilzarten ernähren sich von abgestorbenen Bäumen und Ästen oder besiedeln das abgefallene Laub.

Würde es keine Pilze im Wald geben, könnten keine neuen Pflanzen im Wald wachsen, denn nur sie schaffen es, bestimmte Bestandteile von Holz zu zersetzen. Sie säubern auf diese Weise den Wald von Totholz und gestorbenen Lebewesen. Daraus machen sie Humus als nährstoffreiche Erde.

Es gibt Speisepilze, die wie kleine Hütchen aussehen, und einige, die ein bisschen wie kleine Schwämme aussehen, die essbar sind. Aber mit Pilzen sollte man sich sehr gut auskennen, denn es gibt auch viele giftige Pilze.

Der bekannteste Giftpilz ist wohl der Fliegenpilz. Er hat eine rote Kappe mit weißen Punkten und wird auch oft als Glückspilz dargestellt.

Aus einem Pilz, dem Tintenschöpfling, kannst du Tinte zum Malen herstellen, siehe Seite 51. Der Pilz ist nicht giftig, und die Tinte ist kinderleicht herzustellen. Gehe aber immer mit einem Pilzkenner auf Pilzsuche, um wirklich sicherzugehen, dass du den richtigen Pilz hast.

Gemeiner Riesenschirmling (Parasol)

Nature Scouting

Was weißt du über Pilze?

Welche verschiedenen Arten von Pilzen kennst du?

Welche Farben können Pilze haben?

Welche Formen gibt es?

Wie wachsen Pilze?

Wo kann man Pilze finden?

Welche Tiere essen gerne Pilze?

Warum sind Pilze wichtig für den Wald und die Natur?

Welche Pilze werden in der Küche verwendet? Welche Gerichte kann man damit zubereiten?

Welche Pilze sind deiner Meinung nach die größten und die kleinsten?

Wie vermehren sich Pilze?

Welche Werkzeuge oder Hilfsmittel könnte man benutzen, um Pilze zu erforschen und zu sammeln?

Welche berühmten Pilze gibt es in Märchen oder Geschichten?

Wie können wir Pilze schützen und ihre Lebensräume bewahren?

Zugvögel

Wusstest du, dass Schwäne in früheren Zeiten Zugvögel waren? Das war für unsere Vorfahren eine besondere Beobachtung, diese großen weißen Geschöpfe davonfliegen zu sehen. Und als sie plötzlich wieder zurückkehrten, erkannten sie etwas Geheimnisvolles in ihnen. Das führte zu einer großen Verehrung der weißen Schwäne.

Heute leben diese Vögel ganzjährig bei uns. So geht es mittlerweile einigen Vögeln, denn eine der vielen Auswirkungen des Klimawandels betrifft unsere gefiederten Freunde, die Zugvögel.

Zugvögel sind Vögel, die in einem bestimmten Teil des Jahres dorthin fliegen, wo es wärmer ist, und dann in einem anderen Teil des Jahres wieder zurückkommen. Sie machen sozusagen eine Reise, um dem kalten Winter zu entkommen oder genug Nahrung zu finden.

Aber der Klimawandel macht ihre Reise schwieriger. Weil es überall auf der Welt wärmer wird, müssen manche Zugvögel ihre Flugrouten verändern, um die richtige Temperatur und genügend Nahrung zu finden. Das kann für sie sehr anstrengend sein. Außerdem verändern sich auch die Orte, an denen sie landen, wenn sie ihre Reise machen. Manche Gegenden, in denen sie früher genug Nahrung gefunden haben, werden vielleicht zu trocken oder zu heiß für sie. Das macht es schwieriger, sich auf ihrer Reise auszuruhen und genug zu essen zu finden.

Das ist ein Problem, weil Zugvögel eine wichtige Rolle in der Natur spielen. Wenn sie ihre Reise nicht gut machen können, kann das auch Auswirkungen auf andere Tiere und Pflanzen haben.

Warum bleiben sie nicht einfach dort, wo es ihnen gefällt?

Der Grund ist das Nahrungsangebot. Im Sommer, wenn die Temperaturen im Norden steigen, bietet die reichhaltige Vegetation dort eine Fülle von Nahrung für Zugvögel. Insekten, Würmer, Samen und Früchte sind in diesen Gebieten leicht verfügbar, was die besten Bedingungen für die Aufzucht ihrer Jungen bietet.

Im Winter hingegen wird es in den nördlichen Breiten kalt, und die Nahrungsquellen werden knapp. Die Zugvögel ziehen daher in wärmere Regionen im Süden, wo das Klima milder ist und die Nahrungsressourcen das ganze Jahr über besser verfügbar sind.

Und wie finden sie ihren Weg?

Zugvögel haben eine eingebaute biologische Uhr, die ihnen sagt, wann es Zeit ist, die Wanderung zu beginnen.

Während des Tages können Zugvögel die Position der Sonne nutzen, um die Himmelsrichtung grob zu bestimmen. In der Nacht orientieren sie sich anhand der Position von Sternen, insbesondere des Polarsterns, der in der Nähe des Nordpols steht und ihnen bei der Bestimmung der Himmelsrichtung hilft.

Und sie besitzen spezielle Sensoren, mit denen sie das Erdmagnetfeld wahrnehmen können. Das funktioniert wie eine Art »Kompass«, mit dem sie sich an den magnetischen Polen orientieren. Dieser Mechanismus ermöglicht es ihnen, ihre Routen zu korrigieren und Kursabweichungen zu verhindern. Zudem können Zugvögel auch Landschaftsmerkmale wie Flüsse, Berge und Küstenlinien nutzen, um sich zu orientieren. Diese dienen ihnen als Orientierungspunkte und helfen ihnen, auf dem richtigen Weg zu bleiben.

Mauersegler starten als die ersten Vögel in die Sahara. Sobald die Tage im August kürzer werden und das Nahrungsangebot geringer, machen sie sich auf den Weg. Und Ende April sind sie auch mit die ersten, die aus dem Süden wieder zurückkehren.

simeoni.de/natureartjournaling/herbst/

Nature Scouting

Welche verschiedenen Zugvogelarten kennst du?

Wie lange können Zugvögel fliegen, ohne anzuhalten?

Welche Hindernisse müssen Zugvögel auf ihren Reisen überwinden?

Warum ziehen Zugvögel nicht einfach in den Süden und bleiben dort?

Welche Gründe haben Zugvögel, in den Norden zurückzukehren?

Was passiert, wenn Zugvögel ihre Route verlieren?

Welche besonderen Fähigkeiten haben Zugvögel, um sich zu orientieren?

Wie sieht die Reisevorbereitung eines Zugvogels aus?

Welche Gefahren lauern auf Zugvögel während ihrer Migration?

Wie können wir Zugvögel schützen und ihnen helfen, sicher zu migrieren?

Welche besonderen Anpassungen haben Zugvögel entwickelt, um in verschiedenen Umgebungen zu leben?

Welche erstaunlichen Fakten kennst du über bestimmte Zugvogelarten?

Herbst-Element Wasser

Wunderwelt der Gewässer, Feuchtgebiete und Moore

Im Herbst zieht sich die Natur wieder zurück, nachdem sie im Sommer ihre ganze Energie in die Blüten und Früchte gesteckt hat. Nun bereiten sich Pflanzen und Bäume auf den Winter vor. So ist das Wasser auch das Element des Wandels, und im Herbst wandelt sich die Natur, die Blätter verfärben sich und fallen ab. Die Natur bekommt ein neues Äußeres und verändert sich bis in den Winter hinein sichtbar. In dieser Jahreszeit beginnen auch die Regenfälle, und das Element Wasser kommt spürbar vom Himmel herab und durchnässt die Erde. Wir schützen uns mit Regenjacke und Gummistiefeln, wenn wir draußen unterwegs sind.

In der Natur, zwischen Wiesen, Wäldern und Bergen, gibt es ein ganz besonderes Reich, das Reich des Wassers. Überall begegnet es uns in Form von Seen, Bächen, Flüssen, Teichen und sogar in kleinen Pfützen. Lasst uns gemeinsam eintauchen in die Wunderwelt der Gewässer, Feuchtgebiete und Moore.

Wasser ist ein ganz besonderes Element, das uns viele Ideen schenkt, um die Geheimnisse und Schönheiten der Natur zu entdecken. Lasst uns einige Aktivitäten überlegen:

Beobachte das Wasser ganz genau! Setze dich an den Rand eines Sees, eines Baches oder Flusses und schaue, wie es sich bewegt. Beobachte die kleinen Wellen und wirbel darin mit den Händen herum. Tauche deine Füße in das erfrischende Nass eines Baches und spüre, wie das Wasser sanft über deine Haut streicht. Das Fußbad im Bach ist ein erfrischendes Geschenk der Natur!

Die Welt des Wassers ist eine Welt voller Magie und unentdeckter Geheimnisse. Indem du dich mit diesem Element beschäftigst, erfährst du viel über das Wasser und die Lebewesen darin.

Lass deine Neugierde wie einen Bach fließen und entdecke die faszinierende Welt des Wassers.

Karpfen

Eisvogel

Nature Scouting

Beobachte einen strömenden Fluss oder einen plätschernden Bach.

Kannst du im Gewässer auch entgegengesetzte Strömungen entdecken?

Welche Lebewesen kannst du an Gewässern beobachten?

Hast du schon mal Libellen beobachtet? Finde heraus, was sie besonders macht.

Wie sieht ein Nebelschleier über dem See aus?

Zähle Tautropfen auf den Grashalmen in der Morgensonne.

Und wie sehen Wassertropfen auf kunstvollen Spinnennetzen aus?

Hast du dich schon mal gefragt, wie Wasser zu Eis wird?

Beobachte an kalten Tagen, wie kleine Eiszapfen an den Zweigen hängen. Weißt du, warum sie gerade diese Form haben?

Welche Vögel kannst du entdecken, die im Wasser leben?

Welche besonderen Eigenschaften haben Tiere, die in Gewässern leben?

Finde unterschiedliche Wasserpflanzen.

Welche unterschiedlichen Formen und Farben haben sie?

Doch welche Farbe hat Wasser eigentlich? Es ist nicht immer nur blau. Schau genau hin und entdecke die vielen verschiedenen Farbtöne, die sich im Wasser widerspiegeln.

In welchen Formen kommt Wasser vom Himmel?

Stelle dir einen Messbecher vors Haus und miss den Niederschlag.

Nature Art Kunstwerkstatt im Herbst

Aufkleber aus gepressten Blüten und Blättern

Gesammelte und gepresste Blätter und Blumen gibt es im Herbst reichlich, und oft liegen diese in Kartons verpackt und werden manchmal auch vergessen. Gepresste Blüten lassen sich toll zu schönen Aufklebern gestalten. Die können dann ins Nature Art Journal geklebt werden oder andere Kunstwerke dekorieren.

Dafür brauchst du nicht viele Zutaten und hast deine Blütensammlung in hübsche Aufkleber verwandelt!

Material

- **breites Tesaband**
- **Butterbrotpapier oder Antihaft-Backpapier oder beschichtetes Papier von Aufklebern**
- **Schere**
- **gepresste und getrocknete Blüten und Blätter**

Anleitung

Klebe einen Streifen Tesaband auf das Butterbrotpapier. Achte dabei darauf, alles schön glatt zu streichen. Nun verteile die gepressten Blüten darauf. Lasse einen kleinen Zwischenraum frei, um später mit einer Schere einzelne Aufkleber auszuschneiden. Klebe jetzt noch eine zweite Lage Tesaband darauf. Streiche wieder alles gut aus. Schneide nun die einzelnen Aufkleber aus. Fertig sind schöne bunte Pflanzen-Aufkleber, mit denen du in deinem Nature Art Journal schöne Seiten gestalten oder andere schöne Dinge bekleben kannst.

tesa

Punktmalerei auf Herbstblätter

Die Aborigines sind Ureinwohner Australiens, und sie malen auf eine einzigartige Art und Weise. Anstatt mit Pinseln ganze Striche zu ziehen, verwenden sie kleine Punkte, um ihre Bilder zu erschaffen. Es ist, als würden sie die Welt Punkt für Punkt entstehen lassen.

Aber diese Punkte sind keine gewöhnlichen Punkte, nein, sie haben eine besondere Bedeutung und erzählen eine Geschichte. Jeder Punkt kann etwas darstellen, wie zum Beispiel einen Stern am Himmel, einen Baum im Wald, einen Felsen in der Landschaft oder sogar ein Tier.

Wenn die Aborigines ein Bild malen, denken sie an ihre Umgebung, die Natur und ihre Geschichten. Sie wählen die Farben und Punkte sorgfältig aus, um die Botschaft ihres Bildes zu vermitteln. Es ist fast so, als ob sie ihre eigene Sprache in den Punkten haben. Die Punktmalerei ist nicht nur eine Kunstform, sondern auch eine Möglichkeit für die Aborigines, ihre Geschichte und ihr Wissen zu bewahren.

Material

- **gepresste Herbstblätter**
- **Acrylmalstifte oder wasserfeste Fasermaler**

Anleitung

Mache es wie die australischen Ureinwohner und erzähle dein Naturerlebnis mit der Punktmalerei auf einem Herbstblatt. Die bemalten Blätter kannst du in dein Naturtagebuch kleben und deine Geschichte mit »Sketchnotes« erweitern.

Linoldruck – Pilze

Die Form eines Pilzes ist ideal, um sich mit Linoldruck zu beschäftigen. Bevor du dein Pilzmotiv auf eine Linolplatte zeichnest, kannst du erstmal Pilze im Wald erforschen, sie zeichnen und dir überlegen, wie dein Motiv aussehen soll. Wie groß ist dein Pilz, hat er Punkte oder Streifen? Steht er alleine, oder gibt es noch mehrere Pilze in verschiedenen Größen drumherum?

Mittlerweile gibt es weiche Linolplatten, die es leicht machen, mit einem Linolmesser zu schnitzen. Ich würde empfehlen, diese zu verwenden, zusammen mit einem guten Schnitzwerkzeug, um Verletzungen zu vermeiden. Oft besitzen Grundschulkinder ein eigenes Schnitzset, da Linoldruck im Lehrplan für den Kunstunterricht steht.

Material

- **Linolplatten**
- **Bleistift und Radierer**
- **Schnitzwerkzeug**
- **Rolle oder Pinsel**
- **Acrylfarbe oder spezielle Druckfarbe**
- **mehrere Blatt Papier für den Druck**

Anleitung

Vielleicht hast du schon einen Pilz in deinem Naturtagebuch entworfen. Achte beim Zeichnen darauf, dass du dein Bild später spiegelverkehrt drucken wirst! Zeichne dein Motiv auf die Linolplatte und beginne dann vorsichtig zu schnitzen. Dabei ist es wichtig, die Hand immer hinter das Messer zu legen, damit du dich nicht verletzt, falls du mal nach vorne wegrutschen solltest.

Ritze vorsichtig das umrandete Bild des Pilzes ein und entferne dann das überschüssige Linoleum um den Pilz herum. So bleibt nur der erhabene Teil deines Pilzes übrig.

Bevor du in dein Naturtagebuch druckst, mache einige Testdrucke auf Papier, um zu sehen, wie der Pilz aussehen wird, und um auszuprobieren, wie viel Farbe du auftragen musst.

Trage dazu die Linoldruckfarbe mit der Rolle oder dem Pinsel gleichmäßig auf dem Linoleum auf. Lege dann ein Papier vorsichtig auf den Block und drücke es fest. Streiche mit der flachen Hand gleichmäßig über das Motiv.

Ziehe das Papier ab und schau dir deinen ersten Druck an! Wenn du noch nicht ganz zufrieden bist, mache weitere Probedrucke. So wirst du immer sicherer beim Drucken. Diese Probedrucke kannst du z. B. als Postkarten verschicken, aufhängen oder verschenken.

Den finalen Linoldruck in dein Naturtagebuch machst du, wenn dir dein Test-Druckergebnis richtig gut gefällt.

Trage die Farbe wieder gleichmäßig auf die Linoleumplatte auf und drücke dann eine Seite deines Naturtagebuchs auf die eingefärbte Platte.

Übe ein wenig Druck aus, damit die Farbe auf das Papier übertragen wird.

Hebe die Seite dann vorsichtig ab und bewundere den Druck in deinem Naturtagebuch.

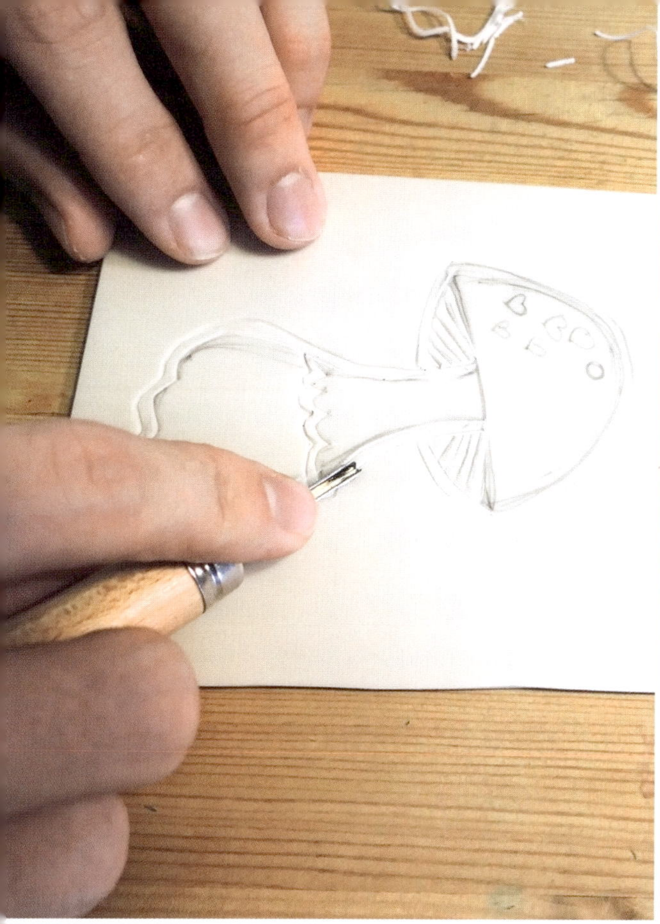

Unterwasserleben

Material

- **Aquarellpapier**
- **weiße oder graue Wachsmalkreide**
- **Wasserfarben oder Aquarellfarben**
- **breite Pinsel**
- **etwas Salz**

Anleitung

Male mit heller Wachsmalkreide Fische, Muscheln, Algen usw. auf das Papier. Das ist etwas knifflig, da die Wachsmalkreide nicht gut auf dem weißen Papier zu sehen ist. Probiere deshalb aus, den Blickwinkel zu verändern.

Nun feuchte das Papier mit Wasser gut an. Das funktioniert bei kleineren Kindern auch gut mit einem Pumpzerstäuber, gefüllt mit Wasser. Oder trage mit dem Pinsel großzügig Wasser auf.

Jetzt verteile mit einem breiten Pinsel großzügig Farben der Unterwasserwelt auf das Papier. Mit dunklen Farben sind die Wasserlebewesen später besser zu erkennen. Tupfe, streiche, sprenkle nach kreativer Lust und Laune. Wer möchte, kann auch etwas Salz aufstreuen, um dem Bild noch mehr Struktur zu geben und Sauerstoffblasen darzustellen.

Trocknen lassen und evtl. das Salz abklopfen.

Malen mit Kohle

Malen mit Kohlestücken aus einem Lagerfeuer ist eine ursprüngliche Technik und ermöglicht es den Kindern, auf eine unkonventionelle Art und Weise zu malen und ihre künstlerische Ausdrucksweise zu entdecken.

Das Malen mit Kohlestücken aus dem Feuer bietet den Kindern die Möglichkeit, die Natur und ihre Elemente zu erkunden. Es eröffnet Gespräche über das Feuer als Teil unseres Lebens und regt vielleicht sogar Diskussionen über Sicherheit und Verantwortung im Umgang mit Feuer an.

Material

- **Kohlestücke**
- **Zange**
- **Papier**

Anleitung

Kohlestücke am besten mit einer Zange vorsichtig aus dem Feuer nehmen, nachdem sie ausreichend abgekühlt sind, oder abkühlen lassen.

Nachdem ihr geprüft habt, ob die Kohlestücke abgekühlt sind, könnt ihr sie zum Malen verwenden. Die raue Textur der Kohle ermöglicht es, Linien, Schattierungen und Muster zu erstellen, die einen einzigartigen visuellen Effekt erzeugen.

Während die Kinder mit den Kohlestücken malen, erleben sie die Veränderung der Farbe und Textur der Kohle, wenn sie auf die Oberfläche aufgetragen wird. Sie können experimentieren, wie leicht oder stark sie drücken müssen, um verschiedene Effekte zu erzielen. Dies fördert nicht nur ihre künstlerische Kreativität, sondern auch ihre taktile Wahrnehmung und Feinmotorik.

Tipp

In einer Blechdose lassen sich am Lagerfeuer aus Ästen auch Kohlestifte herstellen. Eine genaue und bebilderte Beschreibung ist in meinem Buch »Wildes Naturhandwerk« zu finden.

simeoni.de/natureartjournaling/kunstwerkstattherbst/

Herbst-Ideensammlung

Male in der Dämmerung und im Dunkeln mit sanften Orange-, Rot- und Lilatönen, um die Schönheit des Herbstabends einzufangen, während der Himmel langsam dunkler wird und warme Orange-, Rosa- und Gelbtöne den Sonnenuntergang hinter Silhouetten von Bäumen oder Kindern, die ihn genießen, erstrahlen lassen.

Versuche, den Wind im Herbst zu malen. Wie fühlt sich der Wind an, wenn er sanft über dein Gesicht streicht oder stark bläst? Male die Bewegung des Windes mit weichen Pinselstrichen oder schnellen Linien.

Beobachte die Vögel, die sich in Formationen am Himmel bewegen. Male eine Gruppe von Vögeln, die zusammen fliegen. Welche Farben haben die Vögel?

Male den Nebel, der sich manchmal in den Herbstmorgen legt. Verwende helle, verschwommene Farben, um den geheimnisvollen Nebel darzustellen. Wie fühlt es sich an, wenn der Nebel um dich herumschwebt?

Zeichne einen Pilz mit seinen charakteristischen Merkmalen. Achte auf den Stiel, den Hut und die kleinen Punkte auf der Oberfläche. Welche Farben passen zu einem Pilz?

Sammle Herbstblätter und bestimme ihr Alter anhand ihrer Größe und Farbe. Versuche, die Blätter als Schablone zu verwenden und nachzuzeichnen.

Welche Blätter sind alt, und welche haben gerade erst den Herbst erreicht?

Presse Herbstblätter mit unterschiedlichen Farben in einem Buch. Lege die Blätter zwischen Papier und lasse sie trocknen. So kannst du ihre Farben bewahren und sie später in deinem Kunstwerk verwenden.

Im Herbst findest du oft Spinnweben am Boden. Zeichne eine Spinne, die ihr Netz baut, oder eine Spinnwebe, die im Morgenlicht glitzert. Warum denkst du, dass es im Herbst mehr Spinnweben gibt?

Beobachte, was die Krähe auf dem Feld frisst. Male eine Krähe, die an einem Apfel pickt oder ein paar Körner frisst. Was könnten die Krähen im Herbst noch gerne fressen?

Welcher Baum behält am längsten seine Blätter? Male verschiedene Bäume mit unterschiedlichen Blättern und beobachte in der Natur, welcher Baum länger seine Blätter behält als die anderen. Welche Farben haben die Blätter?

simeoni.de/natureartjournaling/herbstideen/

Finde Bucheckern und schaue sie dir genau an. Achte auf die Details der Buchecker und ihre Form.

Sammle unter einer Eiche einige Eicheln und male sie. Schau dir auch die Wuchsform eines Eichenbaumes an und skizziere die Umrisse.

Welche Tiere legen einen Wintervorrat an? Male ein Eichhörnchen, das Nüsse vergräbt, oder einen Vogel, der Samen in einem Baum versteckt. Wie bereiten sich die Tiere auf den Winter vor?

Zeichne einen Kürbis – entweder als traditionelle Kürbisfratze für Halloween oder als dekoratives Element mit verschiedenen Mustern und Farben.

Unternimm einen Herbstspaziergang im Wald. Male zu Hause aus deinem Gedächtnis, was du gesehen und erlebt hast. Verwende warme Erdtöne für den Waldboden und die Baumstämme. Füge noch Tiere wie Eichhörnchen oder Rehe hinzu, die sich vielleicht auch ganz in deiner Nähe in ihrem Versteck aufgehalten haben.

Betrachte eine Herbstlandschaft und male sie mit einem See oder Fluss. Verwende verschiedene Blautöne für das Wasser und leuchtende Farben für die herbstlichen Bäume am Ufer.

Zeichne einen Regenschauer im Herbst. Prasselnde Regentropfen, die auf den Boden klatschen, Regenpfützen und bunte Regenschirme.

Vogelscheuchen aus Stroh auf einem Acker sieht man kaum noch, aber stelle dir eine vor und male sie. Bunte Kleidung lässt die Vogelscheuche lebendig aussehen. Füge vielleicht sogar ein paar Vögel hinzu, die sich auf ihr niederlassen.

Male einen Herbstgarten mit verschiedenen Gemüsesorten und Blumen. Verwende lebendige Farben, um das Wachstum und die Fülle des Herbstes darzustellen.

Male eine Sammlung von herbstlichen Erntefrüchten wie Nüsse, Pflaumen, Äpfel, Birnen und Weintrauben. Betone die Vielfalt der Formen und Farben der verschiedenen Früchte.

Was macht den Herbst für dich besonders? Schreibe oder male die Dinge, die den Herbst zu deiner Lieblingsjahreszeit machen und dich glücklich und inspiriert fühlen lassen.

Kugeldistel

Spatz

Fühlen, riechen, tasten, schmecken und zeichnen – die Natur im Winter

Die kalten Wintermonate bringen eine gewisse Stille in die Landschaft, und der erste Reif hüllt die Natur in zarten Puderzucker. Die Pflanzen haben sich ins Erdreich zurückgezogen, die Bäume stehen imposant und kahl im Wald. Die Farben der Pflanzenwelt haben sich verändert und bilden eine Einheit in der Landschaft.

Wenn sich Frost und Sonne zeigen, glitzert die Welt in tausend Sternen. Gefrorene Pfützen knirschen und brechen unter den Stiefeln, und das gefrorene Wasser erschafft magische Kunstwerke.

In höheren Lagen schneit es vielleicht, und der Schnee macht die Spuren der Tiere sichtbar, die sonst auch hier unterwegs sind, doch jetzt können wir ihre Wege leicht verfolgen. So werden Winterwanderungen zu abenteuerlichen Spurensuchen. Tiere, die auch im Winter aktiv sind, werden leichter sichtbar, und Vögel nehmen Futterstellen in der Natur dankbar an.

Durch das fehlende Blätterkleid kannst du Nester auf Bäumen und Sträuchern gut erkennen, und der Blick auf viele unentdeckte Naturschätze ist freigegeben.

Kühlere Temperaturen lassen die Finger schnell klamm werden, wenn wir kreativ in der Natur sind und Stifte und Pinsel für längere Zeit halten. Fingerlose Handschuhe und Pulswärmer können jetzt für warme Hände sorgen. Aber auch viel Bewegung, Spiele, die die Gliedmaßen lockern und für warme Hände sorgen, machen in dieser Jahreszeit viel Spaß. Oder wir verkürzen die Draußenzeiten und kommen dafür aber öfter zusammen. Die Tage werden kürzer, und es ist früh dunkel, sodass es eine Freude ist, gemeinsam an einem Feuer zusammenzukommen oder eine beheizte Stube aufzusuchen, wo wir zeichnen und werkeln können.

Auch eine dicke Decke über den Beinen und ein gut isolierendes Sitzkissen machen es in der Natur angenehm warm und kuschelig. Das »Laub- und Äste-Atelier« lässt sich mit wärmenden Fellen und Decken bestücken und dient als Rückzugsort zum Malen.

Die Zeitqualität der Wintermonate und der Beginn eines neuen Jahres laden dazu ein, eine Rückschau auf das vergangene Jahr zu halten: die Naturtagebücher zeigen, Kunstwerke ausstellen und neue Ideen für das nächste kreative Naturjahr sammeln.

Dachsspur

Nature Art Journaling, Spurenlesen und Naturhandwerk

Im Spurenlesen geht es darum, die Gewohnheiten, Nahrungsquellen und die Anwesenheit bestimmter Tiere zu erforschen. Durch das Beobachten und Interpretieren von Spuren entwickeln die Menschen eine tiefere Verbindung zur Natur und werden sich der Schönheit und Komplexität der natürlichen Welt bewusst.

Durch das Erlernen von Naturhandwerk entwickeln sich nicht nur handwerkliche Fähigkeiten, sondern auch ein tieferes Verständnis für die natürlichen Ressourcen. Es fördert Kreativität, Achtung vor der Natur und ein Gefühl der Zufriedenheit und Erfüllung durch das Herstellen von Gegenständen mit den eigenen Händen. Darüber hinaus ermöglicht es, die Natur nicht nur als Ressource, sondern auch als Quelle von Wissen, Inspiration und Schönheit zu schätzen.

Beim Spurenlesen im Winterwald, auf Wiesen und Feldern werden Abdrücke von Tierkrallen, Fraßspuren an Zapfen oder Schleifspuren entdeckt, die im Nature Journal festgehalten werden können. Spuren an Bäumen und Pflanzen, abgebrochene Äste, Zapfen, Rinden und Knospen sind Naturmaterialien, die in kreativen Kunstwerken verarbeitet oder in der Sammlung der Naturschätze für spätere Ideen aufbewahrt werden.

Naturverbindung mit Stift und Papier im Winter

Nadelbäume

Kiefer

Nadelbäume werden auch immergrüne Bäume genannt, weil sie ihre Nadeln das ganze Jahr über beibehalten. Im Gegensatz zu Laubbäumen, die im Herbst ihre Blätter verlieren, behalten Nadelbäume ihre Nadeln auch im Winter.

Wenn die frostige Kälte des Winters das Land umfasst, zeigen uns die Nadelbäume, dass die Kraft der Natur niemals schläft. In ihren Nadeln finden wir ein Symbol für Beständigkeit und inneres Licht, das selbst in den dunkelsten Zeiten leuchtet. Deshalb werden zur Weihnachtszeit auch Zweige von Nadelbäumen oder eine Tanne ins Haus geholt.

Die Nadeln der Nadelbäume sind sehr speziell. Sie sind dünn und hart, was ihnen hilft, Schnee und Eis leichter abzuweisen. Außerdem haben sie eine wachsartige Oberfläche, die den Wasserverlust während der kalten Wintermonate reduziert.

Nadelbäume sind echte Überlebenskünstler! Sie können in kalten Klimazonen, wie in den Bergen oder in nordischen Regionen, gut gedeihen. Ihre Nadeln helfen ihnen, in extremen Bedingungen zu überleben.

Nadelbäume bieten im Winter Schutz und Nahrung für viele Tiere. Die dichten Nadeln sind für kleine Vögel, Eichhörnchen und andere Tiere Unterschlupf und Schutz vor Wind und Kälte. Außerdem sind die Samen in den Zapfen eine wertvolle Nahrungsquelle.

Im Winter tragen Nadelbäume Schnee auf ihren Zweigen. Diese Schneelast kann manchmal dazu führen, dass die Äste nach unten hängen. Das ist wie eine dicke Winterkleidung für die Bäume, die sie vor der Kälte schützt.

Während der Wintermonate ist es für Pflanzen schwierig, Photosynthese zu betreiben, da die Sonneneinstrahlung geringer ist. Dennoch können Nadelbäume dank ihrer Nadeln und speziellen Anpassungen in den Zellen eine begrenzte Photosynthese durchführen und so überleben.

Wusstest du, dass Zapfen verholzte Blüten der Nadelbäume sind? – In ihnen verstecken sich winzige Samen, die neue Nadelbäume wachsen lassen. Wenn die Zapfen von Fichten und Kiefern bereit und reif sind, purzeln sie als Ganzes auf den Boden. Doch bei den Tannenzapfen lösen sich die einzelnen Schuppen ganz vorsichtig vom Zapfen, während er immer noch auf dem Ast steht.

Halte Ausschau nach angeknabberten Fichtenzapfen und finde heraus, welchem Tier es geschmeckt hat. Am Fressverhalten der Tiere kannst du erkennen, welches Tier es war.

Eibe

Wacholderstrauch mit Beeren

Welches Tier hat hier geknabbert?

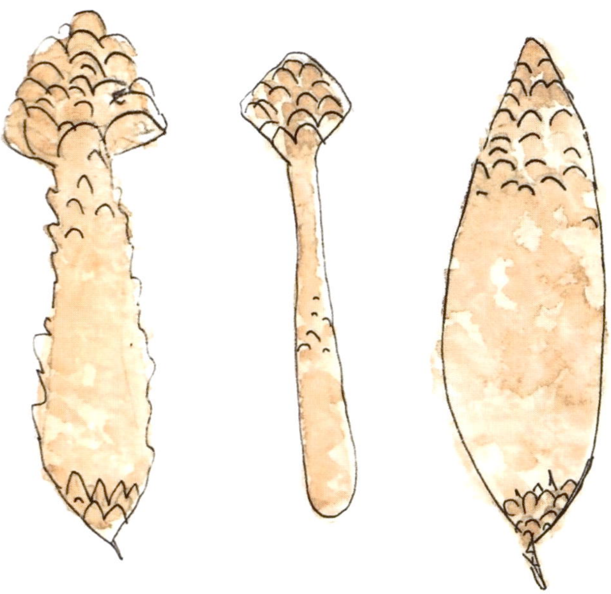

Nature Scouting

Welche Nadelbäume kennst du?

Welcher Nadelbaum wirft als Einziger im Herbst seine Nadeln ab?

Wie riechen Nadelbäume?

Welche Wildtiere fressen Nadelbäume an?

Unterscheiden sich Ober- und Unterseite der Nadeln?

Schaue bei deinem nächsten Waldspaziergang auf den Boden und sammle verschiedene Zapfen.

Jahresringe, Moose und Flechten an Bäumen

Die Jahresringe erzählen Geschichten über das Wachstum und die Lebensgeschichte eines Baumes. Jahresringe sind sichtbare Ringe im Querschnitt des Stamms eines Baumes. Sie entstehen, weil Bäume jedes Jahr eine Wachstumsperiode haben, in der sie neue Zellen bilden. Das Wachstum von Bäumen erfolgt durch die Aktivität des Kambiums, einer schmalen Schicht von teilungsfähigen Zellen direkt unter der Rinde. Während der Wachstumsperiode bildet das Kambium neue Zellen sowohl nach innen als auch nach außen. Die Breite und das Aussehen der Jahresringe geben wichtige Informationen über das Leben des Baumes preis. Breite Jahresringe zeigen ein gutes Wachstumsjahr mit günstigen Bedingungen, während schmale Ringe auf schwierige Jahre mit ungünstigen Umweltbedingungen hindeuten könnten, wie z. B. Trockenheit oder Krankheiten. An den Jahresringen lässt sich das Alter des Baumes abzählen.

Jahresringe sind nicht nur bei lebenden Bäumen nützlich, sondern auch für die Archäologie. Holzfunde in alten Gebäuden oder archäologischen Fundstätten können durch das Studium der Jahresringe datiert werden, um Informationen über vergangene Klimabedingungen und historische Ereignisse zu erhalten. Auch für die Klimaforschung sind sie von großer Bedeutung, so können Wissenschaftler anhand der Ausprägung von Jahresringen Rückschlüsse auf vergangene Klimabedingungen ziehen und langfristige Klimaveränderungen analysieren.

Schau dir die Rinde der Bäume genau an, dort wachsen häufig faszinierende Pflanzenarten, die wichtige Rollen in ihren jeweiligen Ökosystemen spielen und auch für die Menschheit von Bedeutung sind, nämlich Flechten und Moose.

Flechten sind keine Pflanzen. Sie entstehen, wenn Algen und Pilze Lebensgemeinschaften bilden. Dieses Zusammenleben nennt man Symbiose, denn die Alge versorgt den Pilz mit Nährstoffen, die er nicht selbst herstellen kann, und dafür stellt der Pilz für die Alge Wasser bereit, denn sie hat keine Wurzeln. Und er gibt ihr Halt, so unterstützen sie sich gegenseitig.

Flechten nehmen den Schmutz der Luft auf und können ihn nicht mehr abgeben. Deshalb vermeiden sie Plätze mit schlechter Luftqualität. Darum untersuchen Wissenschaftlerinnen und Wissenschaftler anhand von Flechten, wie hoch die Luftverschmutzung ist.

Moose sind kleine, grüne Pflanzen, die sehr langsam wachsen. Du kannst sie an Baumstämmen, auf dem Waldboden, auf Felsen, in Mooren und sogar in der Wüste finden. Es gibt 16 000 verschiedene Arten von Moosen! Sie sind besonders gut darin, Wasser aufzunehmen. So bekommen sie ihre Nährstoffe. Wenn Moose sterben, entsteht aus ihnen Torf. Torf ist wichtig für die Natur. Wenn Gartenerde viel Torf enthält, bedeutet das oft, dass dafür große Moorgebiete trockengelegt und abgebaggert wurden. Moore sind sehr wertvoll und werden manchmal als »Nieren der Landschaft« bezeichnet, weil sie Wasser filtern und speichern können. Außerdem binden die Pflanzen im Moor CO_2 aus der Luft und speichern es im Boden. Wenn wir Torf abbauen, wird das CO_2 wieder freigesetzt, und das ist schlecht für unser Klima, weil es die Erde wärmer macht. Deshalb ist es wichtig, dass wir die Moore schützen.

Strauchflechte

Gefällter Baum mit Jahresringen

Totholz mit Moos bewachsen

Frauenhaarmoos

Lupe zum Erforschen der Details

Nature Scouting

Wo wächst Moos nicht an Pflanzen? Mache dich auf die Suche!

Untersuche verschiedene Moose mit der Lupe!

An welchen Pflanzen wachsen Flechten?

Gibt es Tiere, die Flechten fressen?

Suche gefällte Baumstämme und zähle die Jahresringe. Zeichne einen Baumstamm mit der Anzahl deiner Jahresringe.

Wildtiere im Winter: Fledermäuse, Dachs und Reh

Jedes Tier hat seine eigene spezielle Art, mit dem Winter umzugehen, und das macht sie ganz besonders.

Es gibt Tiere, die halten den ganzen Winter über einen Winterschlaf. Während Igel, Fledermäuse, Siebenschläfer, Hamster und Murmeltiere schlafen, atmen sie ganz langsam und halten ihre Körpertemperatur niedriger als sonst. Das hilft ihnen, Energie zu sparen, denn das Nahrungsangebot ist im Winter rar. Erst im Frühling, wenn es wärmer wird, wachen sie wieder auf.

Winterschlaf: Igel, **Fledermäuse,** Siebenschläfer, Hamster und Murmeltiere
Winterstarre: Insekten, Frösche, Eidechsen, Schildkröten, Wespe, Marienkäfer und Schnecken
Winterruhe: Eichhörnchen, **Dachs,** Waschbär
Winteraktive Tiere: Amsel, Schwan, Fuchs, **Reh,** Wildschwein und Wolf

Manche Tiere verfallen in eine Winterstarre, wie Insekten, Frösche, Eidechsen, Schildkröten, Schnecken und manche Wespen. Wenn der Winter kommt, wird es für sie auch zu kalt, um aktiv zu bleiben. Aber anstatt zu schlafen, gehen sie in einen sehr tiefen Starrzustand, die Winterstarre. Während der Winterstarre bewegen sie sich überhaupt nicht, essen nichts, und ihre Körperfunktionen verlangsamen sich sehr. Sie bleiben in einem sicheren Versteck, bis es draußen wieder wärmer wird. Dann werden sie wieder munter und gehen auf Nahrungssuche.

Eichhörnchen, Dachse und Waschbären sind Tiere, die nicht so lange schlafen oder in Starre gehen wie die anderen. Stattdessen halten sie eine Winterruhe. Das bedeutet, dass sie während des Winters ruhiger werden und viel mehr Zeit in ihren Höhlen oder Nestern verbringen. Sie schlafen zwar nicht den ganzen Winter über, aber sie schlafen mehr als sonst. Wenn sie aufwachen, gehen sie kurz nach draußen, um nach Nahrung zu suchen, und dann kehren sie wieder in ihre gemütlichen Verstecke zurück.

Spuren eines Eichhörnchens im Schnee

Eichhörnchen

Und dann gibt es noch die winteraktiven Wildtiere, die den ganzen Winter wach bleiben. Amsel, Schwan, Fuchs, Reh, Wildschwein und Wolf sind die coolen Winterkinder! Diese Tiere haben Anpassungen entwickelt, um mit dem kalten Wetter umzugehen. Sie suchen nach Nahrung wie Beeren, Gras oder anderen Tieren, die auch im Winter aktiv sind. Ihre dicken Felle oder Federn halten sie warm, und manchmal hinterlassen sie sogar Spuren im Schnee, wenn sie draußen unterwegs sind.

Nature Scouting

Welche Tiere kennst du noch in deiner Umgebung, die auch im Winter aktiv sind?

Hast du schon einmal einen Dachsbau im Wald gesehen?

Vielleicht hast du auch schon mal ein Insekt zwischen den Fensterrahmen entdeckt, das in eine Winterstarre verfallen ist?

Weißt du, wo Fledermäuse gerne ihren Winterschlaf halten?

Halte Ausschau nach Spuren von Rehen im Winter.

Verfolge die Spuren eines Fuchses im Schnee.

Eulen

Im Winter, wenn es kalt und ungemütlich wird, verlassen die Waldohreulen ihre Verstecke und treffen sich mit anderen Waldohreulen an Plätzen, wo sie sich sammeln und eng zusammenrücken. Oftmals wählen sie für die Wintersammelplätze Parkanlagen, Gärten oder Friedhöfe aus, wo sie sich in Nadelbäumen dicht an den Stamm schmiegen und mit ihrem braunen Gefieder kaum sichtbar sind. In der Abenddämmerung starten sie von dort aus zur Jagd nach Mäusen, Vögeln und Insekten.

An diesen Versammlungsorten haben wir die kostbare Möglichkeit, die sonst so verborgenen Waldohreulen zu beobachten. Manchmal sitzen sie majestätisch ganz oben in den Bäumen und schauen voller Weisheit hinab. Ihre Augen sind wachsam und geschult, sodass ihnen keine Bewegung entgeht. Wusstest du, dass Eulen auch am Tag gut sehen können?

Es kann geschehen, dass du die beeindruckenden Tiere zunächst gar nicht in den Ästen bemerkst, sondern auf dem Boden seltsame, dunkle Knäuel entdeckst. Diese geheimnisvollen Gebilde sind Eulengewölle. Die Eulen formen sie aus einem langen Haarballen, der Überreste ihrer Beutetiere enthält. Doch warum würgen die Eulen diese Gewölle hoch und speien sie dann wieder aus? – Dies liegt daran, weil die Eulen ihre Beute ganz oder in großen Stücken verschlingen. Haare, Federn, Knochen und Teile der Insekten können sie jedoch nicht verdauen. Also bringen sie diese wundersamen Gewölle hervor, um sich von Unverdaulichem zu befreien. Die Gewöllebälle sind von großer Bedeutung für Forscherinnen und Forscher, denn sie erzählen ihnen viel über das Leben der Eulen und die Tiere, die sie als Beute erwählen.

Die Waldohreulen sind wahrlich magische Geschöpfe, die uns mit ihrer Weisheit faszinieren. Sie lehren uns, die Wunder der Natur zu schätzen und behutsam auf ihre kostbaren Geheimnisse zu achten.

Waldohreule

Waldohreule

Waldohreule

Nature Scouting

Welches besondere Merkmal zeichnet Waldohreulen aus?

Warum kannst du Eulen schlecht erkennen?

Wie jagen Eulen?

Welche Eulenarten gibt es?

Wie heißt die kleinste Eule?

Rebhühner

Noch vor 50 Jahren gehörten Rebhühner zum Landschaftsbild von Feldflur und Brachflächen. Ein älterer Mann erzählte uns einmal, als ich mit einer Kindergruppe verschiedene Getreidesorten für das Naturtagebuch sammelte, als Kind habe er im Winter Rebhühner gefangen. Dafür habe er mit anderen Kindern zusammen Rohre in den Schnee gelegt und abgewartet, bis die Hühner ins Rohr liefen. Schnell hätten sie dann von einer Seite das Rohrende mit Schnee verschlossen und am anderen Ende mit einem Sack auf das Rebhuhn gewartet. Das funktionierte deshalb so gut, weil die Rebhühner sogenannte Rebhuhnketten bilden, in Scharen zusammenkommen und im schneereichen Winter ihren Tag in selbst gegrabenen Schneehöhlen verbringen. Leider gab es aber von Jahr zu Jahr weniger dieser wilden Hühnervögel, und der Spaß sei vorbei gewesen.

Diese Geschichte erzählt von einer unbeschwerten Kindheit mit einem reichen Wildtierbestand. Heute sind diese Freizeitbeschäftigungen für Kinder undenkbar. Natürlich kann man diese Erzählungen durchaus kritisch sehen, doch zeugen sie auch von einer abenteuerlichen Kindheit auf dem Land. Als wir diese Geschichte hörten, hatte der Rebhuhnbestand in der Gegend wieder zugenommen, und die Tiere wurden geschützt. Uns haben diese Erlebnisse zu Nachforschungen angeregt, und die Kinder wollten mehr über diese ruffreudigen Hühnervögel erfahren.

Das Rebhuhn und die Hühner

Ein Hühnerfreund kaufte ein Rebhuhn, um es in seinem Hof mit seinem anderen Geflügel laufen zu lassen. Allein die Hühner bissen und trieben es stets vom Fressen ab. Dies schmerzte das Tier sehr, denn es glaubte, es geschehe ihm diese Zurücksetzung, weil es fremd sei; betrübt zog es sich in einen Winkel zurück.

Bald aber tröstete es sich, als es sah, dass sich die Hühner untereinander ebenso bissen und sprach zu sich: Wenn diese schlechten Tiere Feindseligkeiten sogar gegen sich selbst ausüben, so werde ich wohl eine solche Behandlung mit Gleichmut ertragen können.

Geiz und Missgunst sind die größten Feinde des Friedens.

Fabel von Aesop

Nature Scouting

Warum gibt es so wenig Rebhühner?

Was fressen die Hühnervögel?

Wo brüten sie?

Was sind Rebhuhnketten?

Können Rebhühner fliegen?

Welche Farbe hat ihr Gefieder?

Wie heißt die kleinste Eule?

simeoni.de/natureartjournaling/winter/

Winter-Element Erde

Wenn die Natur sich zur Ruhe begibt, beginnt die Erde, sich in ihrer winterlichen Pracht zu offenbaren.

Wenn du eine Handvoll Erde in der Hand hältst, kannst du so viele Geheimnisse darin entdecken! Schau genau hin: Hier leben die fleißigen Regenwürmer, die auf ihre eigene besondere Art aufs Klo gehen. Sie formen kleine Erdhäufchen und sorgen dafür, dass die Erde locker und fruchtbar bleibt. Und sie sind nicht allein – auch Ameisen, Spinnen und Larven haben hier ihre gemütlichen Verstecke.

Wusstest du, dass aus einer winzigen Larve bald ein zauberhafter Schmetterling schlüpfen wird? Diese Verwandlung ist ein faszinierendes Naturwunder! Und sie alle sind Teil des Elementes Erde, das uns so viele spannende Geschichten zu erzählen hat.

Die Erde birgt nicht nur lebendige Wesen, sondern auch wertvolle Schätze wie Edelsteine und Mineralien. Sammle Steine, wasche sie und bemale sie bunt.

Schau dir verschiedene Wurzeln an. Manche sind dünn und fein verzweigt, andere dick und kräftig. Jede Pflanze hat ihre eigene Art von Wurzeln, um sich in der Erde festzuhalten und Nährstoffe aufzunehmen. Sie alle sind winzige Helfer für die Pflanzen und transportieren Wasser und Nährstoffe.

Unter der Erde leben viele winzig kleine Wesen wie Kellerasseln und Käfer. Sie spielen eine wichtige Rolle im natürlichen Kreislauf und helfen dabei, die Erde gesund zu erhalten. Beobachte sie einmal genau – sie haben so viele einzigartige Eigenschaften.

Wie fühlt es sich an, wenn du die Erde unter deinen nackten Füßen spürst? Die Erde schenkt uns ein Gefühl der Erdung und Verbundenheit mit der Natur. Wenn du sie berührst, spürst du ihre Kraft und Lebendigkeit.

Die Erde ist nicht nur ein Ort, den wir erforschen können, sondern auch unser Zuhause. Es ist wichtig, die Erde zu schützen und respektvoll mit ihr umzugehen, damit auch zukünftige Generationen die Schönheit und Fülle der Natur genießen können.

Regenwurm

Engerling

Fadenwurm

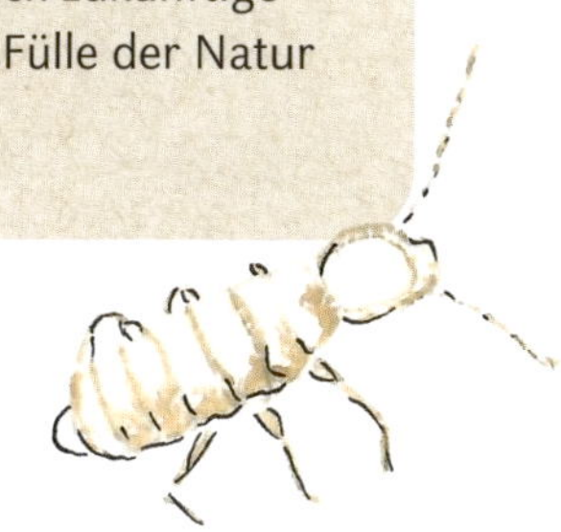
Springschwanz

Nature Scouting

Grabe kleine Löcher, um Bodenproben zu sammeln, und untersuche die Bodenstruktur.

Rieche an einer Handvoll Erde.

Beobachte Regenwürmer. Wie bewegen sie sich in der Erde?

Hilf beim Pflanzen, Bewässern und Pflegen eines Gartens mit oder lege dir einen kleinen Balkongarten an, den du pflegst.

Unternimm Spaziergänge in unterschiedlichen Naturlandschaften, sei es in einem Wald, an einem See, in den Bergen oder in einem Park, und untersuche dort die Erde. Welche Unterschiede kannst du feststellen?

Gehe auf die Suche nach Steinen, Kieseln und Fossilien. Es kann eine spannende Entdeckung sein, Relikte aus vergangenen Zeiten zu finden.

Sammle Erde mit unterschiedlicher Struktur.

Lasse die Erde trocknen und untersuche sie. Wie fühlt sie sich an, welche Farbe hat sie, wie riecht sie?

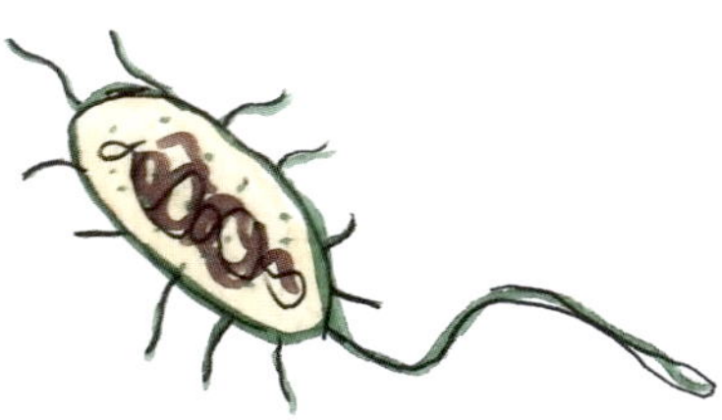

Bakterie

Assel

Suche nach einer Stelle mit lehmiger Erde oder besorge dir in einer Töpferei ein wenig Lehm. Knete und forme mit dem Lehm und lasse ihn trocknen.

Baue Sandburgen oder andere kreative Sandfiguren.

Sammle unterschiedliche Erden, Naturmaterialien wie Blätter, Zweige, Steine und Blumen und gestalte daraus Mandalas und kunstvolle Objekte.

Überlege dir, wie organische Abfälle zu nährstoffreichem Kompost verarbeitet werden und wie dieser den Boden verbessert.

Baue eine Wurmkiste und beobachte die Arbeit der Würmer. Was essen sie am liebsten?

Spiele Spiele wie »Vier Gewinnt« oder »Mühle« auf selbst gemachten Spielbrettern, die mit Erde und Steinen gestaltet wurden.

Spiele mit Matsch, Schlamm und buddel und grabe mit deinen Händen in der Erde!

Käfer

Diese Aktivitäten bringen Kinder der Erde, Natur und Umwelt näher und helfen ihnen, ein Bewusstsein für die Wunder der Natur zu entwickeln. Es ist eine großartige Möglichkeit, sie spielerisch im Jahreskreis mit Umweltschutz und Nachhaltigkeit vertraut zu machen.

Nature Art Kunstwerkstatt im Winter

Spritztechnik-Kunst

In den Wintermonaten sortiere ich meistens meine gesammelten Naturmaterialien aus, und auch die Kinder bringen verschiedene Sachen mit, die sie gerne kreativ umgestalten möchten. Für getrocknete und gepresste Blätter, Muscheln, kleine Äste, Federn und andere flache Gegenstände bietet sich die Arbeit mit der Spritztechnik besonders gut an.

Die Spritztechnik mit einer Zahnbürste ist eine kreative und effektive Methode, um Farbe auf verschiedene Oberflächen aufzutragen. Es ist eine Technik, die in der Kunstwelt als eine Art der »Sprühmalerei« angesehen werden kann. Dabei werden die Materialien aufgelegt und mit Farbe besprüht. Die Naturmaterialien bleiben danach auch bunt, also suche dir ganz genau aus, welche deiner Schätze du verwenden möchtest.

Material

- **alte Zeitungen oder Abdeckplane zum Abdecken und vielleicht auch alte Kleidung (Denn die Spritztechnik ist manchmal nicht so gezielt einsetzbar. Gezielter arbeiten kannst du aber mit einer Sprühflasche. Wobei ich finde, es lohnt sich, mit Sieb und Zahnbürste zu drucken, da es damit leichter gelingt, mit verschiedenen Farben zu spritzen.)**
- **Wasserfarben**
- **kleine Schälchen**
- **Naturmaterialien**
- **alte Zahnbürsten und**
- **alte Siebe (beides kannst du für weitere Kunstprojekte mit dieser Technik aufbewahren)**
- **Papier**
- **Pinsel**
- **Wasser und Becher**

Anleitung

Lege Zeitungen, Malpapier oder eine Plane auf den Untergrund, auf dem du arbeiten möchtest, um ihn vor Farbspritzern zu schützen.

Gieße etwas von der ausgewählten Farbe in ein flaches Gefäß, z. B. eine Palette oder kleine Schälchen. Du kannst die Farbe auch mit Wasser verdünnen, um feinere Spritzer zu erzeugen.

Lege den ausgesuchten Gegenstand auf das Papier.

Tauche die Borsten der Zahnbürste in die Farbe ein, sodass sie leicht benetzt sind.

Halte die Zahnbürste über die Oberfläche und ziehe mit dem Daumen der anderen Hand oder einem Pinsel vorsichtig über die Borsten der Zahnbürste, um die Farbe zu verspritzen.

Experimentiere mit der Entfernung und der Menge an Farbe, um unterschiedliche Effekte zu erzielen. Wenn du näher an die Oberfläche gehst, entstehen größere und intensivere Spritzer. Wenn du weiter weg gehst, werden die Spritzer kleiner und diffuser.

Experimentiere und streiche die Farbe mit der Zahnbürste auch durch ein Sieb auf die Oberfläche.

Lass die Farbe trocknen und betrachte das Ergebnis. Du kannst weitere Schichten auftragen, um die Intensität der Spritzer zu erhöhen oder unterschiedliche Farben zu kombinieren. Oder auch mehrere Gegenstände hinzufügen, austauschen oder versetzen.

Mit dieser Technik kannst du interessante Texturen und abstrakte Muster erzeugen. Da Spritzfarbe unkontrolliert auf andere Flächen gelangen kann, ist es ratsam, den Arbeitsbereich gut abzudecken und Schutzkleidung zu tragen, um unerwünschte Flecken zu vermeiden. Möchtest du direkt in deinem Nature Art Journal arbeiten, decke das Tagebuch und die Arbeitsfläche gut ab.

Tierspuren-Stempel

Tiere hinterlassen Spuren, und nach Schneefall oder in der aufgeweichten Erde lassen sie sich gut erkennen. In unserem Naturcamp haben wir eine kleine Fläche mit Sand eingegrenzt, die wir immer wieder mit einem Rechen eben machen. Oft sind am nächsten Tag viele verschiedene Spuren von Wildtieren darauf zu sehen. Die Spurensuche und das Herausfinden, zu welchem Tier die Abdrücke gehören, machen große Freude.

Du kannst auch selbst Spuren von Tieren hinterlassen, indem du Tierspuren-Stempel anfertigst und diese dann in Sand drückst oder auch mit Farbe auf Papier druckst.

Um Tierspuren-Stempel anzufertigen, benötigst du eine Auflistung mit Abdrücken von verschiedenen Tieren.

Material

- **Bilder von Tierspuren**
- **dickeres Moosgummi**
- **oder 2 cm starken Schaumstoff**
- **oder große Kartoffeln**
- **Schere oder Messer für Kartoffelstempel**
- **Pappe oder Karton**
- **Acryl- oder Wasserfarbe zum Stempeln**
- **dicke Pinsel**

Anleitung

Wähle den gewünschten Abdruck einer Tierpfote aus den Bildern von Tierspuren aus. Achte darauf, dass die Größe des Abdrucks gut auf das Stempelmaterial passt.

Übertrage den ausgewählten Abdruck auf das Stempelmaterial. Wenn du Moosgummi oder Schaumstoff verwendest, zeichne den Abdruck direkt darauf. Bei Kartoffeln schneide sie in der Mitte durch und verwende die flache Seite als Stempeloberfläche.

Schneide den Tierabdruck vorsichtig mit einer Schere oder einem Messer aus. Achte darauf, dass die Kanten sauber und gerade sind, damit der Stempel später gut funktioniert.

Wenn du Moosgummi oder Schaumstoff verwendet hast, klebe den ausgeschnittenen Abdruck auf eine feste Unterlage wie Pappe oder Karton. Dadurch wird der Stempel stabiler und einfacher zu handhaben.

Wenn du Kartoffeln als Stempel benutzt, kannst du direkt mit dem Stempeln beginnen.

Bereite deine Farben vor. Du kannst Acryl- oder Wasserfarben verwenden, je nachdem, welchen Effekt du erzielen möchtest.

Tauche einen dicken Pinsel in die Farbe und trage sie gleichmäßig auf den Tierabdruck-Stempel auf.

Drücke den Stempel fest auf das gewünschte Papier oder den Sand, um den Abdruck zu hinterlassen. Du kannst auch verschiedene Farben verwenden, um realistische Spuren zu erzeugen. Stempel auch Tierspuren in dein Naturtagebuch und beschreibe sie. Wenn du Lust hast, kannst du auch das entsprechende Tier dazu malen.

Lass die Farbe trocknen, bevor du mit weiteren Spuren experimentierst.

Du kannst nun mit deinen selbstgemachten Tierspuren-Stempeln spielen und verschiedene Abdrücke auf Papier oder im Sand erstellen.

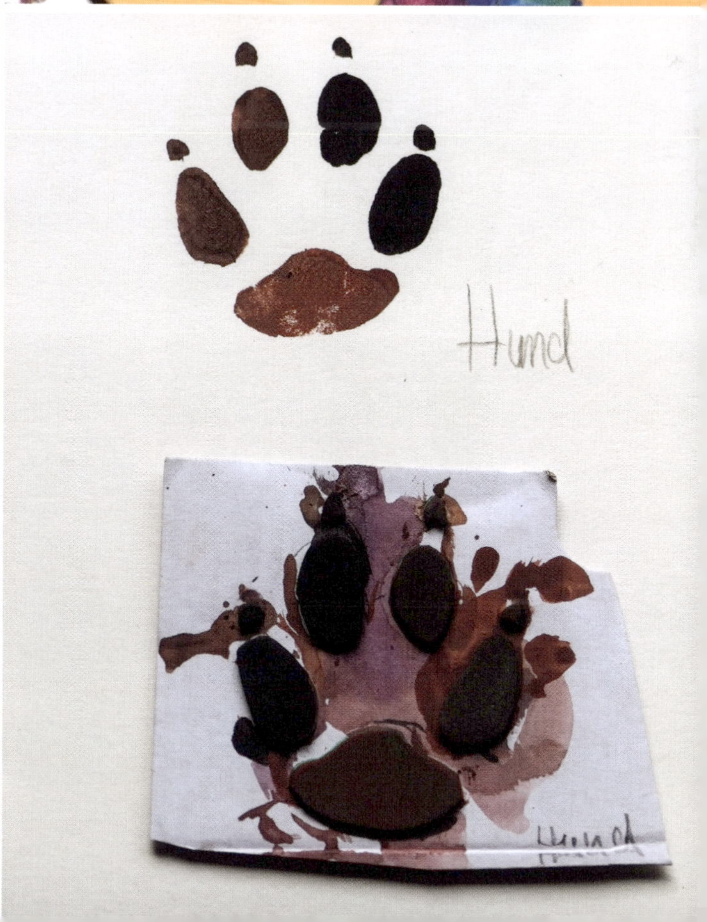
Hund

Baum der Dankbarkeit

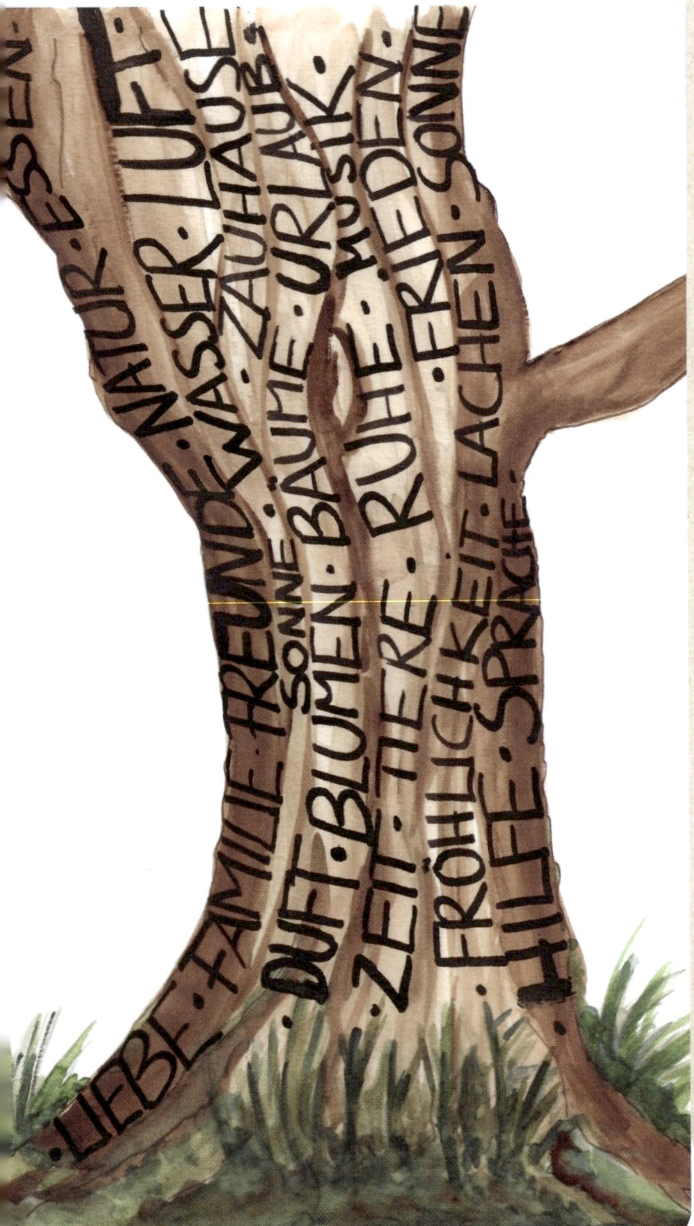

Schriftenteppich am Baumstamm

Ein schönes Nature-Art-Projekt an kalten Wintertagen ist es, einen Dankbarkeitsbaum mit einem Schriftenteppich zu gestalten. Entweder als Gemeinschaftsprojekt, oder jedes Kind kann auch über einen längeren Zeitraum allein an diesem Bild arbeiten.

Material

- **Papierbogen, je nach Größe des Kunstprojekts oder Nature Art Journal**
- **Fineliner, Filzstifte, Buntstifte und Wasserfarben**
- **getrocknete und gepresste Blätter**

Anleitung

Male einen Baumstamm oder einen kahlen Winterbaum mit Wasserfarben. Arbeite dabei die Struktur und Linien auf der Rinde des Stammes und der Äste heraus. Wenn die Farbe getrocknet ist, beginne, in die Linien deine Dankbarkeit zu schreiben. Das Besondere an einem Schriftenteppich ist, dass du zwischen den Worten nur einen Punkt, einen Stern o. Ä. machst und immer weiterschreibst. Wenn du mit den Worten der Dankbarkeit fertig bist, kannst du die Linien noch einmal mit einem Stift verstärken, um den Schriftenteppich deutlich hervorzuheben.

Mit getrockneten Blättern kann das Bild nun noch verziert werden.

Frottage im Wald

Frottage ist eine coole Kunsttechnik. Das Wort »Frottage« kommt aus dem Französischen. Es leitet sich vom französischen Verb *frotter* ab, was so viel bedeutet wie reiben.

Es ist fast so, als würdest du mit den Oberflächen Versteck spielen, und sie verraten dir dabei, wie sie aussehen. Du kannst die Mauerstruktur oder das Muster der Baumrinde direkt auf deinem Papier sehen! Es ist ein bisschen wie Zauberei, wenn verschiedene Muster auf deinem Papier erscheinen.

Künstlerinnen und Künstler nutzen diese Technik, um einzigartige und interessante Muster und Texturen zu schaffen. Manchmal kombinieren sie sogar verschiedene Frottage-Bilder, um ein ganz neues Kunstwerk zu erschaffen. Es ist eine tolle Möglichkeit, deine Kreativität auszudrücken und die Schönheit der Welt um dich herum zu entdecken. Diese Technik ist auch prima für kleine Kinder geeignet.

Material

- **festeres Papier**
- **rechteckige Wachsmalkreiden oder auch andere Kreidestifte**
- **Bleistifte oder Kohlestifte für feinere Strukturen**

Anleitung

Es ist so ähnlich wie das Erstellen von Schattenbildern mit Stift und Papier.

Suche dir einen Baum aus. Lege dein Blatt auf die Stelle, an der du arbeiten möchtest.

Dann nimmst du deinen Stift oder die Kreide und reibst vorsichtig über das Papier. Dabei passiert etwas Magisches! Die Struktur der Oberfläche, über die du reibst, wird auf dem Papier abgebildet. Mit verschiedenen Farben kannst du auch unterschiedliche Flächen übereinander abbilden.

Tipp

Binde die Papierbögen mit zwei Schnüren am oberen und unteren Rand um den Baumstamm fest. So können jüngere Kinder leichter malen und müssen das Papier nicht festhalten.

Schneeflocken

Wusstest du, dass jede Schneeflocke einzigartig ist und eine besondere Form hat?

Schneeflocken sind wunderschöne Eiskristalle, die aus Wasser entstehen. Wenn es draußen sehr kalt ist und die Luftfeuchtigkeit hoch ist, bilden sich in den Wolken winzige Eispartikel. Diese Eispartikel werden dann von Wassermolekülen umgeben, die sich zu Eiskristallen anordnen. Dabei wachsen die Kristalle immer weiter, bis sie schließlich schwer genug sind, um zur Erde zu fallen.

Es gibt unzählige verschiedene Arten von Schneeflocken, die sich in Größe und Struktur unterscheiden. Diese einzigartige Form entsteht durch die komplexen Muster der Wassermoleküle, wenn sie sich im Kristallgitter anordnen.

Schneeflocken sind nicht nur schön anzusehen, sondern auch ziemlich faszinierend. Wenn du sie unter einem Mikroskop betrachten könntest, würdest du die beeindruckenden und komplexen Strukturen sehen, die sie bilden.

Male in deinem Nature Art Journal verschiedene Schneeflocken. Du kannst entweder mit weißer Wachsmalkreide die Schneeflocken zeichnen und dann den Hintergrund mit Wasserfarben bemalen. Diese Variante eignet sich gut mit kleineren Kindern.

Oder tropfe mit einer brennenden weißen Kerze Wachs zu einem Schneeflockenmuster. Achte dabei darauf, vorsichtig mit dem Feuer umzugehen und kleinere Kinder zu beaufsichtigen!

Material

- **Naturtagebuch oder festeres Papier**
- **weiße Wachsmalkreide oder weiße lange Kerze**
- **Wasserfarben oder Aquarellfarben**
- **Pinsel**

Als Erstes wird das Schneeflockenmuster auf das weiße Papier gebracht.

Den Hintergrund kannst du anschließend vollständig bemalen. Die Wachsmalkreide nimmt keine Farbe an, und die Schneeflocke wird sichtbar.

Die Schneeflocke aus Wachs bleibt auf dem Papier zu sehen. Bei festem Papier kannst du nach dem Trocknen versuchen, das Wachs vorsichtig zu entfernen. Das muss aber nicht unbedingt sein, denn auch die Struktur des Wachses wirkt sehr plastisch.

simeoni.de/natureartjournaling/kunstwerkstattwinter/

Winter-Ideensammlung

Beobachte einen Wintersturm mit wirbelndem Schnee und fallenden Eiszapfen. Male, was du siehst. Lass den Wind stark wehen und die Wolken schnell vorbeiziehen. Verwende kalte, dunkle Farben, um die Stimmung einzufangen.

Male in der Dämmerung und im Dunklen, wenn die Sonne früh untergeht und der Himmel langsam dunkler wird. Verwende kühle Töne von Blau, Violett und Grau, um die Schönheit des winterlichen Abends einzufangen.

Versuche, den kalten Winterwind zu malen. Wie fühlt sich der Wind an, wenn er sanft über dein Gesicht streicht oder stark bläst? Male die Bewegung des Windes mit weichen Pinselstrichen oder schnellen Linien.

Baut ein Vogelhaus: Kinder können aus einfachen Materialien wie Holz, Nägeln und Farbe ein Vogelhaus basteln. Sie können es dann draußen aufhängen und beobachten, welche Vögel es besuchen, und die Wintervögel malen und zählen.

Male den Frost, der sich manchmal in den Wintermorgen legt. Verwende helle, eisige Farben, um den geheimnisvollen Frost darzustellen. Wie fühlt es sich an, wenn der Frost um dich herum glitzert?

Zeichne eine Schneeflocke mit ihren einzigartigen Merkmalen. Achte auf die filigrane Struktur und die geometrischen Muster. Welche Farben passen zu einer Schneeflocke?

Welche Tiere halten Winterruhe? Male einen schlafenden Bären in seiner Höhle oder einen Igel, der sich in einem Laubhaufen versteckt. Wie bereiten sich die Tiere auf den Winter vor?

Überlege dir, was Tiere im Winter fressen, die keinen Winterschlaf halten. Wovon können sie sich ernähren? Male die Nahrung auf und welches Tier sie frisst.

Welcher Baum behält im Winter noch einige seiner Blätter? Welche Farben haben die Blätter im Winter?

Finde Tierspuren im Schnee und schaue sie dir genau an. Achte auf die Details der Spuren und ihre Form.

Sammle im Wald verschiedene Zapfen und male sie. Hat schon jemand vom Zapfen genascht?

Schau dir auch die Struktur eines kahlen Baumes an und skizziere die Umrisse.

Sammle die Farben des Winters ein. Erstelle eine Collage mit den winterlichen Farben, die du gesammelt hast, wie weißen Schnee, blauen Himmel, grauen Nebel oder silberne Eiszapfen. Lass deiner Kreativität freien Lauf und gestalte ein frostiges Winterbild!

Zeichne einen Schneemann, entweder einen traditionellen Schneemann mit Karotte als Nase und Kohlenstücken als Augen und Mund oder eine Schneefrau im Kleid.

simeoni.de/natureartjournaling/winterideen/

Betrachte eine Winterlandschaft und male sie mit Schnee bedeckt, mit kahlen Bäumen und gefrorenen Gewässern. Verwende verschiedene Blautöne für das Eis und leuchtende Farben für die kahlen Bäume am Ufer.

Schaue dir einen winterlichen Garten an. Wie sehen die Pflanzen und Bäume jetzt aus? Verwende kalte Farben, um die Kälte und Stille des Winters darzustellen.

Was findest du jetzt im Winter in der Natur? Male eine Sammlung von winterlichen Fundstücken wie Tannenzapfen, winterliche Beeren oder getrocknete Pflanzen. Betone die Vielfalt der Formen und Farben der verschiedenen Objekte.

Male verschiedene Baumrinden mit Kreide nach und betone die unterschiedlichen Texturen und Muster.

Überlege, warum Tiere Winterruhe halten, und male ein Bild, das ihre Vorbereitungen für den Winter zeigt, wie zum Beispiel das Anlegen von Nahrungsvorräten oder das Suchen nach einem geeigneten Unterschlupf.

Skizziere die Umrisse von Vögeln, die im Winter nicht mehr da sind, notiere ihre Namen.

Suche jetzt auf kahlen Bäumen Tierbehausungen und Nester, wie Vogelnester, Eichhörnchenkobel oder Kaninchenbauten, und zeichne sie in ihrer natürlichen Umgebung.

Skizziere einen Plan, der die Straßen der Mäuse zeigt, und male kleine Mäusefiguren, die auf diesen Straßen unterwegs sind.

Suche Sterne in der Natur, etwa funkelnde Eiskristalle oder glitzernde Tautropfen auf Gräsern und Blättern, und male sie.

Zeichne ein Bild, das die Kälte darstellt, zum Beispiel einen zugefrorenen See, Raureif auf Bäumen oder dampfenden Atem an einem kalten Tag. Verwende kühle Farben, um die Kälte zu betonen.

Suche Frost auf Gräsern und Bäumen und male die glitzernden Eiskristalle mit feinen Pinselstrichen oder kreisenden Bewegungen.

Suche Lebewesen in der Wohnung, wie zum Beispiel Spinnen in Ecken oder kleine Käfer auf Fensterbrettern, und male sie in ihrem natürlichen Lebensraum.

Schätze Entfernungen in der Natur und miss sie dann aus. Male eine Landkarte oder eine Skizze, die die gemessenen Entfernungen zeigt.

Suche Eiszapfen an Dächern oder Bäumen und male sie in verschiedenen Größen und Formen. Betone ihre Transparenz und den Glanz des Eises.

Was macht den Winter für dich besonders? Schreibe oder male die Dinge, die den Winter zu deiner Lieblingsjahreszeit machen und dich glücklich und inspiriert fühlen lassen.

grow
with
love

Tipps für Nature Art Journaling und Leitfaden für die QR-Codes im Buch

Die Zeichnungen in diesem Buch sind bewusst einfach und nicht zu detailreich, da sie eine Orientierung zum Malen in der Natur geben sollen. Die Kinderzeichnungen sind aus Nature Art Journalen von Kindern zwischen fünf und zwölf Jahren. An den Abbildungen der Zeichnungen aus den Journalen und den Fotos von Nature-Art-Projekten aus der Kunstwerkstatt wird deutlich, wie unterschiedlich und individuell Kinder gestalten.

Ich lasse den Kindern immer freie Gestaltungsmöglichkeiten und überlasse ihnen auch die Wahl, ob sie in ein Heft zeichnen möchten oder lieber auf Papier mit einem Klemmbrett auf den Knien malen. Diese Voraussetzungen finde ich sehr wichtig, denn Zeichnen und Gestalten sollen in erster Linie Spaß machen, und mit zu vielen Vorgaben bleibt der kreative Flow leider aus.

Oft wird mir die Frage gestellt, wie ich mit Bewertungen der Kinder zu ihren Journalen untereinander umgehe. Das ist ein wichtiger Punkt. Es sollte in Gruppen eine goldene Regel sein, nicht zu kritisieren, abzuwerten, zu vergleichen oder andere auszulachen. Wir gehen immer wertschätzend und freundlich miteinander um. Sitzkreise zu Beginn und am Ende der Treffen helfen dabei, die Regeln zu kommunizieren und einzuhalten. Wenn du mit deinem Kind ein Art Journal zu Hause führst, könntet ihr auch gemeinsam zeichnen und euch gegenseitig unterstützen und motivieren, ohne daraus Leistungsdruck zu entwickeln.

Das Buch ist für eine bessere Übersicht nach Jahreszeiten eingeteilt, doch es bleibt natürlich allen frei überlassen, Ideen und Inspirationen einfach auszuprobieren, ohne sich an den Jahreszeiten zu orientieren. Ich wünsche mir, dass die Ideensammlungen, Kunstprojekte und Naturbeschreibungen Impulse sind für den persönlichen Weg, draußen mit Stift und Papier kreativ zu werden.

Über die QR-Codes im Buch kommst du ganz einfach auf die jeweiligen Seiten. Zudem kannst du dort auch weiterlesen und dich immer wieder inspirieren lassen.

Dort biete ich die Downloads aus dem Buch und weitere Ideen für das Nature Art Journaling an. Die Ideen und Vorschläge werden ständig aktualisiert und erweitert.

Ich freue mich natürlich auch sehr über Nachrichten von meinen Leserinnen und Lesern und über einen inspirierenden Austausch mit euch!

Weiterführende Literaturempfehlungen

Nature Journaling von Verena Hillgärtner, Kosmos Verlag 2023

How to teach Nature Journaling von John Muir Laws und Emilie Lygren, Heyday 2020

Wildes Naturhandwerk von Sabine Simeoni, AT Verlag 2017

Mit der Natur verbunden von Sabine Simeoni, AT Verlag 2020

Danksagung

Die Danksagung in der Wildnispädagogik ist wie ein lebendiger Herzschlag, der uns mit der Natur und der Gemeinschaft verbindet. Täglich meine Dankbarkeit auszudrücken, schenkt mir Geborgenheit und lässt mich das reiche Geschenk des Lebens spüren. Diese Praxis lenkt meinen Blick auf das Positive und formt eine demütige Haltung gegenüber dem Leben.

In besonderer Dankbarkeit widme ich meine Anerkennung meinem Vater und Großvater – Wegweiser meines Lebens, die mir mit ihrer bescheidenen Lebensweise Achtsamkeit und Liebe zur Natur und Kunst vermittelt haben. Ihr Beispiel hat mich stets ermutigt, meinen eigenen Weg zu finden.

Ein herzlicher Dank geht auch an meine Kinder und Enkelkinder, deren Neugier und Lebensfreude mich ständig inspirieren. Durch ihre Augen darf ich die Natur immer wieder aufs Neue entdecken. Mein Lebenspartner Christian verdient ebenfalls meinen Dank für seine Geduld und Unterstützung.

Von Herzen bedanke ich mich bei all den Kindern, die mich während meiner langjährigen Tätigkeit auf Entdeckungsreisen durch die Natur begleitet und den Entstehungsprozess meines Buches mit Freude und Vertrauen unterstützt haben.

Ein großes Dankeschön geht an das Team des AT Verlags für die langjährige und großartige Zusammenarbeit!

Die Autorin

Geboren im Jahr 1970 in Oberfranken und fest verwurzelt in meiner Heimat, als Mutter von drei erwachsenen Kindern und Großmutter, verbinde ich meine Leidenschaft für die Natur mit einer reichen pädagogischen Erfahrung. Als erfahrene Pädagogin, Naturmentorin, Autorin und Expertin in traditioneller Phytotherapie und Kräuterheilkunde begleite ich Menschen jeden Alters auf einer Reise zur Naturverbundenheit.

Mein Schaffen erstreckt sich über die Kunst und das Handwerk, die mich seit meiner Kindheit begleiten. Ich teile meine Gedanken und Geschichten in Texten und Bildern und auf einem Naturverbindungs-Blog. Meine Vision ist es, Menschen den Zugang zu ursprünglichen Werkzeugen und Techniken zu eröffnen und sie die Schönheit und Wunder der Natur hautnah erleben zu lassen. Insbesondere liegt mir die einfühlsame Begleitung von Kindern am Herzen, um ihre natürlichen Fähigkeiten zu entdecken und zu entfalten.

In meinen Workshops und Seminaren schaffe ich eine inspirierende Atmosphäre, in der die Liebe zur Natur geweckt wird. Mein ultimatives Ziel ist es, die nächste Generation für den Schutz und die Wertschätzung der Natur zu begeistern. Meine Motivation entspringt der Liebe zur Natur und der Vision, eine Kultur zu gestalten, in der Naturkunde und Umweltschutz selbstverständlich sind. Ich träume von einer Welt, in der Kinder in einem harmonischen Einklang mit der Natur aufwachsen und den innersten Wunsch verspüren, ihre Begeisterung zu teilen, um unseren Planeten zu schützen und sich für Natur, Umwelt und ein friedvolles Miteinander einzusetzen. Gemeinsam können wir eine nachhaltige Zukunft gestalten.

Bilder:
Seite 56/57: ©iStock.com/Nicholas Klein; Seite 58 (unten links): ©iStock.com/emer1940; Seite 64 (links): ©iStock.com/c11yg; Seite 64 (rechts): ©iStock.com/Kristine Radkovska; Seite 65 (unten): ©iStock.com/emer1940; Seite 67: ©iStock.com/ Martin Herzog; Seite 71: ©iStock.com/Paolino Massimiliano Manuel; Seite 75 (oben links): ©iStock.com/steveo73; Seite 75 (oben rechts): ©iStock.com/UrosPoteko; Seite 77 (oben links): ©iStock.com/Rudolf Ernst; Seite 77 (oben rechts): ©iStock.com/UrosPoteko; Seite 78: ©iStock.com/Konstantin Aksenov; Seite 87 (oben links): ©iStock.com/Tina Seidel; Seite 94/95: ©iStock.com/Fug4s; Seite 96 (oben links): ©iStock.com/ev-Lcmn; Seite 99 (oben): ©iStock.com/ro:del16; Seite 101: ©iStock.com/SMarina; Seite 103 (oben rechts): ©iStock.com/alffalff; Seite 103 (unten links): ©iStock.com/Richard-P-Long; Seite 113 (rechts): ©iStock.com/mindscapephotos; Seite 114: ©iStock.com/Wolfgang Bohusch; Seite 115: ©iStock.com/JARAMA; Seite 116: ©iStock.com/Lukas Machnitzke; Seite 118: ©iStock.com/Massimo Gugliucciello; Seite 130/131: ©iStock.com/mb-fotos; Seite 132 (oben links): ©iStock.com/heckepics; Seite 132 (unten links): ©iStock.com/Jan Rozehnal; Seite 137: ©iStock.com/MartinJGruber; Seite 139 (unten links): ©iStock.com/zhao qin; Seite 139 (unten rechts): ©iStock.com/MikeLane45; Seite 143 (oben links): ©iStock.com/djenev; Seite 145 (oben rechts): ©iStock.com/emer1940; Seite 145 (unten): ©iStock.com/Fotofreak75; Seite 170: ©iStock.com/sol_studio; Seite 175 (oben rechts): ©iStock.com/strukt; Seite 177 (oben links): ©iStock.com/Akintevs; Seite 177 (oben rechts): ©iStock.com/Dmitry Potashkin; Seite 179 (links): ©iStock.com/Jeff Edwards; Seite 179 (rechts): ©iStock.com/ca2hill; Seite 181 (oben): ©iStock.com/Denja1; Seite 181 (unten): ©iStock.com/baimin; Seite 182: ©iStock.com/PhotographyFirm; Seite 184 (unten): ©iStock.com/Stramyk; Papiertextur: ©iStock.com/natrot; Blätter: ©iStock.com/krugli

Alle übrigen: Sabine Simeoni

Illustration: Sabine Simeoni
Coverbild: Sabine Simeoni
Lektorat: Asta Machat
Gestaltung und Satz: AT Verlag
Bildbearbeitung: Christian Spirig, bilderbub.ch
Druck und Bindearbeiten: Finidr, s.r.o., Český Těšín
Printed in Czechia

FSC www.fsc.org MIX Papier aus verantwortungsvollen Quellen FSC® C014138

ISBN 978-3-03902-239-7

www.at-verlag.ch

Der AT Verlag wird vom Bundesamt für Kultur für die Jahre 2021–2025 unterstützt.